中宣部2024年主题出版重点出版物

国家出版基金项目
NATIONAL PUBLICATION FOUNDATION

新质生产力

理论与实践

徐晓明 著

黑龙江教育出版社

图书在版编目（ＣＩＰ）数据

新质生产力：理论与实践 / 徐晓明著. -- 哈尔滨：
黑龙江教育出版社，2024.5
ISBN 978-7-5709-4332-6

Ⅰ. ①新… Ⅱ. ①徐… Ⅲ. ①生产力－发展－研究－
中国 Ⅳ. ①F120.2

中国国家版本馆CIP数据核字(2024)第062172号

新质生产力：理论与实践
Xinzhi Shengchanli：Lilun Yu Shijian

徐晓明　著

顾　　问	张国田	
出版策划	侯　犟	
责任编辑	曾令欣　马丽娜	
封面设计	仙境设计	
责任校对	王慧娟	
出版发行	黑龙江教育出版社	
	（哈尔滨市道里区群力第六大道1313号）	
印　　刷	天津睿和印艺科技有限公司	
开　　本	787毫米×1092毫米　1/16	
印　　张	16.5	
字　　数	230千字	
版　　次	2024年5月第1版	
印　　次	2025年11月第2次印刷	

书　　号　ISBN 978-7-5709-4332-6　　定　　价　58.00元

如需订购图书,请与我社发行中心联系。联系电话:0451-82533087
如有印装质量问题,影响阅读,请与我公司联系调换。联系电话:022-69101862
如发现盗版图书,请向我社举报。举报电话:0451-82533087

高质量发展需要新的生产力理论来指导，而新质生产力已经在实践中形成并展示出对高质量发展的强劲推动力、支撑力，需要我们从理论上进行总结、概括，用以指导新的发展实践。

——习近平

序　言

　　生产力是推动社会进步的最活跃、最革命的要素,解放和发展社会生产力是中国特色社会主义的根本任务。2023 年 9 月,习近平总书记在听取黑龙江省委和省政府工作汇报时,创造性地提出"新质生产力"这一重要新概念。2024 年 1 月在中共中央政治局第十一次集体学习中,习近平总书记对"新质生产力"作出了全面阐述,指出"新质生产力是创新起主导作用,摆脱传统经济增长方式、生产力发展路径,具有高科技、高效能、高质量特征,符合新发展理念的先进生产力质态"。新质生产力概念的提出,既是对马克思主义生产力理论的重大创新和发展,也是新时代中国社会经济发展实践与理论创新相结合的成果。

　　时代在发展,生产力在演进,作为新时代生产力跃迁的新概念,一方面需要对新质生产力进行理论研究,另一方面又需要对其发展实践进行指导。正如习近平总书记特别指出的:"高质量发展需要新的生产力理论来指导,而新质生产力已经在实践中形成并展示出对高质量发展的强劲推动力、支撑力,需要我们从理论上进行总结、概括,用以指导新的发展实践。"本书《新质生产力:理论与实践》,正是响应习近平总书记提出的对新质生产力进行理论阐述与实践探索这一重大命题的具体要求。

　　本书主要围绕这样几个关键问题展开探讨:第一,为什么国家高质量发展战略需要新质生产力,新质生产力又是如何支撑高质量发展的;第二,与传统生产力比较,新型生产要素如何发挥作用,新质生产力的理论内涵和特征是什么;第三,如何发展并打通国家科技创新体系与产业创新体系,培育发展新质生产力的新动能,完善现代化产业体系;第四,如何通过深化改革发挥制度优势,构建适应新质生产力的生产关系;第五,国家与地方关于新质生产力的探索经验,为未来的发展提供哪些借鉴与启示。

上述问题的阐述,基于作者长期跟踪研究习近平新时代中国特色社会主义思想的理论,以及相关实践调研积累,尝试将新质生产力的理论与实践概括为"新战略、新理论、新动能、新产业、新制度和新探索"。本书尝试从多个角度进行研究梳理和总结归纳,系统分析新质生产力的历史逻辑、理论逻辑和实践逻辑,希望用理论思想赋能新的发展实践。

本书只是对新质生产力的理论与实践进行了初步的探索,希望对新质生产力的战略意义、理论贡献、技术体系、产业体系、制度体系、地方实践等方面的分析研究,既为发展"新质生产力"这一重要理论贡献一份力量,也为国家的高质量发展探索实践贡献一份力量。

徐晓明

2024 年 4 月

目　录

第一章　新战略:新质生产力与高质量发展　　　　　　　1

一、新质生产力提出的时代背景　　　　　　　　1

二、科学技术与国家整体发展　　　　　　　　12

三、新质生产力为高质量发展注入强大动力　　20

第二章　新理论:新质生产力的理论逻辑　　　　　　　28

一、新质生产力与传统生产力　　　　　　　　28

二、新质生产力与新型生产要素　　　　　　　42

三、新质生产力与全要素生产率　　　　　　　50

四、新质生产力与新型生产关系　　　　　　　57

第三章　新动能:新质生产力的科技创新体系　　　　　67

一、新质生产力技术发展的价值导向　　　　　67

二、新质生产力的关键核心技术　　　　　　　79

三、新质生产力与国家自主创新能力　　　　　107

四、新质生产力的技术范式　　　　　　　　　115

第四章　新产业：新质生产力的现代化产业体系　　126

一、新质生产力推动现代化产业发展　　126

二、科技产业化：科技创新催生新产业　　132

三、产业科技化：传统产业培育新业态　　142

四、构建新质生产力的新型产业评估体系　　156

第五章　新制度：新质生产力的制度创新体系　　168

一、深化改革，激活新质生产力发展潜能　　168

二、科学谋划，促进技术革命性突破　　178

三、理顺机制，积极推动新型产业发展　　184

四、打通链条，创新科技服务共同体机制　　200

五、多措并举，激发新质生产力人才活力　　210

第六章　新探索：新质生产力的实践探索　　216

一、中国新质生产力的实践探索历程　　216

二、新质生产力发展的区域实践　　223

三、科技产业化创新实践　　234

四、产业科技化创新实践　　240

五、科技服务共同体创新实践　　246

后　记　　253

第一章
新战略: 新质生产力与高质量发展

新时代以来,党中央作出一系列重大决策部署,推动高质量发展成为全党全社会的共识和自觉行动,成为经济社会发展的主旋律。

发展新质生产力是推动高质量发展的内在要求和重要着力点,必须继续做好创新这篇大文章,推动新质生产力加快发展。

——习近平总书记在中共中央政治局第十一次集体学习时的讲话(2024 年 1 月 31 日)

一、新质生产力提出的时代背景

2024 年初,中共中央政治局就扎实推进高质量发展进行第十一次集体学习,习近平总书记在主持学习时强调,"必须牢记高质量发展是新时代的硬道理,全面贯彻新发展理念,把加快建设现代化经济体系、推进高水平科技自立自强、加快构建新发展格局、统筹推进深层次改革和高水平开放、统筹高质量发展和高水平安全等战略任务落实到位,完善推动高质量发展的考核评价体系,为推动高质量发展打牢基础"①。

发展新质生产力是推动高质量发展的内在要求和重要着力点,必须继续做好创新这篇大文章,推动新质生产力加快发展。② 立足新发展阶段,贯彻新发展理念,构建新发展格局,实现高质量发展,从根本上说就是要不断突破束缚生产力体制和机制上的堵点卡点,不断促进和发展生产力。建设现代化产业体系是实现高质量发展的重要举措,加快建设以实体经济为支撑的现代化产业体系,着力推动产业迈向智能化、绿色化、融合化。加快发展数字经济,促进数字经济和实体经济的深度融合,以产业升级和战略性新兴产业集群促进生产力进步和生产效率的提高,加快形成新质生产力,必能激活发展新动力、增强发展新动能,为中国式现代化建设提供强大支撑。③

(一)高质量发展是新时代的硬道理

党的十九大以来,以习近平同志为核心的党中央坚持统筹推进"五位一体"总体布局,协调推进"四个全面"战略布局,从党和国家事业永续发展的高度,提出一系列治国理政新理念新思想新战略,推动党和国家事业取得历史性成就,发生历史性变革,扎实推动我国迈上全面建设社会主义现代化国家新征程。党的二十大报告对我国高质量发展提出新的要求,明确提出,"未来五年是全面建设社会主义现代化国家开局起步的关键时期,主要目标任务是:经济高质量发展取得新突破,科技自立自强能力显著提升,构建新发展格局和建设现代化经济体系取得重大进展"④。

---

① 《习近平在中共中央政治局第十一次集体学习时强调　加快发展新质生产力　扎实推进高质量发展》,《人民日报》2024 年 2 月 2 日,第 1 版。

② 同上。

③ 徐晓明:《加快形成新质生产力　增强发展新动能》,《光明日报》2023 年 9 月 14 日,第 2 版。

④ 习近平:《高举中国特色社会主义伟大旗帜　为全面建设社会主义现代化国家而团结奋斗——在中国共产党第二十次全国代表大会上的报告》,《人民日报》2022 年 10 月 26 日,第 1 版。

"高质量发展是全面建设社会主义现代化国家的首要任务。发展是党执政兴国的第一要务。没有坚实的物质技术基础,就不可能全面建成社会主义现代化强国。"①我国经济已经进入高质量发展阶段,因此经济社会发展必须始终坚持以高质量发展为主题,把实施扩大内需战略同深化供给侧结构性改革有机结合起来,增强国内大循环的内生动力和可靠性,提升国际循环的质量和水平,加快建设现代化经济体系,着力提高全要素生产率,着力提升产业链、供应链韧性和安全水平,着力推进城乡融合和区域协调发展,推动经济实现量的增长和质的飞跃。

我国改革开放至今已经走过 40 多年历程,当前中国式现代化进程已步入新的发展阶段,标志着现代化建设在历史进程中迈出了崭新的一步,开启了全面建设社会主义现代化国家的新征程。习近平总书记在党的二十大报告中明确指出,"改革开放和社会主义现代化建设深入推进,书写了经济快速发展和社会长期稳定两大奇迹新篇章,我国发展具备了更为坚实的物质基础、更为完善的制度保证,实现中华民族伟大复兴进入了不可逆转的历史进程"②。这一阶段的核心目标是到 2035 年基本实现社会主义现代化,并为到本世纪中叶把我国建成富强民主文明和谐美丽的社会主义现代化强国奠定坚实基础。

回顾改革开放以来中国式现代化发展演进的历程,可以大致划分为五个关键阶段,每个阶段皆致力于解决特定历史时期的经济社会发展问题,以实现各阶段的核心发展目标,从而不断推进中国式现代化建设迈出新步伐,展现新气象。

第一阶段(1978 到 1990 年):改革开放之初至 1990 年是中国式现代化

① 何立峰:《高质量发展是全面建设社会主义现代化国家的首要任务(认真学习宣传贯彻党的二十大精神)》,《人民日报》2022 年 11 月 14 日,第 6 版。

② 习近平:《高举中国特色社会主义伟大旗帜 为全面建设社会主义现代化国家而团结奋斗——在中国共产党第二十次全国代表大会上的报告》,《人民日报》2022 年 10 月 26 日,第 1 版。

建设的第一阶段,基本解决了人民的温饱问题。在此期间,我国迅速推行经济领域的改革开放政策,导入市场机制,积极吸引外资,促使国家经济迅速发展。党的十一届六中全会提出,我国社会的主要矛盾是人民日益增长的物质文化需要同落后的社会生产之间的矛盾,并作出了我国还处于社会主义初级阶段的科学论断。随着改革开放的推行,我国经济发展取得了显著成果,生产力发展水平由 1981 年党的十一届六中全会时的"很低"到 1987 年党的十三大时的"相当落后"。

第二阶段(1991 到 2000 年):力争使人民生活总体上达到小康水平。在这一时期,我国持续深化经济体制改革,强化社会保障体系,推进城乡发展不平衡问题的解决,使得我国经济迅速增长,人民生活水平大幅提升。1997 年党的十五大报告提出,"我国的社会生产力、综合国力和人民生活水平,又上了一个新的台阶",与此同时,"国民经济整体素质和效益不高,经济结构不合理的矛盾仍然比较突出"。

第三阶段(2001 到 2020 年):我国全面建成小康社会决胜阶段。在此期间,我国全力推进脱贫攻坚,提升人民生活水平,全面构建小康社会,到 2020 年,我国成功实现了这一宏伟目标,近 1 亿人口脱贫,经济社会发展实现质的飞跃。党的十九大报告提出,我国社会主要矛盾已经转化为人民日益增长的美好生活需要和不平衡不充分的发展之间的矛盾。生产力水平由 2007 年党的十七大提出的"总体上还不高",发展到 2017 年党的十九大提出的"总体上显著提高"。

第四阶段(2021 到 2035 年):中国式现代化进入新阶段,正式迈进基本实现社会主义现代化的新征程。在这一时期,一系列长期积累及新出现的突出问题亟待解决,包括传统发展模式难以为继,科技创新能力不强,高质量发展存在许多卡点瓶颈等。党的二十大报告强调,"必须坚持科技是第一生产力"。本阶段的目标是到 2035 年基本实现社会主义现代化,并为建设更高水平的社会主义现代化强国奠定基础。

第五阶段(2036 年到本世纪中叶):着眼于全面建成富强民主文明和

谐美丽的社会主义现代化强国。这一时期的目标不仅包括经济的繁荣,还涉及政治、文化、环境等多个方面的全面进步。我国将在全球舞台上扮演更为重要的角色,为构建一个更加平等、繁荣、可持续的未来社会作出积极贡献。

当前,我们如期实现了全面建成小康社会的阶段性发展战略目标,标志着中国式现代化建设正处于第三阶段至第四阶段的过渡期,并正式步入基本实现社会主义现代化的新起点和新征程,中国式现代化进程步入第四阶段(图1-1)。在新征程上,我们要更好地推进高质量发展,为更高水平的社会主义现代化建设奠定基础、指明方向。

图1-1　中国式现代化历史进程演进:现阶段为第三阶段向第四阶段的过渡期

(二)高质量发展的新时代特征

习近平总书记指出,"新时代以来,党中央作出一系列重大决策部署,推动高质量发展成为全党全社会的共识和自觉行动,成为经济社会发展的主旋律。近年来,我国科技创新成果丰硕,创新驱动发展成效日益显现;城乡区域发展协调性、平衡性明显增强;改革开放全面深化,发展动力活力竞相迸发;绿色低碳转型成效显著,发展方式转变步伐加快,高质量发展取得明显成效"[1]。

在新时代新征程上,中国共产党的中心任务已发生转变。党的二十大报告明确指出,"从现在起,中国共产党的中心任务就是团结带领全国各族人民全面建成社会主义现代化强国、实现第二个百年奋斗目标,以中国式现

---

[1] 《习近平在中共中央政治局第十一次集体学习时强调　加快发展新质生产力　扎实推进高质量发展》,《人民日报》2024年2月2日,第1版。

代化全面推进中华民族伟大复兴"①。世界各国在追求繁荣发展的现代化过程中，都希望自己的国家越来越富裕，但在实现富裕的方式上有着根本区别。资本主义国家的现代化之所以不可能实现共同富裕，根本原因在于其制度本身，资本家不可能与劳动者共享财富；而"社会主义的本质，是解放生产力，发展生产力，消灭剥削，消除两极分化，最终达到共同富裕"②。社会制度的差别，必然意味着中国面向未来的共同富裕的发展目标乃至现代化强国之路，难以学习或沿用国外的发展范式。

扎实推进全体人民共同富裕，坚持走中国式现代化发展道路，完成阶段性目标任务，意味着随着历史进程的演进，要不断调整发展重心和目标任务，统筹谋划各阶段的发展战略布局。相比于第三阶段，第四阶段的中国式现代化建设主要有三大重心：更加注重质量、效率和结构的升级，促进质的有效提升和量的合理增长；更加重视解决发展不平衡、不充分问题而不是单纯强调经济总量的扩张；更加注重发展与安全③。（图 1-2）

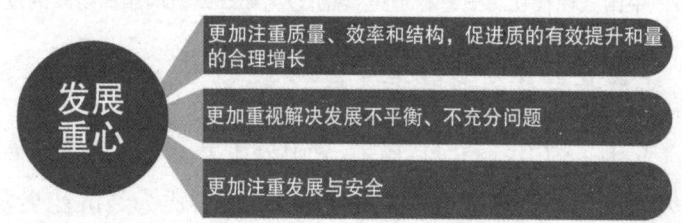

更加注重质量、效率和结构，促进质的有效提升和量的合理增长

更加重视解决发展不平衡、不充分问题

更加注重发展与安全

发展重心

图 1-2　新时代中国式现代化建设推动高质量发展三大重心

更加注重质量、效率和结构的优化调整。三个方面的优化调整，主要体现在中国经济增长方式的转变上。在中国式现代化进程中，共同富裕不仅是一个经济目标，更是一种社会理念。共同富裕意味着不仅仅是经济的富

①　习近平：《高举中国特色社会主义伟大旗帜　为全面建设社会主义现代化国家而团结奋斗——在中国共产党第二十次全国代表大会上的报告》，《人民日报》2022 年 10 月 26 日，第 1 版。

②　邓小平：《邓小平文选》第三卷，人民出版社，1993，第 373 页。

③　厉以宁，黄奇帆，刘世锦，等：《共同富裕　科学内涵与实现路径》，中信出版社，2022，第 77 页。

裕,还包括社会的公平和人民的幸福。过去几十年里,我国通过全面深化改革和扩大开放,不断提高人民的生活水平,但也出现了一些新的问题,如收入差距扩大和发展不平衡、不充分等。在第四阶段,我国需要更加注重质量和结构的调整,以实现强国建设、民族复兴的伟大目标。因此,在发展模式上,需要告别过去传统的粗放式发展,由要素投入向创新驱动转变,既要发挥资本、土地、劳动力等要素投入带来的增长驱动能力,更要充分释放各类先进优质生产要素的创新驱动能力,推动中国经济结构转型升级,扎实迈向高质量发展。

更加重视解决发展不平衡、不充分的问题。要想解决发展不平衡、不充分的问题,主要是更好地贯彻新发展理念,摒弃单纯强调经济总量的扩张思维,处理好量的合理增长和质的有效提升,更加重视人的全面发展与社会的整体进步。新时代,强调以人民为中心的新发展理念,不再仅仅以经济增长为发展目标,而更注重经济结构的升级优化,通过加强社会保障、提高居民收入,实现全体人民在现代化进程中的利益共享。同时,绿色发展是高质量发展的底色,践行绿色发展理念,加大生态文明建设力度,处理好高质量发展与高质量保护的关系,"必须加快发展方式绿色转型,助力碳达峰碳中和""坚定不移走生态优先、绿色发展之路"①。

更加注重发展和安全。当前,我国面临的内外部发展环境空前复杂严峻,不确定因素与潜在风险日益增多,给经济平稳运行带来不确定性和更多挑战。针对这些挑战,必须坚持总体国家安全观,统筹好发展和安全,逐步补齐制约发展与安全的各种潜在短板。统筹处理好发展和安全的关系,除了国防安全外,还主要体现在社会安全、数据安全和产业链安全等方面。其中,数据安全已成为数字经济时代的新问题,数据作为新的生产要素,不仅创造生产价值,还关乎国家安全。数字经济的发展需要新的治理框架,以确

---

① 《习近平在中共中央政治局第十一次集体学习时强调　加快发展新质生产力扎实推进高质量发展》,《人民日报》2024 年 2 月 2 日,第 1 版。

保数据的合理使用和安全保护。产业链的安全也至关重要，特别是在一些关键领域，要提高产业链供应韧性和安全水平，确保国家在关键时刻不受外部压力的影响。

（三）新质生产力概念的提出

从 2023 年习近平总书记在地方考察时提出"新质生产力"，到在中央经济工作会议上强调"发展新质生产力"，到中央政治局集体学习时作出系统阐述，再到全国两会期间进一步强调"因地制宜"发展新质生产力、培育发展新质生产力的新动能，习近平总书记关于发展新质生产力的一系列重要论述、一系列重大部署，深刻回答了"什么是新质生产力，为什么要发展新质生产力，怎样发展新质生产力"的重大理论和实践问题，为新征程上推动高质量发展提供了科学指引。

2024 年两会期间，"新质生产力"成为广受各界关注的热词。"大力推进现代化产业体系建设，加快发展新质生产力"被置于 2024 年政府工作十大任务首位。2024 年 3 月 5 日，习近平总书记在参加十四届全国人大二次会议江苏代表团审议时强调，"因地制宜发展新质生产力"①。这是对发展新质生产力作出的进一步阐述，为地方做好发展新质生产力这篇大文章指明了实践方法论。在看望参加全国政协十四届二次会议的民革、科技界、环境资源界委员并参加联组会时，习近平总书记指出，"科技界委员和广大科技工作者要进一步增强科教兴国强国的抱负，担当起科技创新的重任，加强基础研究和应用基础研究，打好关键核心技术攻坚战，培育发展新质生产力的新动能"②。

回顾我国不同发展阶段的生产力发展状态与演进历程可知，新中国成

---

① 《习近平在参加江苏代表团审议时强调因地制宜发展新质生产力》，《人民日报》2024 年 3 月 6 日，第 1 版。

② 《习近平在看望参加政协会议的民革科技界环境资源界委员时强调 积极建言资政广泛凝聚共识 助力中国式现代化建设 王沪宁蔡奇参加看望和讨论》，2024 年 3 月 6 日，ht-tp://www.news.cn/politics/leaders/20240306/7c11fb6c36b84d029f82b997d7b00fae/c.html。

立以来,党和国家领导人以马克思主义作为行动指南,既坚持了生产力理论的基本原理,又在社会主义建设和改革开放的进程中发展了生产力理论。1978 年,邓小平在《在全国科学大会开幕式上的讲话》中提出"现代科学为生产技术的进步开辟道路,决定它的发展方向",并在此基础上提出了"科学技术是第一生产力"①的论断。江泽民同志在 1994 年指出,现代国际竞争,说到底是综合国力的竞争,关键是科学技术的竞争②,并在党的十五大报告中指出:"科学技术是第一生产力,科技进步是经济发展决定性因素",要"改造和提高传统产业,发展新兴产业和高技术产业,推动国民经济信息化"。

随着我国经济进入新发展阶段,要贯彻新发展理念,将发展动力从过去依靠资源和低成本劳动力等要素投入转向创新驱动,以习近平同志为核心的党中央深刻指出,"把创新摆在第一位,是因为创新是引领发展的第一动力"③,首创性地提出"科技创新是第一动力",强调"科技创新是提高社会生产力和综合国力的战略支撑"④。在激烈的国际竞争中,要开辟发展新领域新赛道、塑造发展新动能新优势,从根本上说,还是要依靠科技创新,必须坚持科技是第一生产力、人才是第一资源、创新是第一动力⑤。

随着科技创新的广度、深度和融合度的不断提升,生产力的发展水平与先进程度不断提高。习近平总书记提出"新质生产力"这一新要求、新概念,代表了生产力的跃迁和质变,可见这一理念的提出是在马克思主义生产力理论的基础上,对马克思主义生产力理论的创新性发展,丰富了马克思主义生产力理论的当代内涵。⑥

---

① 邓小平:《邓小平文选》第三卷,人民出版社,1993,第 274 页。

② 江泽民:《用现代科学技术知识武装起来——〈现代科学技术基础知识(干部选读)〉序》,《中国科技论坛》1994 年第 2 期。

③ 习近平:《习近平谈治国理政》第二卷,外文出版社,2017,第 201 页。

④ 习近平:《习近平谈治国理政》第一卷,外文出版社,2018,第 119 页。

⑤ 习近平:《习近平谈治国理政》第三卷,外文出版社,2020,第 186 页。

⑥ 蒲清平、黄媛媛:《习近平总书记关于新质生产力重要论述的生成逻辑、理论创新与时代价值》,《西南大学学报(社会科学版)》2023 年第 6 期。

概念提出。2023年9月8日，习近平总书记在听取黑龙江省委和省政府工作汇报时首次提出"新质生产力"概念。习近平总书记指出，"要立足现有产业基础，扎实推进先进制造业高质量发展，加快推动传统制造业升级，发挥科技创新的增量器作用，全面提升三次产业，不断优化经济结构、调整产业结构。整合科技创新资源，引领发展战略性新兴产业和未来产业，加快形成新质生产力"①。

核心路径。2023年12月11日至12日中央经济工作会议在北京举行，习近平总书记出席会议并发表重要讲话。会议强调，要以科技创新推动产业创新，特别是以颠覆性技术和前沿技术催生新产业、新模式、新动能，发展新质生产力②。首次明确发展新质生产力的核心路径。

理论总结。2024年1月31日，习近平总书记在中共中央政治局第十一次集体学习时指出，"高质量发展需要新的生产力理论来指导，而新质生产力已经在实践中形成并展示出对高质量发展的强劲推动力、支撑力，需要从理论上进行总结、概括，用以指导新的发展实践"③。

基本内涵。习近平总书记指出："新质生产力是创新起主导作用，摆脱传统经济增长方式、生产力发展路径，具有高科技、高效能、高质量特征，符合新发展理念的先进生产力质态。它由技术革命性突破、生产要素创新性配置、产业深度转型升级而催生，以劳动者、劳动资料、劳动对象及其优化组合的跃升为基本内涵，以全要素生产率大幅提升为核心标志，特点是创新，关键在质优，本质是先进生产力。"并进一步阐释了与其相适应的新型生产关系，"发展新质生产力，必须进一步全面深化改革，形成与之相适应的新型生产关系。要深化经济体制、科技体制等改革，

---

① 《习近平在黑龙江考察时强调　牢牢把握在国家发展大局中的战略定位　奋力开创黑龙江高质量发展新局面》，《人民日报》2023年9月9日，第1版。

② 《中央经济工作会议在北京举行　习近平发表重要讲话　李强作总结讲话　赵乐际王沪宁蔡奇丁薛祥李希出席会议》，《人民日报》2023年12月13日，第1版。

③ 《习近平在中共中央政治局第十一次集体学习时强调　加快发展新质生产力扎实推进高质量发展》，《人民日报》2024年2月2日，第1版。

着力打通束缚新质生产力发展的堵点卡点,建立高标准市场体系,创新生产要素配置方式,让各类先进优质生产要素向发展新质生产力顺畅流动"①。

实践指导。2024 年 2 月 1 日至 2 日,习近平总书记在天津看望慰问基层干部群众,并在听取天津市委和市政府工作汇报后指出,"天津作为全国先进制造研发基地,要发挥科教资源丰富等优势,在发展新质生产力上勇争先、善作为。要坚持科技创新和产业创新一起抓,加强科创园区建设,促进数字经济与实体经济深度融合,推动制造业高端化、智能化、绿色化发展。要加强与北京的科技创新协同和产业体系融合,合力建设世界级先进制造业集群"②。

分类施策。2024 年 3 月 5 日,习近平总书记在 2024 年全国两会期间首次下团组,来到江苏代表团参加审议。习近平总书记强调,"各地要坚持从实际出发,先立后破、因地制宜、分类指导,根据本地的资源禀赋、产业基础、科研条件等,有选择地推动新产业、新模式、新动能发展,用新技术改造提升传统产业,积极促进产业高端化、智能化、绿色化"③。"先立后破、因地制宜、分类指导",这十二个字正是习近平总书记为各地发展新质生产力给出的重要方法论。

习近平总书记关于新质生产力的重要论述,深刻阐明了新质生产力的特征、基本内涵、核心标志、关键本质等基础理论问题,为准确把握新质生产力的科学内涵提供了根本遵循,为加快发展新质生产力,推动高质量发展提供了科学指引。

---

① 《习近平在中共中央政治局第十一次集体学习时强调　加快发展新质生产力　扎实推进高质量发展》,《人民日报》2024 年 2 月 2 日,第 1 版。
② 《习近平春节前夕赴天津看望慰问基层干部群众》,2024 年 2 月 2 日,http://www.qstheory.cn/yaowen/2024-02/02/c_1130072692.htm。
③ 《习近平在参加江苏代表团审议时强调　因地制宜发展新质生产力》,《人民日报》2024 年 3 月 6 日,第 1 版。

二、科学技术与国家整体发展

（一）国家发展与工业革命的核心推动力

从历史来看，国家或地区发展与工业革命的进程紧密关联。历次工业革命的演进都是科技创新与产业生产范式变革的共同作用，每一次工业革命都标志着技术的升级和产业结构的深刻调整演进。这种演进是若干新技术融合更替迭代的结果，从而带来了新的生产方式，将人类社会推向新的发展阶段。[①]

在第一次工业革命中，蒸汽动力技术及相关机械制造技术成为主导力量，催生了工厂生产、机械化、标准零部件、工厂规模经济等新范式。这一阶段，科学开始成为第一生产力，为经济的快速增长奠定了基础。随着煤炭和铁路的广泛应用，社会形态从农业社会迅速转向了工业社会，生产方式、交通方式等多个方面都发生了翻天覆地的变化。

第二次工业革命以电力技术、内燃机技术及电磁通信技术为主导，重塑了电力、石油、汽车等重工业产业的发展范式。大规模生产和大众市场、规模经济、可分配的工业动力、产品标准化等新形式的出现，使产业体系更加成熟，经济进入了新的增长阶段。这一时期的工业化进程，使人类社会进入到大规模生产和大规模消费时代，在大大提高了生产效率的同时，也推动了城市化的进程。

第三次工业革命以计算机、微电子技术、自动控制技术等为主导，将人类引入信息时代。信息密集型、知识成为资本、全球化等范式的形成，使产业更加高度集成，全球产业链愈发紧密。互联网的普及促使全球通信更加便捷，令信息在全球范围内更加自由地流动，为全球经济的一体化奠定了基础。

[①] 卡萝塔·佩蕾丝：《技术革命与金融资本：泡沫与黄金时代的动力学》，田方萌等译，中国人民大学出版社，2007。

当下，正处于第四次工业革命初期。本次工业革命的主导技术主要是大数据、人工智能、物联网等新一代数智技术。这一阶段的生产范式发生了革命性颠覆，突出表现在数据成为生产要素、数字工厂大规模应用、数据成为资本，智能化、人机交互、节能环保制造延伸到各领域各方面。新型数字技术的广泛应用将极大提升生产效率，推动产业向更加智能、绿色、融合的方向发展，并进一步改变传统生产方式，塑造新的生产力质态。（图1-3）

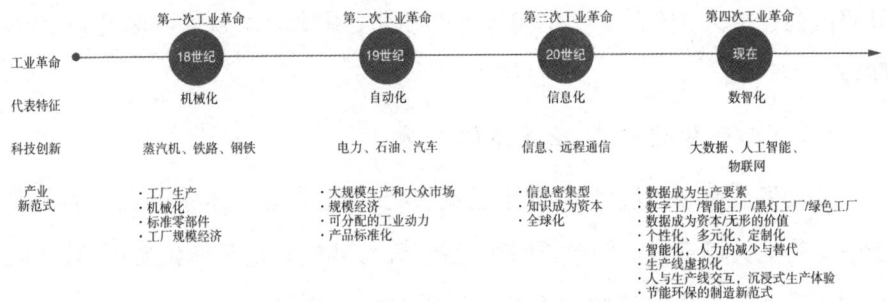

图1-3　历次工业革命的技术创新与范式升级

科技革命是工业革命的基础和前提。历次工业革命都受益于科技的迅猛发展，科技推动了新的产业结构、产业范式、产业动能的形成，进而影响着全球经济格局的变化。科技的进步不仅带来了生产方式的变革，也推动了社会的全面发展，改变了人类的生活方式和社会结构。科技不断推动人类文明的进步，为人类提供了更多便利和发展的可能性。

历次工业革命的演进，都是若干新技术新产业更替迭代和共同作用的结果。回顾人类的发展历史，科技中心的变迁常常伴随着世界经济中心、政治中心、外交中心、文化中心乃至军事中心的转移。这表明科技在全球发展格局中扮演着至关重要的角色，不仅推动着国际化竞争，也引领着人类社会的不断前进。科技中心的崛起，往往意味着其在全球发展中拥有更大话语权，对全球经济的影响力也日益增强。

在未来的工业发展中，科技将继续成为关键推动力量。新一代数字技术的不断涌现将为产业带来更多创新，为人类社会带来更多便利。在这个过程中，各国需要加强科技创新的力度，培养更多高素质的科技人才，以更好地适应未来工业的发展趋势。全球范围内的科技合作也将更加密切，共同推动科技的创新与发展。

总体来看，国家的发展与历次工业革命息息相关，而工业革命的演进又离不开科技创新的推动，每一次工业革命都是科技创新与产业范式升级相互作用的结果。未来经济的发展将继续在科技创新浪潮中前行，而科技中心的位置也将因此而不断变迁，影响着各个国家经济发展的演变。科技创新将成为连接人类过去、现在和未来的纽带，引领国家发展不断迈向新的阶段。

（二）工业化进程与经济体的兴衰

社会发展至今，我们仍然处于工业文明时代，工业化水平已经成为国家竞争优势的关键指标。面对第四次工业革命，其核心是智能化变革，其本质仍属于工业化阶段的延伸和深化。工业化的关键在于制造业，而一些国家的去工业化趋势可能导致大国竞争力下降，因此维持和提升制造业水平对于国家发展至关重要。

通过分析中、英、美三国过去 50 多年工业增加值占 GDP 比重的走势（图 1-4），我们可以看出，英国和美国从 20 世纪七八十年代开始，工业增加值占 GDP 比重出现显著下滑。从 20 世纪 90 年代开始，这两个国家的工业增加值占 GDP 比重甚至低于 25%。当这一比重降至 25% 以下时，表明这两个老牌工业强国已经进入工业空心化状态。

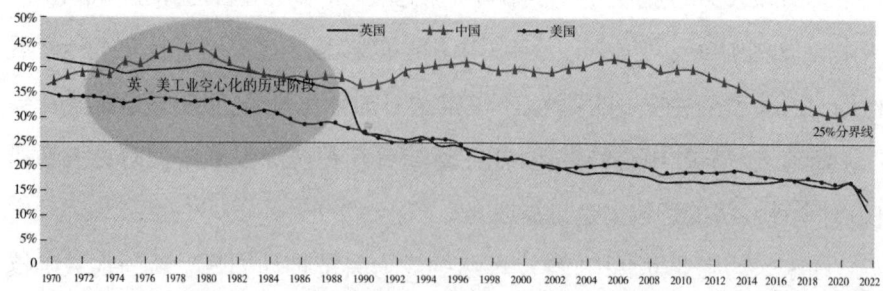

图 1-4　中、英、美三国过去 50 多年工业增加值占 GDP 比重的走势（数据来源：世界银行）

通过分析中国过去 50 多年的数据,我们可以发现,中国的工业增加值占 GDP 比重一直处于较高水平,特别是在英、美工业空心化后,中国的工业增加值占 GDP 比重一直显著高于英、美两国。而工业化进程的演进和工业增加值占 GDP 比重的高低,直接决定各国经济体的兴衰。

随着经济体走向去工业化,该经济体的发展往往会陷入下行周期,这一现象在过去的经济发展历程中得到了充分体现。以美国为例,在过去 50 多年的发展过程中,美国的 GDP 增长率与工业增加值占 GDP 比重(图 1-5)之间具有显著的相关性。当工业增加值占 GDP 比重低于 30% 时,美国的 GDP 增长率快速下滑,而当这一比重降至 25% 以下时,美国的 GDP 增长率则长期处于低位波动状态,经济发展陷入低速阶段。

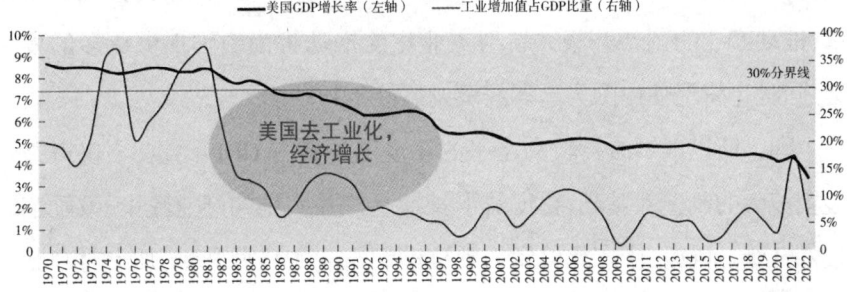

图 1-5 过去 50 多年美国 GDP 增长率与工业增加值占 GDP 比重的走势图(数据来源:世界银行)

因此,为了确保经济的可持续发展,经济体需要尽量规避工业空心化问题。而这就需要在经济结构调整中,既要推动战略性新兴产业的发展,提前布局未来产业,又要合理引导传统产业的科技赋能和优化升级,处理好传统产业与新兴产业的衔接,以保持经济的活力和韧性。

工业革命是推动国家向前发展的关键引擎,保持工业的持续迭代与升级对国家的健康发展至关重要。当一个国家走向后工业化时代,如何有效规避工业空心化问题,抓住工业革命发展机遇尤为关键,实现新型工业化的高质量发展,这是一个充满挑战但又富有战略的发展路径。任何国家的发展,都需要紧紧抓住历次工业革命的机遇,促进科技创新和产业升级,为国家发展注入强大动力。

进一步深入分析可知,工业化不仅仅是一个经济指标,更是一个国家实力的象征。制造业的兴盛不仅创造了就业机会,加快了城市化进程,还提升了国家整体的科技水平和创新活力。而去工业化则可能导致制造业的凋零,不仅影响了生产力的布局和经济结构的合理性,也削弱了国家在全球产业链中的话语权。

特别是对于中国这样一个拥有众多人口和广阔市场的国家而言,把握新型工业化所带来的发展机遇显得尤为紧迫。中国在过去几十年中,以惊人的速度完成了工业化进程,如今正处于产业结构升级的关键时期。在这一过程中,我们需要充分发挥国家制度优势和政策引导优势,充分激发市场力量,推动产业的创新升级。新型工业化的推动将为中国提供更多的发展机会,同时也将促使中国为全球经济发展注入新动能。

中国之所以能够维持较高水平的工业增加值占 GDP 比重,不仅得益于其规模庞大的制造业基础,更得益于长期坚持并实施的产业政策、鼓励创新和技术升级。同时,国家始终致力于推动制造业的转型升级,加大对高新技术产业的支持力度,努力提高中国制造的附加值和竞争力。国家还通过推进数字化、智能化、绿色化等方向的转型,努力在新一轮产业变革中走在前列。在第四次工业革命的浪潮中,国家积极应对并推动数字化转型,通过培育战略性新兴产业,布局未来产业,助力中国制造业保持全球领先地位。

然而,要想实现工业化的持续增长,还要面对一系列挑战。重点包括推动科技创新,改善产业生态环境,加强人才培养,提高劳动力素质,深化改革,破解体制和机制上的障碍等。只有通过这些战略性举措,我国才能抢占第四次工业革命的有利发展机遇,才能够在工业文明时代持续推动高质量发展,为国家的繁荣稳定打下坚实基础。

我国在实现新型工业化的过程中,不仅要关注技术和产业的创新,还要确保新型工业革命成为推动高质量发展的新动能,不仅需要在技术和产业层面加大投入,还需要培养高素质的人才,提升创新能力,促进产业与金融、科技、人才等多要素的深度融合。我国还要关心社会和环境的可持续发展,因为高质量的发展需要在经济增长的同时保障发展安全和绿色、低碳。因此,在推动新型工业化的同时,需要建立健全的法律法规体系,保障劳动者权益,推动绿色生产,践行绿色发展理念。同时,国家在引导和支持新型工业化过程中,也需要保持政策的稳定性和可持续性,处理好政府与市场的关系,形成国家、企业和市场三方合力,推动新型工业化取得更为显著的成果。

工业化水平直接关系到国家的竞争力和经济实力。我国在保持较高水平的工业增加值占 GDP 比重的同时,还要在转型升级、科技攻关、创新驱动等方面继续努力,以确保国家在全球经济中的领导地位。在全球化、数字化的时代,制造业仍然是国家竞争的关键,只有不断适应新的产业格局和高质量发展要求,才能在工业文明时代中获得持续高质量发展的优势。

(三)科技革命与大国崛起

从工业革命开始,人类文明进程加速演进。回顾人类文明发展历程,工业革命之前的时代,主要是封建社会和农耕时代,人们主要依靠人力和畜力进行劳作。再向原始时代回望,地球诞生距今约 46 亿年,人类在进化过程中,90% 以上的时间是在狩猎和采集野果的忙碌中度过的,人口、财富、平均寿命、生活和生产方式一直变化不大。人类在"小打小斗"中慢条斯理地延续着,一代又一代慢慢积累,直到 18 世纪 60 年代的第一次工业革命,以蒸汽机的发明和广泛应用为标志,开创了机器代替手工劳动的时代。人类真正进入现代文明社会还不到 300 年,这短短的时间跨度见证了人类社会从农耕时代到现代工业社会的巨大飞跃。

伊恩·莫里斯的《文明的度量:社会发展如何决定国家命运》,通过测算公元前 14000 年至公元 2000 年间的社会发展指数,揭示了东西方文明演进的历史脉络。① 在第一次工业革命之前,人类文明的演进一直处于相对沉寂的状态,但这并不意味着社会没有发展。相反,社会在这段时期也经历了多次重要的变革和进步,为后来的工业革命奠定了基础。(图1-6)

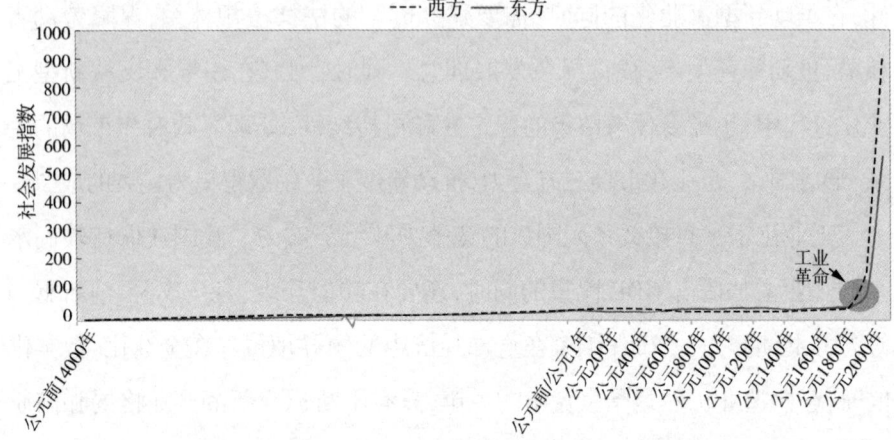

图1-6　公元前 14000 年—公元 2000 年东西方的社会发展指数(数据来源:伊恩·莫里斯《文明的度量:社会发展如何决定国家命运》)

第一次工业革命被形容为人类历史上的一次"惊险一跃"。这个时期的来临,打破了人类社会的宁静,唤醒了人类敢于创造的天性。机械、化学、能源等各个领域的技术创新,如同推动着一列快速前行的列车,将人类社会推上了前所未有的发展轨道。工业革命的到来,不仅是生产工具和生产方式的变革,更是一场社会制度、思维方式的深刻变革。

随着工业革命的展开,各国人口急剧增加,生产方式和社会结构也发生了深刻的变革。首先,促进了农业社会向工业社会的过渡,使得社会生产力得到了空前的发展。其次,工业化的推进还加速了生产规模和生产效率的提高,人们的生活方式也随之发生了改变。城市化的加速、科技的普及、交通的便利,都为社会发展、国家进步提供了有力支持。这一时期,社会生产力得到了前所未有的开发,人类社会进入了以科技和工业为主导的发展时代。

---

① 伊恩·莫里斯:《文明的度量:社会发展如何决定国家命运》,李阳译,中信出版社,2014。

　　工业革命是人类文明史上最为重大的事件之一,不仅改变了生产方式,也对社会结构、文化和价值观念产生了深远的影响。例如,社会分工更加复杂,新兴的中产阶级崛起,社会阶层发生动荡。同时,科学的进步带来了对传统观念的挑战,启蒙思想的兴起促进了文化和社会形态的丰富和发展。可以说,从工业革命开始,人类文明兴衰的齿轮快速转动,人类真正进入了瞬息万变的时代。

　　工业革命之后,社会进入了快速发展的时代。科技的进步,推动了人类文明的不断演进,电气化、信息技术、生物技术等一系列创新科技不断涌现。全球化的趋势使各国紧密相连,信息和资源的交流变得更加便捷。新的产业形态不断崭露头角,人工智能、互联网、绿色能源等领域的发展成为推动社会变革的动力。

　　每一次工业革命都会伴随大国崛起。工业革命不仅是人类生产力变革和社会变革的一次里程碑,同时也决定着大国的命运兴衰。回顾几次工业革命的历程,可以清晰地看到大国的崛起与国际地位的转变。

　　第一次工业革命将英国推向了全球霸主的地位。在这个时期,号称"日不落帝国"的英国,工业产值占全世界工业总产值的39%[1],处于绝对领先地位。工业革命催生了蒸汽机、纺织机械等一系列技术创新,极大地提升了生产效率,使得英国在全球经济中占据主导地位。随着第一次工业革命的成功,各国人口急剧增加,生产力变革和社会变革改变了人类的生产方式和生活方式,这一时期的社会发展具有长期性、不均衡性和自觉性的特征。

　　第二次工业革命眷顾了美国,开创了美国时代。电力、内燃机、化学工业等新技术的应用,使得美国逐渐成为世界经济的引领者。在这一时期,美国的工业产值占全球总产值的30%以上,成为全球工业发展的主导力量。

　　第三次工业革命仍然由美国主导,信息技术的迅猛发展,成为这一时期

　　① 陈芸芸:《脱欧了,英国制造业何去何从?》,《中国工业报》2020年2月10日,第A6版。

的主要特征。美国在计算机、互联网等领域取得显著成就，工业产值占全球比例的 25% 以上，继续引领全球工业创新发展。

随着新一代人工智能技术的成熟，通用人工智能时代即将开启，被视为第四次工业革命的到来。中国需要紧抓这一机遇，实现产业升级和迭代，抢占第四次工业革命发展制高点，把握好发展的新机遇。

工业革命的历程见证了世界各国的兴衰更替。第四次工业革命的到来，为中国提供了前所未有的发展机遇，但也带来了新的竞争挑战。贯彻新发展理念，构建新发展格局，抓住新一轮工业革命的机遇，推动新型工业化，通过进一步全面深化改革和扩大对外开放，加大科技创新投入，加速产业创新升级，优化营商环境等一系列措施，中国有望在新型工业化时代迎来更大的发展，实现经济转型升级，从而实现高质量发展。这一过程不仅是中国发展的关键节点，也是全球产业格局演变的重要历史时刻。（图 1-7）

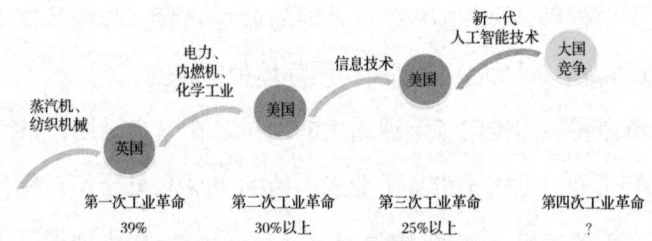

注：圈中所列为各次工业革命的经济体国家；百分数表示工业革命发展阶段工业产值占全球总产值比重

图 1-7　每一次工业革命都会伴随大国崛起

三、新质生产力为高质量发展注入强大动力

（一）科技创新与国家高质量发展

党的二十大报告提出，"加强构建新发展格局，着力推动高质量发展"①。

---

①　习近平：《高举中国特色社会主义伟大旗帜　为全面建设社会主义现代化国家而团结奋斗——在中国共产党第二十次全国代表大会上的报告》，《人民日报》2022 年 10 月 26 日，第 1 版。

高质量发展的核心是提升经济的质量和效益,而实现这一目标必然需要以科技创新为重要着力点,打好关键核心技术攻坚战,实现高水平科技自立自强,推动科技创新成果产业化,建设国家自主创新能力体系等各项重要举措共同推进。同时,要加快传统产业的升级换代,培育战略性新兴产业,布局未来产业的蓬勃发展,形成既有竞争力又具有可持续性的现代化产业集群。在这一过程中,科技创新成为关键驱动力,将继续引领产业的转型升级,推动整个国家经济体系的现代化发展。

党的十八大以来,我国科技实力迈上新的发展台阶,重大科技任务有序实施,关键核心技术全面攻关,重大创新成果竞相涌现,一些前沿领域开始进入并跑甚至领跑阶段,实现科技实力从量的有效积累到质的全新飞跃,从点的集中突破到系统能力的整体提升。我国在世界知识产权组织发布的 2023 年全球创新指数(GII 2023)排名达到第 12 位,拥有的全球百强科技创新集群数量首次跃居世界第一,知识产权大国地位牢固确立。①

强化科技力量,构建全球创新生态,是奠定社会主义现代化发展的基石。完善科技创新体系,健全新型举国体制,建设现代化产业体系,坚持把发展经济的着力点放在实体经济上。推进新型工业化,加快建设制造强国、质量强国、航天强国、交通强国、网络强国、数字中国。强化国家战略科技力量,构建全球竞争力的开放创新生态。这些任务将共同推动中国向着更为现代、创新、开放的方向迈进,为实现社会主义现代化强国的目标奠定坚实基础。(图 1-8)

---

① 《我国拥有的全球百强科技创新集群数量首次跃居世界第一》,2023 年 11 月 8 日,http://www. news. cn/world/2023-11/08/c_1129965157. htm。

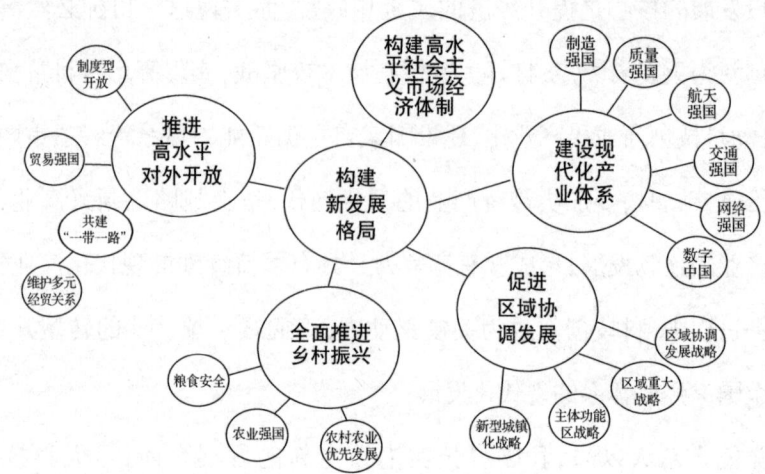

图 1-8　二十大报告提出的新发展格局和现代化产业体系

　　完善科技创新体系，坚持创新引领发展核心地位。为了实现科技创新的目标，需要完善科技创新体系，坚持创新在我国现代化建设全局中的核心地位，意味着在各个领域都要注重科技的引领作用和科技生产力的催生与释放，不仅包括对科研机构的支持和科技人才的培养方面，更要强调激发市场、企业和社会各个层面的创新活力，建设全方位多领域的科技创新体系，为真正实现科技自主创新提供坚实基础。

　　为了更好地推动现代化建设，党的二十大报告提出了"健全新型举国体制"的任务，目的是构建更为灵活高效的国家治理体系，适应快速变化的经济社会环境发展需要。在该体制支持下，国家可以更好地协调各方面资源，推动现代化建设的各项任务。其中，关键要素之一是强化国家战略科技力量，提升国家创新体系整体效能，形成具有全球竞争力的开放创新生态，是构建新型举国体制的关键内容。① 一方面，新型举国体制将更加注重协同创新，加强政府、企业、高校、研究机构等各方的合作。另一方面，通过深化改

---

　　① 《习近平主持召开中央全面深化改革委员会第二十七次会议强调　健全关键核心技术攻关新型举国体制　全面加强资源节约工作》，《人民日报》2022 年 9 月 7 日，第 1版。

革,优化科研环境,激发全社会创新活力,形成多层次、全方位的创新网络。同时,强化国家战略科技力量,建设一支高水平、高效能的科研团队,确保国家在重大科技领域具备核心竞争力。

在全球化背景下,中国要形成具有全球竞争力的开放创新且可持续发展的良好生态,这不仅需要在国际科技合作中积极参与,更需要打破创新壁垒,吸引全球优秀的科技人才和创新资源。通过开放合作,中国将在全球科技创新舞台上发挥更为重要的作用。

(二)产业创新与国家高质量发展

改革开放已走过四十多年的发展历程,当前,我国正处于从高速增长向高质量发展转换的过渡阶段,同时也处于转变发展方式、优化经济结构、转换增长动力的关键时期。因此,必须深入实施创新驱动发展的重要战略,只有不断破解经济发展中的深层次矛盾和问题,不断增强发展的内生动力和创新创造活力,不断开辟创新驱动发展的新赛道新领域,才能持续塑造高质量发展的新动能和新优势。

从经济的发展规律看,与数字化相关的未来新兴战略产业发展也将进入一个爆发期。长期来看,以数字化、智能化为引领的创新驱动相关产业,其市场规模都会保持一个较高的增速。因此,深入贯彻实施创新驱动发展战略,及时将科技创新成果应用到具体产业和产业链上,改造提升传统产业,大力发展数字经济,促进数字经济和实体经济深度融合,打造具有国际竞争力的数字产业集群,正当时。

习近平总书记指出:"新质生产力是创新起主导作用,摆脱传统经济增长方式、生产力发展路径,具有高科技、高效能、高质量特征,符合新发展理念的先进生产力质态。"[①]当前,我国现代化产业体系的构建迫切需要新质生产力的推动,需要牢牢把握科技创新这个发展的"牛鼻子",稳步推进新型工

---

① 《习近平在中共中央政治局第十一次集体学习时强调　加快发展新质生产力扎实推进高质量发展》,《人民日报》2024 年 2 月 2 日,第 1 版。

业化,加快建设制造强国、质量强国、航天强国、交通强国、网络强国、数字中国。立足新发展阶段,中国必须面对并解决产业升级、科技创新、质量提升等方面的挑战,在确保经济持续增长的同时,实现更高水平的现代化。

现代化产业体系的构建,将引领并推动传统产业的转型升级和变革。这一变革的推动力来自新质生产力,即基于数字化、智能化、绿色化等技术创新的生产方式。在这一背景下,中国需要加快转变传统产业结构,培育新兴产业,推动产业链升级,以适应全球产业链的变化。这意味着必须在技术进步的新模式下,不断提升生产力水平,实现从传统制造向高端智能制造的跨越。

新时代新质生产力的核心在于培育战略性新兴产业。随着新时代的到来,中国经济正面临着向高质量发展的迫切要求,而培育战略性新兴产业和未来产业成为推动新质生产力崛起的核心举措。这一举措既是对未来经济发展趋势的洞察,也是对中国经济实力的自信展示。在新的历史起点上,我们将战略性新兴产业和未来产业视为引领未来发展的新引擎和新赛道,通过积极开疆拓土,不断加快打造支柱产业,为中国经济持续发展注入新的动力和活力。

战略性新兴产业的培育成为新质生产力崛起的关键所在[①]。这些产业涵盖了高科技、新能源、新材料、数字经济等多个领域,具有创新性和颠覆性,是引领未来发展的新支柱、新赛道,是推动产业升级和经济结构调整的强大引擎。我国一直高度重视战略性新兴产业的培育,勇于开辟新领域、新赛道,加快打造支柱产业,在战略性新兴产业领域实现了一系列新突破,释放出强劲生产动能。目前,我国新能源汽车生产已累计突破 2000 万辆[②],工业机器人新增装机总量全球占比超过 50%,超高清视频产业规模超过 3 万

---

① 徐晓明:《加快形成新质生产力　增强发展新动能》,《光明日报》2023 年 9 月 14日,第 2 版。

② 《中国新能源汽车生产量达到 2000 万辆》,2023 年 7 月 4 日,http://www. news. cn/2023-07/04/c_1129730784. htm。

亿元[1],第一批国家战略性新兴产业集群已达到 66 家[2],彰显出产业基础好、市场需求大的独特优势。当前,我国战略性新兴产业增加值在国内生产总值中占比已超过 13%,战略性新兴产业发展势头强劲。回顾新时代以来,我国高度重视战略性新兴产业的培育,积极探索新领域、新模式,推动支柱产业快速崛起,这种战略性布局旨在通过产业升级,实现我国经济由高速增长向高质量发展的转变。

在战略性新兴产业的培育中,数字经济领域被视为重中之重。数字经济作为战略性新兴产业的核心,具有驱动整体经济升级的能力。数据要素对各行业的数字化赋能可以提高其生产效率,推动各行业实现数智变革。数字经济的发展不仅仅是产业的升级,更是对整个经济发展范式的重塑。因此,必须激励企业加快数智化转型,实现企业数智化变革,充分发挥数据要素的生产力,以实现新质生产力对企业的助推作用[3]。

发挥数字经济对实体经济的赋能升级作用,全面推动数实融合。在促进实体经济与数字经济深度融合方面,还要继续发挥数字经济对实体经济的赋能升级作用,全面推动数实融合。这将实现对传统实体经济的范式重塑和现代化产业升级,带动全产业链的升级与创新。通过支持数字经济的发展,能够实现实体经济与数字经济的良性互动。新时代的中国正迈向数字化、智能化、绿色化、融合化发展道路。数字中国的构建要求全社会在信息化、数据化、智能化等方面不断取得新突破。这将推动各行各业实现数字化转型,提高整体效率,促进产业的创新发展,为我国经济高质量发展奠定坚实基础。

---

① 《超高清视频产业开启显示新"视界"》,《经济参考报》2023 年 5 月 25 日,第 A07 版。

② 《战略性新兴产业增加值占国内生产总值比重超 13%　国家级先进制造业集群产值超 20 万亿元》,《人民日报》2023 年 7 月 6 日,第 1 版。

③ 陆岷峰:《数据市场化赋能新质生产力:理论逻辑、实施模式与发展趋势》,《新疆社会科学》2024 年第 1 期。

同时，为确保产业实现创新转型发展，要处理好政府与市场的关系，充分发挥政府的支持与引导作用。政府的角色不仅在于培育战略性新兴产业，还需要支持具有前沿性、颠覆性技术的研发与培育。政府应当提供更加有力的政策支持和资源保障，鼓励企业在前沿技术领域取得突破性进展。同时，要积极鼓励这些技术所衍生出的未来产业的落地发展，培育孵化未来支柱产业，确保我国在全球产业竞争中占据有利位置。在支持战略性新兴产业和未来产业发展的过程中，政府的引导和支持至关重要。政府要有前瞻性，制定明确的产业政策，通过激励政策、投资引导等手段，为战略性新兴产业和未来产业提供良好的政策环境和资源支持。同时，政府还要加强对科技创新和技术研发的监管和指导，确保创新产业能够健康有序地发展。

质量强国是中国式现代产业集群的重要支撑。高质量的产业发展不仅需要新型工业化的推动，更需要追求卓越品质。在全球市场竞争中，高质量是制胜关键。通过全面提升产品和服务的质量水平，中国可以在国际市场中取得更大竞争优势。航天强国、交通强国、网络强国、数字中国则是产业集群发展的不同维度。航天、交通、网络、数字等领域是现代产业体系的重要组成部分，也是新质生产力的重要体现。推动这些领域的发展，不仅有助于提升国家整体科技水平，还能够推动相关产业的蓬勃发展，形成全方位的产业创新生态系统。

推进新型工业化是实现产业集群培育新质生产力的必由之路。制造业是国家经济的支柱，而新型工业化则要求更高水平的科技含量、更先进的生产工艺，从而提高整体产业水平。[1] 建设制造业强国是新型工业化的具体目标之一，要通过科技创新推动制造业向智能化、数字化、绿色化、融合化方向发展，提升产业链的附加值。

积极支持战略性新兴产业和未来产业的发展是实现新质生产力蓬勃成

---

[1] 余东华、马路萌：《新质生产力与新型工业化：理论阐释和互动路径》，《天津社会科学》2023 年第 6 期。

长的关键一环。通过明确战略方向,鼓励技术创新,促进数字经济发展等手段,推动实体经济与数字经济的深度融合,支持前沿技术的研发与培育。同时,新时代的经济发展需要构建更加创新、更加完善的现代产业体系,而支持战略性新兴产业和未来产业发展,将为经济发展开辟更为广阔的空间,为新质生产力的崛起和高质量发展奠定坚实基础。

第二章
新理论：新质生产力的理论逻辑

新质生产力是创新起主导作用，摆脱传统经济增长方式、生产力发展路径，具有高科技、高效能、高质量特征，符合新发展理念的先进生产力质态。它由技术革命性突破、生产要素创新性配置、产业深度转型升级而催生，以劳动者、劳动资料、劳动对象及其优化组合的跃升为基本内涵，以全要素生产率大幅提升为核心标志，特点是创新，关键在质优，本质是先进生产力。

——习近平总书记在中共中央政治局第十一次集体学习时的讲话
（2024年1月31日）

一、新质生产力与传统生产力

（一）生产力的基本特征

在马克思主义政治经济学中，生产力被定义为人们在生产过程中所运用的劳动力和生产资料的总和，以及在特定生产关系下能够创造出来的物质产品和服务的能力。生产力可分为有形生产力和无形生产力两大类。有形生产力通常对应数量型要素，即直接以物质形态存在的生产要素，涵盖了生产过程中直接运用的生产资料和劳动力，如机器设备、土地、原材料、劳动力等。无形生产力则更注重效率型要素,主要包括诸如技术、知识、管理等在生产过程中发挥作用的非物质要素。这两类生产力的协同作用,构成了整个生产体系的基础。这种对数量和效率的双重关注,使得生产力的发展不仅关乎生产要素的增加,也涉及生产过程的不断优化和创新。

生产力在社会进步中的作用是马克思主义理论体系中的一个核心概念,强调了其在社会发展中的基础性和推动力。这一理论对于理解人们生产生活改善、经济社会发展以及文明的演进具有深远影响。生产力发展不仅是社会进步的动力,也是引领社会形态变革的基础。

生产力中各种生产要素的不断发展和创新,推动了社会生产力水平的提高,如通过机械化、自动化、科技创新等手段,单位时间内能够生产出更多、更高质量的产品。生产能力的提高,使得人们能够获得更多物质资源,提高了生活的便利性和舒适度,人们的物质生活水平得到了显著提高。所以,生产力的发展进步,对于满足人们日益增长的物质文化需求、提高人们的生活水平具有至关重要的作用。同时,生产力的发展导致了社会形态的变革。在生产力发展的推动下,社会的经济结构、人们的生活方式和生产关系以及社会主要矛盾都发生了深刻变化。例如,在工业革命时期,机械化和工业化的推动改变了传统的农业社会结构,催生了城市化和工业化的新模式。这种变革不仅影响了生产方式,也影响了社会的政治、文化和价值观念。

生产力是人类社会发展的核心驱动力。生产力涵盖了人的劳动能力、生产资料以及劳动对象的组合和运作,具有一系列基本特征。

1. 生产力的物质性特征

生产力的物质性特征是生产力最基础、最直观的表现,揭示了人类社会发展的物质基础和生产过程的有形性。马克思在《资本论》中指出:"劳动生产力是由多种情况决定的,其中包括:工人的平均熟练程度,科学的发展水平和它在工艺上应用的程度,生产过程的社会结合,生产资料的规模和效能,以及自然条件。"①这个论述不仅揭示了生产力发展的多种影响因素,也强调了生产力发展的物质基础和客观性。

生产力的物质性特征在现代社会表现得更加明显。随着科技的进步和工业化的发展,生产力的物质要素不断得到更新和升级。现代化的生产设备、高效的能源利用、精细化的工艺流程以及智能化的生产方式,都使得生产力的物质性特征更加突出。同时,生产力的物质性特征也推动了社会经济、文化、政治、生态等各方面的整体进步,为人类创造了更加丰富的物质财富和更加美好的生活。

2. 生产力的社会性特征

社会性特征是生产力不可忽视的重要方面,它体现了生产力发展与社会关系之间的紧密联系。生产力的社会性特征体现在其与社会关系的相互作用中。马克思指出:"人们在自己生活的社会生产中发生一定的、必然的、不以他们的意志为转移的关系,即同他们的物质生产力的一定发展阶段相适合的生产关系。"②生产力的发展水平决定了生产关系的性质和形式,而生产关系又反过来对生产力的发展产生制约和影响。这种相互作用使得生产力具有了社会性特征,它不再是孤立存在的物质力量,而是与社会关系紧密相连的有机整体。

生产力的社会性特征还体现在其发展的历史性和时代性上。恩格斯指出,"每一历史时代主要的经济生产和交换方式以及必然由此产生的社会结构,是该时代政治的和精神的历史所赖以确立的基础"③。不同历史时代的生产力水平和发展阶段具有不同的特点和规律,它们与当时的社会结构、政治制度和文化观念等相互关联、相互作用。这种历史性和时代性使得生产

---

① 卡尔·马克思:《资本论》第一卷,人民出版社,2004,第53页。
② 中共中央马克思恩格斯列宁斯大林著作编译局编译《马克思恩格斯选集》第二卷,人民出版社,1995,第32页。
③ 中共中央马克思恩格斯列宁斯大林著作编译局编译《马克思恩格斯选集》第一卷,人民出版社,2012,第385页。

力的发展成为一个不断演进的过程,它随着社会历史条件的变化而不断发生变革和进步。

生产力的社会性特征还表现在其阶级性和利益性上。马克思在《资本论》中深刻揭示了资本主义生产方式的本质和矛盾,"在资本主义制度内部,一切提高社会劳动生产力的方法都是靠牺牲工人个人来实现的"①。在资本主义社会中,生产力的发展往往以牺牲工人的利益为代价,并成为资本家追求利润的手段。这种阶级性和利益性,使得生产力的社会性特征在资本主义社会中表现得尤为突出。

3. 生产力的历史性特征

生产力的历史性特征体现在其不断发展和变革的过程中。马克思指出,"劳动生产力是随着科学和技术的不断进步而不断发展的"②。这句话深刻揭示了生产力发展的内在动力——科学技术的进步。从原始社会的石器工具,到现代社会的自动化生产线,生产力的每一次飞跃都伴随着科技的进步革新。这种发展和变革使得生产力成为推动社会前进的根本力量。

生产力的历史性特征还表现在它与不同历史时期的社会结构之间的相互作用。在封建社会,农业生产力占据主导地位,形成了地主阶级与农民阶级的对立关系;而在资本主义社会,工业生产力的发展催生了资产阶级和无产阶级的对立。生产力的发展水平决定了社会结构的形态和特征。

生产力的历史性特征还体现在它对政治和精神生活的影响上。马克思在《〈政治经济学批判〉序言》中指出,"社会的物质生产力发展到一定阶段,便同它们一直在其中运动的现存生产关系或财产关系(这只是生产关系的法律用语)发生矛盾。于是这些关系便由生产力的发展形式变成生产力的

---

① 中共中央马克思恩格斯列宁斯大林著作编译局编译《马克思恩格斯文集》第五卷,人民出版社,2009,第743页。
② 中共中央马克思恩格斯列宁斯大林著作编译局编译《马克思恩格斯文集》第五卷,人民出版社,2009,第698页。

桎梏"①。这说明了生产力的发展,会推动社会政治制度的变革和思想观念的更新。例如,资本主义生产力的迅速发展,不仅推动了资本主义政治制度的建立和完善,还催生了民主主义、自由主义等思想观念。

人类社会的发展,就是先进生产力不断取代落后生产力的历史过程。社会主义的根本任务就是发展生产力。社会主义现代化必须建立在先进的、发达的生产力基础上。我们推动改革和发展各项政策措施,就是为了适应和满足先进生产力的发展要求,不断增强国家发展动力,提升综合国力,向中国式现代化目标不断迈进。

(二)新质生产力与传统生产力的关系

2024年3月5日下午,习近平总书记参加十四届全国人大二次会议江苏代表团审议时强调,"发展新质生产力不是忽视、放弃传统产业,要防止一哄而上、泡沫化,也不要搞一种模式"②。习近平总书记这一重要论述,进一步阐明了发展新质生产力的关键问题,"一方面,传统产业与新质生产力不是对立关系,关键是要用新技术改造提升传统产业,积极促进产业高端化、智能化、绿色化,统筹推进传统产业升级、新兴产业壮大、未来产业培育;另一方面,发展新质生产力必须实事求是、因地制宜,紧密结合本地资源禀赋、产业基础、科研条件等开展。有所选择、有所不为,才能有所作为、真正取得实效"③。

传统产业隶属于传统生产力范畴,处理新质生产力与传统生产力关系时要注意两者的"相互促进,互为依存":传统生产力为新质生产力的发展奠定基础,而新质生产力是对传统生产力的跃迁与质变。在这个前提下,新质

---

① 中共中央马克思恩格斯列宁斯大林著作编译局编译《马克思恩格斯选集》第二卷,人民出版社,2012,第2-3页。

② 《习近平在参加江苏代表团审议时强调 因地制宜发展新质生产力》,《人民日报》2024年3月6日,第1版。

③ 《两会第一观察|总书记有力指导新质生产力发展实践》,2024年3月6日,http://lianghui.huanqiu.com/article/4GrU1nCcNg8。

生产力又与传统生产力存在着本质区别和紧密联系。

1.传统生产力为新质生产力的发展奠定基础

新质生产力并非凭空产生,而是在传统生产力发展的基础之上,通过科技创新及模式创新的方式,持续进行变革转型和提升。

传统生产力在长期的发展过程中,积累了丰富的生产经验、技能和知识。这些宝贵的资源为新质生产力的形成和发展提供了基础性支撑。新质生产力在创新过程中,可以借鉴传统生产力的经验,避免走弯路,提高创新效率。同时,传统生产力为社会培养了大量的劳动者和人才,这样的劳动者和人才经过传统生产力的培养和锻炼,具备了扎实的技术功底和丰富的实践经验,在新质生产力的发展过程中,他们能够迅速适应新技术、新设备和新模式,为新质生产力的快速发展提供有力的人才保障。

传统生产力还为新质生产力提供了必要的物质基础和资源保障。传统生产力在发展过程中,建立了完善的产业链和供应链体系,为新质生产力提供了必要的原材料、能源资源和基础设施等支撑。而且,随着市场规模的不断壮大,传统生产力的发展为新质生产力提供了广阔的市场空间和需求基础。

2. 新质生产力是传统生产力的跃升和质变

从政治经济学角度来看,与传统生产力相比较,新质生产力涉及的主要领域是战略性新兴产业和未来产业,科技含量较高,其关键是依靠创新驱动发展,是科技创新在其中发挥主导作用的生产力,具有高科技、高效能、高质量的特征,符合新发展理念的先进生产力质态,代表着一种生产力的升级与跃迁。新质生产力的提出,不仅意味着以科技创新推动产业创新,强调以产业升级构筑新的竞争优势,抢占新的发展机遇,激发新的发展动能,从而赢得发展的主动权,而且更注重科技创新支撑高质量发展的战略意义,代表了生产力未来的革新和发展方向,是传统生产力的跃升和质变。

首先,新质生产力在技术上实现了对传统生产力的根本性超越。新质生产力大量运用大数据、人工智能、互联网、云计算等创新性科学技术,极大地提高了生产效率和质量。这些技术的应用,使得生产过程更加智能化、自动化、高效化,大幅度减少了人力和物力的投入,降低了资源的损耗浪费,提高了资源的利用效率。同时,新质生产力在产业结构上实现了优化和升级。随着新技术的广泛应用,传统产业得到科技赋能和改造提升,新业态、新兴产业也不断涌现。这种产业结构的优化升级,有助于推动经济的高质量发展,提高整个社会的经济效益和竞争力。

同时,新质生产力还带来了劳动者素质的提升和劳动关系的变革。在新质生产力的推动下,劳动者需要不断学习和掌握新技术、新知识,以适应新的生产方式和市场需求。这有助于提高劳动者的综合素质和创新能力,从而为经济发展提供源源不断的人才支持。在这个过程中,新质生产力也促进了劳动关系的和谐稳定,激发劳动者创新创造活力和动力,促进了社会的公平和正义。

另外,新质生产力在推动经济社会发展方面发挥了重要作用。它不仅能够提高生产效率和发展质量,还能够创造新的市场需求和商业模式,推动经济的持续增长。同时,新质生产力还有助于解决传统生产力所带来的环境问题和社会问题,推动社会的可持续发展。

3. 新质生产力与传统生产力的区别

首先,科技含量存在显著差异。新质生产力也称为知识型生产力或信息型生产力,通常涉及数字化、自动化、智能化等新兴技术领域。这种生产力模式高度依赖科学技术知识和专业技能,具有较高的技术含量。传统生产力则主要依赖资源开发和物质生产技术,对于科技和知识的依赖程度相对较低。

其次,发展模式存在显著差异。新质生产力的发展模式通常以创新和知识为基础,通过技术创新和流程优化来提高生产效率和产品质量,注重持续改进和创新,以适应不断变化的市场需求和竞争环境。传统生产力的发展模式则更倾向于通过增加投入和扩大规模来提高产量和销售额,对于创新和知识的依赖性相对较低。

此外,与新兴产业和未来产业的关联度存在显著差异。新质生产力与新兴产业和未来产业的联系非常紧密,人工智能、物联网、生物技术等新兴领域的发展,为新质生产力提供了广阔的应用前景和发展空间。传统生产力则相对较少涉及新兴产业和未来产业,其发展主要基于现有技术和当前的市场需求。新质生产力更加注重科技创新、高效能和新兴产业,能够更好地适应不断变化的未来市场环境。

新质生产力与传统生产力之间既存在继承关系,也存在创新和发展关系。二者相互促进、相互依存,共同推动社会生产力的不断发展和进步。

(三)新质生产力的内涵和特征

"新质生产力"这一重要论断,是对马克思主义生产力理论的创新和发展,进一步丰富了习近平经济思想的内涵,既具有重要的理论意义,又具有深刻的实践意义。

1.新质生产力的基本内涵

新质生产力是由技术革命性突破、生产要素创新性配置、产业深度转型升级而催生的当代先进生产力,它以劳动者、劳动资料、劳动对象及其优化组合的质变为基本内涵,以全要素生产率提升为核心标志。[①]

区别于传统生产力,新质生产力具有丰富的内涵。从本源看,生产力是具有劳动能力的人和生产资料相结合而形成的改造自然的能力,而新质生产力不仅是指劳动能力,还包含创新能力。从经济学视角看,新质生产力是以科技创新为主导,符合高质量发展的生产力,以高效能、高质量为突出特征,代表着生产力发展水平实现了新的跃升。从社会学视角看,生产力是人们改造自然的能力,生产力即社会生产力,也称为"物质生产力"。伴随社会

---

① 《习近平在中共中央政治局第十一次集体学习时强调 加快发展新质生产力扎实推进高质量发展》,《人民日报》2024年2月2日,第1版。

发展的不同阶段,生产力水平也呈现出不同的质态。新质生产力是社会发展到更高阶段,生产力水平也随之发展提升而呈现的新质态,表现出更具发展内涵、潜力和优势。从哲学视角看,生产力是对发展变化的力量的概括和总结归纳。"生产力包括劳动者、劳动资料、劳动对象三要素,还包含着科学技术,其中任何要素的发展应用,都会引起生产力的变化甚至变革。"①马克思主义唯物辩证法认为,新事物必然取代旧事物。那么,新质生产力作为先进生产力的代表,也必然会取代落后的、传统的生产力,并随着经济社会发展不断更新和发展。

新质生产力是对传统生产力的继承、创新与发展,新的生产要素的组合对新质生产力的形成起决定性作用。新质生产力是在传统生产力的基础上,通过引入新技术、新工艺和新管理模式,实现生产过程的智能化、高效化和绿色化,从而推动社会经济发展的新型生产力,它代表着生产力发展的新阶段和高级形态。

2. 深入理解"新"与"质"

新质生产力,起点是"新",关键是"质",落脚点是先进生产力。所谓"新",是指新质生产力不同于传统意义上的生产力,它代表着为实现一种关键性、颠覆性技术突破所产生的全新力量②。这种力量是以新技术、新突破、新配置为主要内涵的生产力,它代表了当前经济社会发展中的未来趋势和前沿方向。所谓"质",是指新质生产力的关键在质优,本质是先进生产力。

新质生产力的"新",体现在关键性、颠覆性技术突破上。这种技术突破并非简单的技术创新,而是能够引发整个产业体系乃至社会生产方式的深刻变革。这要求我们将关键核心技术突破放在国家重大战略需求中去理解,以抢占战略性新兴产业和未来产业的新赛道新机遇。当前,我国在战略

---

① 徐晓明:《加快形成新质生产力 增强发展新动能》,《光明日报》2023年9月14日,第2版。

② 周文、许凌云:《论新质生产力:内涵特征与重要着力点》,《改革》2023年第10期。

性新兴产业和未来产业等领域仍面临着技术创新短板,关键核心技术上的"卡脖子"难题依然突出。因此,新质生产力的"新"就在于通过关键性、颠覆性技术突破,生产要素创新性配置,产业深度转型,进一步提升我国自主创新能力,进而推动现代化产业体系的构建和高质量发展。

新质生产力的"新",体现在新技术、新产业、新模式的深度融合上。新技术作为新质生产力的关键性技术维度,强调了关键性、颠覆性技术突破的重要性,超越了传统意义上的技术创新范畴,代表着科技发展的新方向、新应用。新产业是通过科技创新来引领产业创新,形成新的产业结构和产业形态,实现了从技术到产业的有效转化。新模式则以数字科技为驱动,推动传统产业的数字化升级和数字技术的产业化发展,促进了先进技术向高端产业的转化。新技术、新产业、新模式三者共同构成了新质生产力的三重维度,塑造了新动能,为战略性新兴产业和未来产业的发展提供了坚实着力点和新的增长点。

新质生产力的"质",强调在坚持创新驱动本质的基础上,通过关键性技术和颠覆性的技术突破,为生产力发展提供更强劲的创新驱动力。新质生产力的本质是创新驱动。科学技术通过应用于生产过程、渗透在生产力诸多要素中而转化为实际生产能力,将促进并引起生产力的深刻变单和巨大发展。党的二十大报告提出,"必须坚持科技是第一生产力、人才是第一资源、创新是第一动力,深入实施科教兴国战略、人才强国战略、创新驱动发展战略,开辟发展新领域新赛道,不断塑造发展新动能新优势"[①]。当前,我国在载人航天、探月探火、深海深地探测、超级计算机、卫星导航、量子信息、核电技术、大飞机制造、生物医药等领域取得了一系列重大创新成果,战略性新兴产业不断发展壮大,已进入创新型国家行列。实施创新驱动发展战略,加快实现高水平科技自立自强,需要我们集聚力量进行原创性、引领性科技

---

① 习近平:《高举中国特色社会主义伟大旗帜　为全面建设社会主义现代化国家而团结奋斗——在中国共产党第二十次全国代表大会上的报告》,《人民日报》2022 年 10 月 26 日,第 1 版。

攻关,坚决打赢关键核心技术攻坚战,加快实施一批具有战略性、全局性、前瞻性的国家重大科技项目,不断增强自主创新能力,从而以科技创新不断推动生产力发展水平的提高,加快形成新质生产力。

新质生产力的"质",表现在高科技、高效能、高质量的特征上。新质生产力以全要素生产率大幅提升为核心标志,特点是创新,关键在质优,本质是先进生产力。新质生产力的发展是一场由科技革命主导的深刻的产业变革,须牢牢抓住对颠覆性技术和前沿技术的发展、应用与推广,提高产业科技赋能价值,不断促进生产效率的提升。高科技所表现出的新效能,不仅能够推动新产业的孕育,还能为新的生产模式的形成提供高质量支撑。新质生产力的特点体现在多个方面,其中最为显著的是以科技创新为引领,通过新技术催生新产业、新模式,是先进生产力的代表形式之一。

3. 新质生产力的主要特征

一是新质生产力具有大量颠覆性技术和前沿技术的特征。在当今信息时代,技术发展速度愈发迅猛,从人工智能、大数据到云计算、生物技术,一系列前沿技术不断涌现,颠覆传统产业和商业模式。紧密关注这些技术的发展趋势,对于预判未来产业发展方向、培育新兴产业至关重要[①]。只有对战略性新兴产业和前沿技术领域进行深入研究并准确洞察,才能确保新质生产力的推动具有前瞻性、战略性和可持续性。在这个过程中,科研机构、企业和政府等各方需要形成战略联盟,加强合作,共同推动科学技术的创新和应用。

二是新质生产力具有数据驱动和智能化升级的特征。基于大数据和人工智能等技术,新质生产力能够收集、分析和利用海量的数据,实现对生产全过程的实时监控和优化调整。这使得生产决策更加科学、精确,能够有效应对市场变化和供需波动,通过推动信息技术的应用和智能化改造,实现生

---

① 周文、许凌云:《论新质生产力:内涵特征与重要着力点》,《改革》2023 年第 10 期。

产过程的全面自动化和智能化,从而提高生产效率和生产质量。这种转型和改造不仅涉及生产领域,还渗透到管理、服务等多个环节,使得整个生产体系更加高效、灵活和智能。

三是新质生产力表现出科技与产业紧密结合的特征。新质生产力是以科技创新为引领,通过新技术催生新产业、新模式,从而推动产业创新和变革。科技创新是新质生产力的核心动力,是引领产业升级和经济结构调整的关键要素。通过科技创新,新产业、新模式将不断涌现,为整个产业体系注入新的活力①。例如,近年来我国在人工智能领域的快速发展,催生了一系列智能制造、智能交通、智能医疗等新兴产业,推动了产业链的升级和创新。

四是新质生产力表现出新的经济形态特征。新质生产力的兴起不仅仅是技术的变革,更是经济结构和增长方式的深刻变化。通过技术的突破和应用,新经济形态逐渐呈现出多元化、创新型的趋势,使得中国的经济增长更为稳健、可持续②。在传统经济业态基础上,生产性服务业、文化经济、绿色经济、科技经济、数字经济等新的经济形态的兴起,为中国经济发展提供了新的增长点,既为企业提供了更多发展机遇,也为劳动力市场带来了新的职业需求,使中国经济更加具备韧性和适应力,为中国经济发展注入新动能。

五是新质生产力影响并形成新型生产关系。为了适应新质生产力的发展要求,需要塑造适应新质生产力的新型生产关系。这不仅包括优化资源配置,建立高标准市场体系,促进各类优质先进要素顺畅流动,使资源得到更加合理和高效的利用,还包括企业内部组织结构的调整、员工培训机制的创新、产业链上下游关系的优化等方方面面的生产关系重置。适应新质生产力的新型生产关系,不仅能够更好地释放新技术的生产力,还能够更好地

---

① 李晓华:《新质生产力的主要特征与形成机制》,《人民论坛》2023 年第 21 期。

② 李娅、侯建翔:《现代化产业体系:从政策概念到理论建构》,《云南社会科学》2023 年第 5 期。

适应市场需求的快速变化与个性化要求,实现生产过程的更高效率和更多灵活性。例如,企业需要实现从传统管理模式向开放式、创新型的管理模式的转变,强调团队协作和创新能力的培养。企业需要重塑产业链生态体系,实现产业上下游协同的新型合作关系。政府需要把握新型生产关系的变化趋势,及时出台相关政策进行引导和扶持。

六是新质生产力表现出微观重塑宏观的特征。新质生产力是从微观层面的改革,逐渐调整并重塑宏观发展趋势,再重塑我国高质量发展的微观基础。这意味着需要从企业、科研机构、个体创新者等微观层面入手,推动技术、制度、政策的改革甚至变革,使之更好地适应新质生产力的发展要求。只有通过微观层面的努力,才能在宏观层面实现经济体系的升级和结构的优化。政府在这一过程中扮演着关键角色,需要提供更加有利于科技创新和产业创新发展的政策支持体系和组织保障能力,营造更加便利的市场环境和更加优化的营商环境,激发企业和个人的创新活力。

当前,我国正处于经济结构调整的关键转换期,要贯彻新发展理念,并通过高质量发展构建新发展格局。新质生产力是高质量发展的重要着力点,通过全面把握颠覆性技术和前沿技术发展趋势,以科技创新引领新产业、新模式,培育并形成新的经济形态,塑造适应新质生产力的生产关系,实现从微观改革重塑宏观的过程。新质生产力的特征在于其深刻的技术含量和创新动能,对整个社会的影响不可忽视。从微观到宏观,从技术到制度,从生产要素到生产力的革新,新质生产力的崛起将为中国社会带来全方位、深层次的变革。这一变革不仅是经济发展的必然趋势,更是全面推进中国式现代化、实现强国建设和民族复兴的关键战略。只有深刻理解新质生产力的特征,并在此基础上进行有力的政策制定和产业布局,中国才能逐步实现高质量发展,并在激烈的全球竞争中占据主动和先机。

(四)新质生产力理论的发展与创新

2023年是东北振兴战略实施20周年。在此背景下,习近平总书记在黑龙江省视察工作并发表重要讲话时强调,"积极培育新能源、新材料、先进制造、电子信息等战略性新兴产业,积极培育未来产业,加快形成新质生产力"①。习近平总书记创造性地提出"新质生产力"这一重要概念,是对马克思主义生产力理论的重大创新和发展②。

在新时代,习近平总书记提出的"新质生产力"概念,是对传统生产力理论的创新和深化。这一概念突出了在当代社会,新型要素对生产力发展的重要性。新质生产力的核心在于新型生产要素的涌现和发展③。这包括了技术、知识、管理等无形要素,以及数据等作为关键核心的新型生产要素。其中,数据作为形成新质生产力的关键要素受到特别关注。在信息化、数字化的时代背景下,数据的产生、传播和应用日益成为推动社会发展的重要力量之一,数据生产要素为新质生产力理论的创新与发展提供了重要支撑。深入研究新型生产要素,对于更加科学地理解新质生产力形成与发展的底层逻辑具有重要意义。技术创新、知识管理、数据应用等方面的深入研究,为我们提供了更高效的工具,有助于形成高科技、高效能、高质量,且符合新发展理念的先进生产力质态的内涵要求。

习近平总书记指出,"科技创新能够催生新产业、新模式、新动能,是发展新质生产力的核心要素"④。科学技术是第一生产力,是先进生产力的集中体现和主要标志。科技创新的突飞猛进,给世界生产力和人类经济社会发展带来强大的推动力。未来,科技进步将实现新的重大飞跃,注重将掌握、运用和发展先进的科技创新与我国社会主义制度优越性紧密结合起来,不断用先进科技改造和提高生产力发展水平,推动新质生产力实现跨越

---

① 《习近平主持召开新时代推动东北全面振兴座谈会强调　牢牢把握东北的重要使命　奋力谱写东北全面振兴新篇章》,《人民日报》2023 年 9 月 10 日,第 1 版。

② 蒲清平、黄媛媛:《习近平总书记关于新质生产力重要论述的生成逻辑、理论创新与时代价值》,《西南大学学报(社会科学版)》2023 年第 6 期。

③ 《习近平在中共中央政治局第十一次集体学习时强调　加快发展新质生产力扎实推进高质量发展》,《人民日报》2024 年 2 月 2 日,第 1 版。

④ 同上。

发展。

马克思主义生产力理论为我们解释社会发展的决定性力量和生产力价值源泉提供了理论基础。习近平总书记创造性地提出"新质生产力"这一重要论断,是对马克思主义生产力理论的重大创新和发展[①]。马克思主义生产力理论为我们提供了深刻的经济发展分析框架,而在新时代,新质生产力的提出,则进一步丰富和发展了这一理论体系。新质生产力这一创新理论,不仅强调了新型生产要素的重要性,也为我们更好地理解新时代经济如何实现高质量发展提供了指导思想。在推动新质生产力的形成和发展中,对各类优质先进的新型生产要素展开深入研究,将有助于更系统、更科学地认识和引导社会生产力的发展,是对传统生产力理论的继承和发展。

习近平总书记站在我国高质量发展和全球繁荣发展的历史新方位,从马克思主义生产力基本原理出发,在我国科技创新引领高质量发展的理论成果和实践经验基础上,运用马克思主义立场观点方法,创造性提出"新质生产力"这一新论断和新命题,立意高远,内涵深刻,是马克思主义基本原理同我国具体实践发展相结合的最新原创性理论成果,是对马克思主义生产力理论的创新和发展,具有鲜明的时代性、思想性、引领性和指导性,进一步丰富了习近平经济思想的内涵,开辟了马克思主义生产力观的新境界,开辟了新时代高质量发展的新境界,开辟了坚持走中国特色自主创新道路的新境界,既具有重要的理论意义,又具有深刻的实践意义。

二、新质生产力与新型生产要素

(一)不同生产要素的发展历程

新中国成立之后,生产要素主要经历了三个不同的发展阶段,每个阶段都伴随着关键生产要素的变化升级和革新(图2-1),形成了独具特色的经

---

① 蒲清平、黄媛媛:《习近平总书记关于新质生产力重要论述的生成逻辑、理论创新与时代价值》,《西南大学学报(社会科学版)》2023年第6期。

济发展路径。这三个发展阶段的演进，不仅对经济结构产生了深远的影响，也为数字经济的崛起奠定了必要的发展基础。

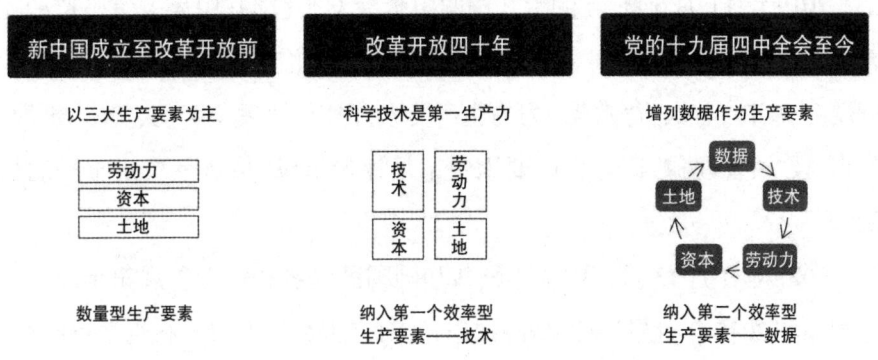

图 2-1　中国市场关键生产要素的三个阶段与两次升级

第一阶段：新中国成立至改革开放前（1949—1977 年）

在这一时期，中国的经济发展主要依赖于三大生产要素：劳动力、土地和资本。这三大要素都是数量型生产要素，反映了当时中国经济结构的基本特征。在社会主义建设初期，重点是发展国有经济和实现农业集体化。经济规模的扩大主要通过增加劳动力、扩展农田面积和引入一定数量的资本来实现。

第二阶段：改革开放至党的十九届四中全会前（1978—2018 年）

随着改革开放的推进，中国经济发展转变为以技术为核心的时代。在1988 年，邓小平提出"科学技术是第一生产力"重要思想。技术作为第一个效率型生产要素被纳入要素体系，这标志着生产要素的第一次升级，从三大核心生产要素变为四大核心生产要素。这一时期，中国经济以数量型增长为主导，技术的引入使得经济结构发生了初步调整。

第三阶段：党的十九届四中全会至今（2019 年至今）

在党的十九届四中全会上，我国再次升级了关键生产要素，增列数据作为核心生产要素，纳入第二个效率型生产要素。这一重要举措，将关键生产要素从"四大"升级为"五大"，标志着生产要素的第二次升级。国家还出台了一系列数据要素的配套政策,将数据要素作为推动中国数字经济建设的核心生产要素之一。

2019年11月5日,党的十九届四中全会发布《中共中央关于坚持和完善中国特色社会主义制度 推进国家治理体系和治理能力现代化若干重大问题的决定》,首次将"数据"列为生产要素,提出了"健全劳动、资本、土地、知识、技术、管理、数据等生产要素由市场评价贡献、按贡献决定报酬的机制"①。

2021年3月13日,《中华人民共和国国民经济和社会发展第十四个五年规划和2035年远景目标纲要》提出,要对完善数据要素产权性质,建立数据资源产权相关基础制度和标准规范,培育数据交易平台和市场主体等作出战略部署②。

2023年3月,中共中央、国务院印发了《党和国家机构改革方案》,明确提出要组建国家数据局,负责协调推进数据基础制度建设,统筹数据资源整合共享和开发利用,统筹推进数字中国、数字经济、数字社会规划和建设。③

2024年1月,国家数据局等十七部门联合印发《"数据要素×"三年行动计划(2024—2026年)》,旨在充分发挥数据要素乘数效应,赋能经济社会发展。行动计划强调坚持需求牵引、注重实效,试点先行、重点突破,有效市场、有为政府,开放融合、安全有序等四方面基本原则,明确了到2026年底的总体目标。行动计划选取工业制造、现代农业、商贸流通、交通运输、金融服务、科技创新、文化旅游、医疗健康、应急管理、气象服务、城市治理、绿色低

---

① 《中共中央关于坚持和完善中国特色社会主义制度 推进国家治理能力现代化若干重大问题的决定》,2019年11月5日,http://www.xinhuanet.com/politics/2019-11/05/c_1125195786.htm。

② 《中华人民共和国国民经济和社会发展第十四个五年规划和2035年远景目标纲要》,《人民日报》2021年3月13日,第1版。

③ 《中共中央国务院印发〈党和国家机构改革方案〉》,《人民日报》2023年3月17日,第1版。

碳等 12 个行业和领域,推动发挥数据要素乘数效应,释放数据要素价值。①

随着数据要素的引入和广泛应用,数字经济迅速崛起。数据成为推动经济从注重数量型增长向注重效率型增长转变的关键要素之一。这种效率型增长主要包括技术和数据,它们不再简单地通过增量来发展,而是需要与其他要素进行深度融合,形成一种多生产要素融合发展的新模式。

在改革开放的 40 多年里,中国经济逐渐从注重数量型增长进入注重效率型增长的新阶段。数字经济新模式的形成,不仅仅是生产要素的升级和演进,更是对于创新、科技和信息化融合发展的深刻变革。在这个过程中,技术和数据的融合推动了中国经济的快速发展。技术的先进性给生产方式带来了革命性变化,而数据的广泛应用则使得生产效率得以最大化。

单一生产要素无法催生和促进新质生产力,只有数量型生产要素和效率型生产要素高度融合,才能更好发挥新质生产力先进、优质、高效的作用。回望中国经济发展的历程,一直伴随着生产要素的演变,最初主要依赖数量型生产要素,包括劳动力、土地和资本。然而,这种依赖模式在效率提升的要求下显得日益不足。为了更好地促进和发展生产力,不断提高经济效率,需要数量型生产要素和效率型生产要素的高度融合,来催生和促进新质生产力的发展。

数据要素的广泛应用体现在多个方面,包括但不限于:大数据分析在决策和规划中的应用、人工智能技术的发展与运用、数字化的生产与管理方式,以及数字经济对传统行业的深刻影响等。这些方面的变革,不仅使经济结构更加合理,还促进并提高了生产效率,为中国经济注入了新的动力。数字经济的发展也在全球范围内产生深远影响。中国在数字经济领域的崛起,不仅改变了国内的经济格局,也在一定程度上改变了国际竞争格局。中国的技术创新和数字化发展已经成为引领全球经济发展的新引擎。

---

① 《十七部门关于印发〈"数据要素×"三年行动计划(2024—2026 年)〉的通知》,2024 年 1 月 26 日,http://www.cac.gov.cn/2024-01/05/c_1706119078060945.htm。

数量增长型生产要素和效率增长型生产要素有着本质的区别和紧密的联系。数量增长型生产要素主要强调的是规模扩大和资源积累，效率增长型生产要素则注重技术的创新和生产效率的提高。这两者之间的深度融合，使得生产要素形成合力，促进新质生产力发展和提升。特别是在改革开放过程中，对技术的重视成为第一次核心要素升级的标志，而在党的十九届四中全会上增列数据作为核心生产要素，进一步提升了效率增长型生产要素的地位和作用，形成了数量增长型和效率增长型有机结合的模式。

综上所述，改革开放 40 多年来，中国数字经济的崛起和新型生产要素的升级演进，使中国经济从传统的数量型增长转向了效率型增长。在各类优质先进的生产要素的融合发展中，技术和数据的推动作用愈加显著，为中国经济注入了强大的创新活力和发展动力。在未来，数字经济将继续引领着全球经济的发展潮流，为构建创新型、数字化的社会注入新能量。

（二）新型生产要素的特征

在当今数字化和信息化的时代，技术和数据要素作为新型优质生产要素的代表，正日益成为经济增长和社会发展的关键驱动力。相较于传统的生产要素如劳动力、资本和土地，技术和数据要素呈现出许多独特的要素特征。

新型生产要素以技术要素和数据要素为主，融合劳动力、土地和资本三大核心生产要素，具有多要素融合的特征。技术和数据作为新型生产要素的主要组成部分，具有驱动创新、提高生产效率的重要作用。技术的进步和数据的应用，可以带来新的生产方式、生产工具和生产流程，从而提高劳动生产率、优化资源配置和降低生产成本。新型生产要素的多要素融合，使得各个生产要素之间产生了更加紧密的联系和相互影响。技术和数据的发展不仅影响着劳动力的需求和能力，也改变了土地和资本的使用方式和价值。同时，劳动力、土地和资本的不断升级和优化也为技术和数据的应用提供了更好的基础和支持，形成了良性循环的生产要素体系。

劳动力的智能化和技能化升级。在新型生产要素中,劳动力也发生了变革。随着技术的进步,越来越多的工作岗位需要高技能和高智能的劳动力。因此,劳动力的智能化和技能化升级成为新的趋势,劳动者需要不断学习和适应新技术、新工具的使用,如土地和资本的数字化应用。虽然土地和资本作为传统生产要素,具有物质形态,但它们也在新型生产要素中发挥着重要作用。通过数字化技术和数据分析,土地和资本的利用效率得到了提高。例如,通过智能农业技术和大数据分析,农业生产可以更好地利用土地资源,提高农作物的产量和质量;资本的投资和运营也可以通过金融科技和数据分析来优化,降低风险和成本,提高资本回报率。

新型生产要素具有创新驱动的特征。随着科技不断进步和创新,新的技术和数据处理方法不断涌现,推动着生产方式和生产要素的变革。例如,人工智能、区块链、物联网等新兴技术的出现,正在改变着传统产业的生产方式和商业模式,促进了经济的结构调整和升级。同时,大数据、数据挖掘、数据分析等数据技术的不断发展,也为企业提供了更加精准和有效的决策支持,推动了生产效率和创新能力的提升。技术和数据要素的应用往往是以数据驱动的方式进行的。大数据、数据挖掘和数据分析等技术的发展,使得企业能够从海量的数据中发现规律、预测趋势,并基于这些数据作出决策。这种数据驱动的方式能够使企业更加精准地把握市场需求、调整生产策略,从而提高生产效率、降低成本、增强竞争力。

新型生产要素具有较高的可塑性和灵活性,能够根据市场需求和生产环境快速调整和优化。相比之下,传统的生产要素如劳动力、资本和土地的调整周期相对较长,灵活性不及技术和数据要素。例如,通过云计算和软件即服务(SaaS)等技术,企业可以根据需要随时调整和扩展其 IT 基础设施,从而更好地适应市场的变化和发展需求。

新型生产要素具有虚拟性和抽象性特征。与传统的物质要素不同,技术和数据要素主要存在于数字化和虚拟化的形式中。技术要素涵盖了各种软件、算法和工程原理,而数据要素则包括了各种类型的数字信息和统计数据。这些要素不具有物质形态，而是以信息的形式存在于电子设备中，可以在互联网和计算机网络中传输、复制和存储。这种虚拟性和抽象性使得技术和数据要素更具灵活性和可塑性，能够更好地适应快速变化的市场需求。

新型生产要素具有复杂性和高度技术性特征。与传统生产要素相比，技术和数据要素往往具有较高的技术含量和复杂性。例如，人工智能和机器学习等技术需要深厚的专业知识和技能才能掌握，数据分析和数据挖掘等技术也需要复杂的数学和统计学基础。这种复杂性和高度技术性使得技术和数据要素的应用更加依赖于专业人才和科学研究，同时也增加了企业在技术研发和创新方面的投入。

新型生产要素具有开放性和共享性特征。技术和数据要素通常具有较高的开放性和共享性。随着开放数据和开放源代码的普及，越来越多的数据和技术被开放共享，为创新和发展提供了更多的可能性。企业可以通过共享数据和技术，加速创新发展，降低研发成本，提高市场竞争力。同时，开放性和共享性也能够促进产业合作和跨界融合，推动产业生态系统的建设和发展。

综上所述，新型生产要素以创新驱动为核心，融合了劳动力、资本和土地等传统要素，具有多要素融合的特征，其特征包括智能化和技能升级的劳动力需求、数字化赋能的土地和资本要素、数据驱动的生产决策、虚拟性和抽象性的存在形式，以及人机协同、灵活性、开放性和共享性等。这些特征使得新型生产要素成为经济增长和社会发展的关键驱动力，推动着产业结构的升级和创新能力的提升，为高质量发展提供强劲推动力、支撑力。

（三）新型生产要素的创新配置

新质生产力是由技术革命性突破、生产要素创新性配置、产业深度转型升级而催生的当代先进生产力，它以劳动者、劳动资料、劳动对象及其优化组合的质变为基本内涵，以全要素生产率提升为核心标志。新质生产力的特点是创新，关键在质优，本质是先进生产力。

总的来看,新质生产力主要由技术和数据两大效率型生产要素推动形成,它们在现代经济中发挥着至关重要的作用,共同推动着创新发展、效率提升,并成为经济增长的新引擎。技术的进步常常是效率提升的直接源头,而数据的应用则通过提供信息支持、优化决策等方面,间接影响着效率的提升。两大要素相互作用并形成了一个有机整体,共同推动新质生产力的形成与发展。

在数字经济时代,数据已经成为企业发展的重要资源和核心生产要素。数据要素的引入不仅使企业在决策时更加精准,还能够实现个性化的生产和服务,满足市场多样化、定制化的需求。因此,数据要素的充分发挥将推动各行业实现数字化的转型升级,实现降本增效。在过去,企业的决策、运营往往基于经验和直觉,而数据要素的引入使得决策更为科学和精准。通过大数据分析,企业能够及时发现潜在问题,迅速调整生产和销售策略,可以有效减少资源浪费,提高生产效率。同时,数据要素的使用还能够实现供应链的优化,降低物流成本,提高企业的竞争力。因此,数据要素的发挥不仅有助于企业实现成本的有效管理,还能够为企业创造更大的附加值。通过大数据分析、人工智能等先进技术的应用,企业能够更好地了解市场需求、优化生产流程、提升产品质量。数据要素的创新配置与使用已经直接关系到千行百业的数字化转型升级,为企业实现降本增效、产业的生产范式重塑提供根本动力。因此,促进数据要素的流通,降低数据采集成本,加速数据产业的发展,已经成为经济社会发展的新动力源泉。

在技术要素方面,要掌握关键核心技术,要弥补短板、筑造长板,重视底层应用技术的研发和应用,赋能发展新兴产业。在产业层面,要巩固战略性新兴产业,提前布局未来产业,同时对传统产业进行改造升级,以实现产业结构的优化。关键核心技术的掌握对于新质生产力的推动至关重要。我们需要全方位加强对关键核心技术的攻关,包括自主研发、引进国际先进技术、加强人才培养等多个层面。通过建设创新平台,鼓励企业加大研发投入,提升科研人员的创新能力,实现技术的自主创新。同时,要特别注重底层应用技术的发展。底层应用技术在各个领域都具有广泛的应用前景,对于产业的升级和新质生产力的发展至关重要。在底层应用技术的研发过程中,要充分发挥产学研用相结合的优势,加强产业界和学术界的协同创新,实现技术的快速推广和应用。

建立健全要素参与收入分配的机制。优质新型生产要素参与收入分配机制,是增强新质生产力发展的原生动力。发展新质生产力,需要更好地体现知识、技术、人才的市场价值,以此激发劳动、资本、土地、知识、技术、管理、数据等各类生产要素活力,提高要素质量和配置效率,引导各类优质要素协同向先进生产力集聚。人力资源与技术要素是新质生产力的基础要素之一,因此需要确保技术等相关要素在生产过程中获得合理的收入,以此激发劳动、知识、技术、管理、资本和数据等生产要素的活力,更好地体现它们在市场中的价值,其中包括提高从业者的工资水平、改善劳动条件,以激发其生产积极性和创造力等。通过健全要素参与收入分配机制,可以更好地激发各类生产要素的活力,充分体现知识、技术、人才等生产要素在市场中的价值。这不仅有助于推动新质生产力的培育和发展,也有利于实现经济社会的全面发展和进步。

加强对生产要素配置方式的创新和优化,促进各类先进优质生产要素能够向发展新质生产力顺畅流动。这包括优化对人才、技术、资金等生产要素的配置,鼓励各类创新主体开展深度合作,推动要素之间的深度融合和有效共享,为加快培育新质生产力提供更加充足、先进、优质的全要素保障和支撑。

三、新质生产力与全要素生产率

(一)全要素生产率的经济学解释

早期对全要素生产率(total factor productivity, TFP)进行测度的基本方法是"索洛余值法",最早由美国经济学家 R. M. 索洛提出,是指各要素(如资本和劳动等)投入之外的技术进步和组织创新等导致的产出增加,是剔除要素投入贡献后所得到的余值。一般认为,全要素生产率对于打破资本报酬递减,从而保持经济可持续增长具有决定性作用,通常被视为技术进步对经济发展作用的综合反映。

从经济学上解释,全要素生产率意味着单位资本和单位劳动力所能生产的产出增加,而不是源自资本或劳动力本身的规模增长。[①] TFP 的提高可能源于技术创新、知识积累、生产方式改进等因素的作用,反映了经济体在给定资源条件下生产效率的提高程度。因此,将提高全要素生产率作为衡量技术进步对产出贡献的指标逐渐受到重视,并成为现代经济增长理论中的重要组成部分,是经济发展质量的重要考量标准之一,对于提升国家经济增长和竞争力具有重要意义。

党的十九大报告指出,"必须坚持质量第一、效益优先,以供给侧结构性改革为主线,推动经济发展质量变革、效率变革、动力变革,提高全要素生产率"[②]。这是党的代表大会文件中首次出现"提高全要素生产率"。一般意义上,全要素生产率的来源主要包括技术进步、创新能力和资源配置效率等。

技术进步是指生产要素的组合方式和生产技术的改进,能够使单位生产要素所能生产的产出增加。技术进步不仅包括新技术的发明和创新,还包括现有生产技术的改进和应用。通过技术进步,企业生产过程可以更加高效地进行,从而提高全要素生产率。例如,生产过程中引入自动化设备、智能制造系统和先进的生产工艺,可以提高生产效率和质量,降低成本,从而提高全要素生产率。

创新能力是指企业和经济体推动技术进步和创新的能力,包括研发投

---

① 易纲、樊纲、李岩:《关于中国经济增长与全要素生产率的理论思考》,《经济研究》2003 年第 8 期。

② 习近平:《决胜全面建成小康社会 夺取新时代中国特色社会主义伟大胜利——在中国共产党第十九次全国代表大会上的报告》,《人民日报》2017 年 10 月 28 日,第 1 版。

入、科技人才队伍建设、知识产权保护等方面。创新能力的提升可以促进新技术的发明和应用,推动产业结构升级和经济增长。例如,企业通过不断进行技术研发和创新,推出新产品、新工艺和新服务,可以获得竞争优势,从而提高全要素生产率。

资源配置效率是指生产要素的合理配置程度,包括劳动力、资本、土地和其他生产要素的优化配置。合理的资源配置可以最大程度地发挥生产要素的效益,提高生产效率和全要素生产率。例如,通过优化生产流程,提高劳动力和资本的利用效率,减少资源浪费和生产成本,可以提高全要素生产率。①

提高全要素生产率对于经济增长、竞争力增强和可持续发展具有重要价值。通过技术进步和创新能力的提升,经济体能够实现更高水平的产出和快速增长。同时,合理的资源配置和高效的生产组织能够提高经济效率,增强国家的竞争力和可持续发展能力。

改革开放40多年来,我国通过劳动力从农业部门向其他部门转移所获得的资源重新配置效应,以及劳动力供给过剩所获得的稳定的资本报酬效应,已呈逐步递减状态。经济发展方式转变的阶段性规律揭示,继续依靠资本和劳动要素投入驱动经济增长的方式难以持续,而且一味用提高资本劳动比率的办法提高劳动生产率,也会遇到资本报酬递减的瓶颈。

进入高质量发展阶段,必然要求实现经济增长动力从资本、土地、劳动力等生产要素投入驱动,向更多依靠技术进步等效率驱动的全要素生产率提高的转换。提高全要素生产率,一方面要以科技创新支撑和引领产业结构优化升级,另一方面要以体制创新深化改革,消除发展中的障碍,优化劳动力、资本、土地、技术、管理等要素的配置,激发创新创造活力。进一步营造"优胜劣汰"的公平竞争的市场环境,让资源组合配置和技术进步在经济

---

① 蔡昉:《中国经济增长如何转向全要素生产率驱动型》,《中国社会科学》2013 年第 1 期。

增长中起支配作用,实现生产要素向效率更高的产业、行业和企业集中,从而不断提高全要素生产率。

(二)效率型生产要素潜能的释放

新时代,迈入中国式现代化的新征程,各类优质先进的生产要素融合发展的新模式(图2-2)为促进新质生产力增长和高质量发展注入了新动力。要实现高质量发展的目标,不可能依靠单一生产要素的推动,而应在多个优质先进生产要素的相互作用下,不断催生新质生产力的路径选择。通过深入探讨中国式现代化的演进历程、各类优质先进要素的作用,以及促进新质生产力效能的发挥,可以清晰地看到效率增长型生产要素潜能的释放。

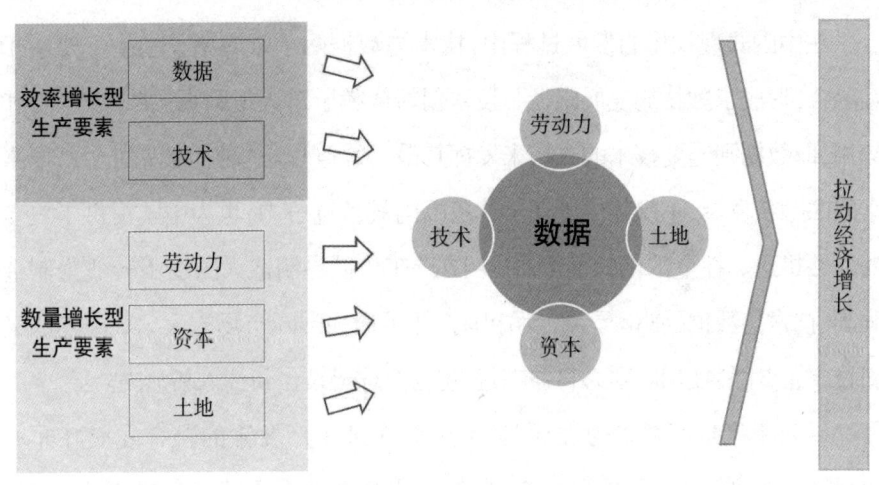

图2-2 中国式现代化是多生产要素融合发展的现代化模式

新中国成立至改革开放初期,我国经济发展主要依赖于三大生产要素,即劳动力、土地和资本,均属于数量增长型生产要素。这三者在数量上的不断增长推动了中国经济的快速崛起。然而,随着国际经济环境的变化和内外部需求的升级,仅仅依赖数量增长型生产要素已经无法满足中国发展的需要,技术作为生产要素的地位逐渐显现。进入21世纪,数据成为第二个效率型生产要素,使得四大核心生产要素演变为五大核心生产要素。这一时期,国家发展不再仅仅依赖于数量型增长,更加注重效率和创新。劳动力、资本、土地仍然是支撑中国式现代化的基础,而技术和数据的引入则为高质量发展提供了强大动力。

劳动力、土地、资本,这三者构成了中国式现代化的数量型增长基础。我国庞大的人口规模为其提供了雄厚的劳动力资源,土地的可利用性为城市化和产业升级提供了基础,而资本则为各类产业的投资提供了动力。技术与数据的引入,使得我国的经济结构焕然一新。例如,我们国家在高铁技术、电子商务、移动支付等领域取得的创新成果成为举世瞩目的典范。技术的广泛运用推动了传统产业的升级,数据的智能分析为企业提供了更加精准的运营决策。技术和数据的引入,使得中国式现代化不仅在发展规模上有了跃升,更在效率和创新上取得了显著的成就。

在中国式现代化的发展过程中,技术与数据两个效率增长型生产要素相互融合,形成了独特的发展路径。技术创新依赖于对大量数据的收集、分析和应用,而数据则需要技术的支持来发挥其最大效益①。这种优质先进生产要素之间的融合发展,不仅使中国在全球范围内具备竞争力,也为中国提供了更多的发展机遇。在全球化的浪潮中,中国正在从世界制造大国逐步转变为制造强国,技术与数据的驱动融合,为中国打开了通往国际市场的大门。中国的高新技术企业、科技创新中心日益崛起,也为全球科技创新注入新活力。

以效率型生产要素为主导,各类优质先进生产要素的融合发展并非一帆风顺,也面临一系列挑战。首先,如何平衡各生产要素之间的关系,使其更好地协同作用,是目前发展中亟待解决的问题。其次,随着技术和数据的迅速发展,相关法律法规和道德标准规范也需要不断完善,以保障各类优质先进生产要素的有序发展。再次,为了实现各类优质先进生产要素更高效的融合,需要加强各领域的创新能力,培养更多高素质的人才,在同步创新发展中凝聚强大发展合力。

---

① 高帆:《"新质生产力"的提出逻辑、多维内涵及时代意义》,《政治经济学评论》2023年第6期。

未来,中国式现代化将在深化改革、加强创新的过程中不断提升各类优质先进生产要素的融合发展水平。我国将进一步加强对技术和数据的投入,完善相关法律法规,打破阻碍效率型生产要素流动的卡点堵点,创新各类优质先进要素的配置方式,多措并举,推动高质量发展。同时,多生产要素的融合发展将成为中国式现代化的标志,为构建富有活力和可持续发展的现代化强国提供有益经验。中国将在全球层面分享优质先进生产要素融合发展的成功经验,为构建更加开放、包容、合作的世界经济贡献中国智慧。

(三)全要素生产率的大幅提升

全要素生产率是当今经济学领域中的一个关键概念,它扮演着衡量整个经济系统效率的重要角色。从本质上讲,全要素生产率是一个综合指标,它考虑了多种因素对经济增长的贡献,能够更全面地反映经济增长的质量和效率。同时,它也是评估经济增长潜力和可持续性的重要工具之一。

TFP 是指通过科技进步、组织创新、专业化和生产创新等途径,实现产出增长率超过要素投入增长率的部分。

其中,技术、数据等效率型生产要素带来增长的根本原因在于知识投入,它本质上是一种知识型投入。各行各业、各个领域涌现的人力资本,在这一过程中扮演着重要角色。通常,那些已经实现效率驱动型增长的发达国家,其 TFP 对农业经济增长的平均贡献份额普遍在 60% 以上[1],这意味着知识型投入和效率改善对于这些国家的经济增长至关重要。

根据 1979—2017 年历史数据测算结果显示,我国的 TFP 对经济增长平均贡献份额仅维持在 1/4 左右的水平[2],且 TFP 增长率年均约为 2.5%。这表明我国还未完全迈入效率型生产要素增长的模式,但这无疑是我们在推进高质量发展、构建新发展格局战略背景下必须努力奋斗的目标。要实现

---

[1]　胡晨沛、胡霞、计薇:《基于生产要素视角的中国农业经济增长模式探析——来自 75 个国家面板数据的国际比较》,《中国农业大学学报》2023 年第 4 期。

[2]　盛来运、李拓、毛盛勇、付凌晖:《中国全要素生产率测算与经济增长前景预测》,《统计与信息论坛》2018 年第 12 期。

TFP 的提升，需要通过一系列措施来推动知识型投入和效率的提高。首先，加强对人才的培养和引进，注重知识产权的保护，鼓励创新。其次，推动组织和生产方式的创新，特别是以科技创新引领产业创新。再次，加大对科研和技术创新的投入，不断推动技术进步和关键核心技术攻关。最后，通过产业升级和结构调整，构建现代化产业集群，实现规模效应的最大化。

在这一过程中，各行各业需要充分发挥自身优势，通过技术创新和知识转化，提高全要素生产率，特别是充分发挥数字化、智能化等新技术的探索应用，为效率型增长提供更多可能性。大数据、人工智能和云计算等技术的发展，使得企业能够更加智能地分析和利用海量数据，从而优化生产过程，提高产品质量，并更好地满足市场需求。数据不仅为企业提供了决策支持，还为创新提供了丰富的资源，推动了企业不断推陈出新、迭代升级。[1] 因此，不仅需要在传统产业和传统生产领域加大投入，更需要注重培育和发展新兴产业，以更好地适应未来发展趋势。

全要素生产率的提升还需要政府、企业和全社会共同努力。政府一方面应加大对科研和技术发展的支持力度，提供更加良好的政策环境；另一方面要在全国统一大市场建设标准指引下，着力推动产权保护、市场准入、公平竞争、社会信用等制度规则统一的市场环境。企业应注重自身的技术创新和管理创新，不断提高生产效率。此外，社会应加强对知识型产业的重视，推动科技和文化的融合，为全要素生产率的提高创造更加有利的社会发展环境。

全要素生产率的提升是促进新质生产力发展的必然要求，也是实现高质量发展的关键。通过加强知识型投入、促进效率改善和持续推动技术进步，我国将能够更好地适应新发展格局。新质生产力作为全要素生产率提高的关键推动力，主要由技术要素和数据要素两大关键要素构成，它们在现代经济中发挥着至关重要的作用，共同推动着创新、效率的提升，并成为经

---

① 任保平、王子月：《数字新质生产力推动经济高质量发展的逻辑与路径》，《湘潭大学学报（哲学社会科学版）》2023 年第 6 期。

济增长的新引擎。技术的进步常常是效率的直接来源,而数据的应用则通过提供信息支持、优化决策等,间接影响着效率的提高。这两大要素之间的相互作用形成了一个有机的整体,共同推动了新质生产力的蓬勃发展。

新质生产力常常伴随着创新和效率提升,对传统产业进行变革,并推动了经济结构的优化和转型。技术和数据的相互作用是新质生产力发展的关键。先进的技术可以帮助企业更好地收集、处理和分析大量的数据,提高对信息的洞察力。与此同时,数据为技术提供了实验和改进的基础,通过持续的反馈和学习,技术得以不断优化和升级。这种相互促进的关系,形成了一种正向循环,不断推动新质生产力的创新和提升。在这一过程中,企业需要不断适应新技术和新模式,进行组织和管理的创新,以更好地适应市场的需求。传统产业的变革也为新兴产业的崛起提供了机会,形成了一种产业结构的更新。新质生产力的发展不仅仅是企业层面的提升,更是整个经济体系迈向更高生产力水平的标志。它代表了一种更为先进、更为智能的生产方式,对各类优质先进生产要素的整合和创新,以及对传统经济结构的调整,为全要素生产率提高提供了有力的推动力。

新质生产力的发展是当今高质量发展的必然趋势。它通过技术和数据的协同作用,能够更好地适应经济发展要求,提高生产效率,实现经济的可持续增长。在这一过程中,企业、政府和社会需要共同努力,为新质生产力的发展创造更加良好的环境和条件。这不仅对于企业的发展至关重要,也是推动整个国家经济由量的合理增长到质的根本改变的关键所在。

四、新质生产力与新型生产关系

(一)新质生产力与生产关系

马克思在《资本论》中指出,"生产力的发展水平,决定着生产关系的性质"[①]。在马克思主义理论中,生产力与生产关系是社会发展的两大基石,它

---

① 黄强华:《〈资本论〉第二卷难题解答》,辽宁人民出版社,1986,第31页。

们之间的相互作用是历史唯物主义的核心内容。生产力就是人类在生产实践中形成的改造和影响自然以使其适合社会需要的物质力量①，是社会发展的决定性力量，而生产关系则是生产力发展的社会形式。随着新质生产力的发展，生产关系也必须进行相应的调整变革，以适应生产力发展的要求。

1. 从物质生产力到社会生产力再到自然生产力的三级演进

马克思认为，生产力是有劳动能力的人和生产资料相结合而形成的改造自然和征服自然的能力，是人类生存和发展的基础，是推动社会进步和历史前进的最活跃、最革命的决定性力量，生产力水平是衡量经济社会发展水平的根本标准。

伴随对资本主义生产方式的深入研究，马克思关注到生产力的社会性方面。在《资本论》中，马克思指出生产力不仅包括物质生产力的物质性方面，还包括生产关系的方面，即"社会生产力"。马克思认为，资本主义生产方式下的生产力发展具有一种"自我规定"的性质，这种性质表现为一种"历史必然性"，即生产力的发展必然会打破原有的生产关系，衍生出新的生产关系，从而推动社会发展与进步。②"自我规定"性质的提出，是马克思对生产力概念的重要且独特的见解。晚年，马克思又关注自然生态问题，并对自然生产力进行了初步探讨。马克思认为，自然生产力是不同于社会生产力的另一种形态的生产力，它与自然生态环境密切相关。在资本主义生产方式下，自然生产力受到了破坏和摧残，因此需要寻找一种新的生产方式来保护和利用自然生产力，实现人与自然的和谐共生。③

马克思对生产力的理解和阐述是一个不断演进的过程，从最初的"物质

---

① 谭好哲等：《马克思主义人文文化理论发展研究》，山东人民出版社，2022，第184页。

② 庄友刚：《形式与本性：资本的自我超越与历史界限》，《马克思主义与现实》2009年第2期。

③ 徐水华：《马克思〈资本论〉的生态解读与新时代的意义研究》，天津人民出版社，2022，第59-62页。

生产力"概念,逐步演变成包括物质性和社会性两方面的"社会生产力"概念,再演进到对自然生产力概念的探讨。这一演进过程本身反映出马克思主义思想是在不断丰富和发展的,也反映出人们对生产力的理解也是在不断进步与深化的。新质生产力的出现,本身就是生产力发展到一定阶段的历史必然,这一创新理论的提出,本身也是对马克思主义生产力理论的进一步丰富和发展。

2. 中国特色社会主义生产力发展观的演进

新中国成立以来,特别是改革开放之后,中国在理论和实践层面上不断总结生产力发展经验,经过不同时期不同阶段的发展,逐步总结出关于生产力发展规律的系统性理论,形成了具有中国特色社会主义的生产力发展观。

新中国成立初期,我国实行了以农业集体化和工业国有化为主体的社会主义初级阶段建设,重点是集中力量进行大规模国家建设与工业化发展。同时,毛泽东同志强调"科学技术这一仗,一定要打,而且必须打好……不搞科学技术,生产力无法提高"。[①]

改革开放初期,邓小平同志强调"社会主义的根本任务是解放和发展社会生产力",并于 1988 年提出了"科学技术是第一生产力"[②]的著名论断。1992 年,邓小平同志在南方谈话中提出,判断一切工作得失、是非、成败的标准是"三个有利于",其中,"生产力标准"在"三个有利于"中居于首要位置。这意味着生产力发展在我国建设、改革和发展进程中起到关键性作用。

2000 年,江泽民同志在广东省考察工作时,首次提出了"三个代表"重要思想,其中强调中国共产党始终代表中国先进生产力的发展要求。2003 年,胡锦涛同志在江西考察工作时明确提出了"科学发展观",并于 2006 年,在全国科学技术大会上,强调"进一步发挥科技进步和创新的重大作用,切实

---

① 李志红、马俊峰:《毛泽东科技思想》,湖南大学出版社,2004 年,第 9–12 页。
② 邓小平:《邓小平文选》第三卷,人民出版社,1993 年,第 274 页。

把经济社会发展转入以人为本、全面协调可持续发展的轨道"①，强调科技创新就是发展生产力的关键。

党的十八大以来，面对科技创新和产业改革的不断深化，习近平总书记提出"创新是引领发展的第一动力"②的重要论断，强调科技创新在国家发展中的核心地位。2023年是东北振兴战略实施二十周年。在此背景下，习近平总书记到黑龙江省考察调研期间，发表重要讲话时首次提出"新质生产力"的概念。习近平总书记指出，"积极培育新能源、新材料、先进制造、电子信息等战略性新兴产业，积极培育未来产业，加快形成新质生产力"③"整合科技创新资源，引领发展战略性新兴产业和未来产业，加快形成新质生产力"④。这一概念的提出意味着国家将推动以科技创新引领产业全面振兴，并以产业升级构筑新竞争优势，赢得发展主动权，这为我国生产力从量的积累向质的飞跃，从点的突破向系统能力的提升，提供了科学的理论指导，指明了未来的前进方向。

从毛泽东同志提出"不搞科学技术，生产力无法提高"，到"科学技术是第一生产力"的论断，到"三个代表"重要思想中关于先进生产力的论述，到"科学发展观"中对生产力发展的要求及"创新是引领发展的第一动力"的重要论断，再到"新质生产力"理论的提出，伴随着生产力从量变到质量的演进，始终围绕"科学技术""发展"这两大核心命题，逐步形成了中国特色社会主义的生产力发展观。

---

① 胡锦涛：《坚持走中国特色自主创新道路　为建设创新型国家而努力奋斗——在全国科学技术大会上的讲话》，人民出版社，2006，第2页。

② 《中共中央关于制定国民经济和社会发展第十三个五年规划的建议》，《人民日报》2015年11月4日，第1版。

③ 《习近平主持召开新时代推动东北全面振兴座谈会强调　牢牢把握东北的重要使命　奋力谱写东北全面振兴新篇章》，《人民日报》2023年9月10日，第1版。

④ 《习近平在黑龙江考察时强调　牢牢把握在国家发展大局中的战略定位　奋力开创黑龙江高质量发展新局面》，《人民日报》2023年9月9日，第1版。

3. 新质生产力的发展要求生产关系的持续变革

马克思在 1847 年曾对"生产关系"概念进行过界定:"各个人借以进行生产的社会关系,即社会生产关系,是随着物质生产资料、生产力的变化和发展而变化和改变的。"①1859 年,马克思在《〈政治经济学批判〉序言》中对生产关系概念作出经典性表述:"人们在自己生活的社会生产中发生一定的、必然的、不以他们的意志为转移的关系,即同他们的物质生产力的一定发展阶段相适合的生产关系。"②立足于当代现实,一个社会的生产关系应当是以社会生产力为载体,也即通过生产力系统中的自然物质过程来实现的社会经济关系。③

新质生产力的本质是先进生产力,仍属于生产力理论范畴。物质资料生产过程同时依赖于生产力与生产关系两个方面,形成了紧密的"决定与反作用"关系。有什么样的生产力,就会产生与之适应的生产关系。新质生产力属于生产力的质变,这就要求生产关系持续变革与之相适应、相匹配。首先,新质生产力的形成需要改变传统的生产关系,打破旧有的生产方式和组织形式,建立更加高效、灵活和创新的生产方式和组织形式。其次,新质生产力的形成,需要发挥市场在资源配置中的决定性作用,推动科技成果的市场化应用,这需要建立更加完善的市场体系和营商机制,从而促进科技成果的转化和应用。最后,新质生产力的形成需要政府发挥主导作用,加强有组织科研,突破关键技术瓶颈,科学合理布局培育新兴产业,以科技创新不断引领产业升级,逐步构建现代化产业集群。

4. 生产关系革新推动并促进新质生产力的发展

马克思指出:"随着新生产力的获得,人们改变自己的生产方式,随着生

---

① 中共中央马克思恩格斯列宁斯大林著作编译局编译《马克思恩格斯选集》第一卷,人民出版社,2012,第 340 页。

② 中共中央马克思恩格斯列宁斯大林著作编译局编译《马克思恩格斯选集》第二卷,人民出版社,1995,第 32 页。

③ 鲁品越:《〈资本论〉的生产力与生产关系概念的再发现》,《上海财经大学学报》2018 年第 4 期。

产方式即谋生的方式的改变,人们也就会改变自己的一切社会关系。手推磨产生的是封建主的社会,蒸汽磨产生的是工业资本家的社会。"①这段话强调了生产力对生产关系的决定性影响,同时,也指出了生产关系对生产力的反作用,即"生产力决定生产关系,生产关系反作用于生产力"。这种反作用表现出两面性,即生产关系对生产力的促进或阻碍作用。当生产关系适应生产力的发展要求时,就会推动生产力的发展;当生产关系不适应生产力的发展要求时,就会阻碍生产力的发展。这种反作用机制是通过生产关系中的经济利益分配、社会激励机制、生产组织形式等因素来实现的。

当生产关系不再适应生产力的发展时,就需要进行变革和调整,以适应新的生产力状况。随着生产力从"旧质"向"新质"转变,生产关系就需要进一步迭代升级,只有对新型生产关系进行探索塑造,才能够为新质生产力的发展提供有力的支持和保障。

(二)新型生产关系的主要特征

生产力不仅包括物质生产力的物质性方面,还涵盖了生产关系方面。生产关系是指人们在物质生产过程中形成的、不以人的意识为转移的经济关系,包括生产资料所有制形式、人在生产中的地位及其相互关系、商品分配方式等内容,反映了社会中生产力与生产资料的相互作用,以及人们在生产、分配、交换、消费过程中所处的各种社会关系的总和。

生产关系是政治经济学方法论的基本范畴。生产关系要与一定历史阶段的生产力状况相适应,生产力也总是在生产关系中运动并不断发展,发展到一定阶段,便与生产关系发生矛盾,旧的生产关系就会由原来推动生产力发展的助力变为阻碍生产力发展的桎梏,从而需要进行调整和变革。当前,以数字技术、大数据、人工智能为代表的新技术正在加快转化为新动能,塑造新业态、新模式,同样催生新的生产方式,从而带来新的工作方式、组织形式和职业调整,改变了生产资料、劳动者与劳动对象之间的关系。因此,新

---

① 中共中央马克思恩格斯列宁斯大林著作编译局编译《马克思恩格斯选集》第一卷,人民出版社,2012,第222页。

型生产关系是在改革创新的探索与挑战中,不断适应新质生产力的要求,并取代旧的生产关系。

通过生产关系的变革,形成适应新质生产力的新型生产关系,可以优化资源配置,使资源得到更加合理和高效的利用,从而促进全要素生产率的提高。首先,新型生产关系能够优化资源配置。在传统生产关系中,资源的分配和利用可能受到种种限制和束缚,导致资源无法充分发挥其潜力。随着生产关系的变革,资源的限制和束缚被打破,资源能够更加合理和高效地配置。这不仅能提高资源的利用效率,还能够减少资源的浪费,实现资源的可持续发展。其次,生产关系的变革可以消除资源浪费。在传统生产关系中,由于制度不完善、市场不健全等因素,往往导致资源浪费和错配。而通过新型生产关系,可以消除这些不合理的制度安排和市场结构,使资源得到更加合理的利用。这不仅能减少资源浪费,还能提高全要素生产率,推动经济的可持续发展。最后,生产关系的变革可以提高全要素生产率。在传统生产关系中,由于种种摩擦和阻力的存在,往往导致生产效率低下。在新型生产关系的构建中,这些摩擦和阻力得以减少或消除,生产协作和效率得以提高。这不仅能够提高产品质量和生产效率,还能够降低生产成本,增强企业的竞争力。

新型生产关系可以激发企业和个人的创新活力。新型生产关系为企业和个人创造了一个更加开放、灵活和包容的创新环境。首先,新型生产关系往往更加开放,允许企业和个人跨越传统的界限和限制,进行跨领域的合作交流。这种开放性为企业和个人提供了更广阔的创新舞台,使他们能够充分利用外部资源,整合不同领域的知识和技术,开发出更具竞争力的新产品、新服务。其次,新型生产关系更加灵活,能够适应快速变化的市场需求和技术发展。这种灵活性使企业能够迅速调整战略和业务模式,抓住市场机遇,实现快速发展。最后,新型生产关系通常更加包容,鼓励多样性和差异化。这种包容性为企业和个人提供了一个更加宽松的创新氛围,使他们能够勇敢地尝试新的思路和方法,不断挑战传统的思维方式和业务模式。

这种勇于尝试的精神是推动创新的重要动力。

新型生产关系可以推动产业结构的优化和升级。首先，新型生产关系能够引导资源的优化配置，为产业结构的优化提供先决条件。在传统生产关系下，资源可能受到不合理的分配和束缚，导致某些产业领域资源过剩，而其他领域则资源匮乏。通过生产关系的重塑，资源得以更加精准地流向那些具有发展潜力和市场需求的新兴产业，促进传统产业的转型升级。其次，新型生产关系有助于培育新兴产业，推动产业结构向高端化、智能化、绿色化方向发展。在新型生产关系下，政策、资本、技术等要素更加聚集于新兴产业的培育和发展上，协同发力。例如，政府通过制定优惠政策、提供资金支持、加强技术研发等措施，为新兴产业的崛起创造了有利条件。此外，新型生产关系还能够促进传统产业的转型升级。在传统生产关系下，传统产业可能面临发展瓶颈和竞争力下降的问题。通过生产关系的重塑，可以引导传统产业进行技术创新、管理创新、模式创新等，推动其向高端化、智能化、绿色化方向发展。

（三）新型生产关系的优化

生产关系与生产力之间的相互协调适应是驱动发展的重要前提和基础。"劳动过程的简单要素是这个过程的一切社会发展形式所共有的。但劳动过程的每个一定的历史形式，都会进一步发展这个过程的物质基础和社会形式。"[①]塑造与新质生产力相适应的新型生产关系，是促进新质生产力发展的重要保障，对于提高生产力水平具有重要意义。任何时期生产力的变革，都势必会带来生产关系甚至经济社会的主要矛盾和结构发生深刻的变化。随着时代发展和经济结构调整，旧有的体制机制已难以适应新形势的发展需求。因此，我们需要深化改革，不断完善和创新体制机制，打破常规惯性思维，推动市场竞争与高科技及其产业发展，为新质生产力的培育和壮大创造更好的制度环境。改革是推动科技进步和经济社会发展的强大动

---

① 中共中央马克思恩格斯列宁斯大林著作编译局编译《马克思恩格斯文集》第七卷，人民出版社，2009，第1000页。

力,必须继续推进全面深化改革,尤其改革那些影响先进优质生产要素向新质生产力顺畅流动的堵点与卡点,只有创新新型生产关系,破除束缚生产力发展的各种体制机制障碍,才能不断解放与释放新质生产力的潜力,实现先进生产力的跨越式发展。

从生产关系的基本范畴入手,找准优化调整生产关系的着力点,不断塑造适应新质生产力要求的新型生产关系。在新质生产力的作用下,会逐步形成高效的生产关系发展体系。当前,以劳动者、劳动资料、劳动对象及其优化组合跃升为基本内涵的新质生产力,在其发展过程中,须将人力、技术、数据等新型核心生产要素有机结合,并与生产关系相辅相成,相互促进。例如,新型劳动者队伍的建设为技术创新提供了有力的人才支持,而掌握关键核心技术则为新型劳动者提供了更广阔的施展空间。这种相互促进的有机结合将为新质生产力的发展提供坚实基础,从而不断促进新质生产力更快发展。

培育高质量劳动者,提升新质生产力的劳动者要素。党的二十大报告强调"人才是第一资源"[1]。劳动者是生产力的核心要素,劳动者素质的持续提升是新质生产力形成的最为核心的内容,新质生产力需要的正是高素质劳动者。然而,人才并非天生的,而是后天教育的结果。因此,教育成为人才培育的基本路径,也是新质生产力发展的根本所在。习近平总书记在《摆脱贫困》中已指明:"经济靠科技,科技靠人才,人才靠教育。教育发达—科技进步—经济振兴是一个相辅相成、循序递进的统一过程,其基础在于教育。"[2]也就是说,只有办好教育,才能获得新质生产力需要的各类人才。劳动者的素质决定生产力的状况,高素质的劳动者与高水平的生产力是相匹配的,没有高素质的劳动者一定不会出现高水平的生产力。基于此,新质生产力的出现要求有高素质的劳动者,现代社会要求高素质的劳动者要持续提升自身素质。持续提升素质的高素质劳动者,是形成新质生产力的最本

---

① 习近平:《高举中国特色社会主义伟大旗帜　为全面建设社会主义现代化国家而团结奋斗——在中国共产党第二十次全国代表大会上的报告》,《人民日报》2022 年 10 月 26 日,第 1 版。

② 习近平:《摆脱贫困》,福建人民出版社,1992,第 173 页。

质要求。

实施创新驱动发展战略，要持续提升劳动资料、劳动工具的科技进步水平。新质生产力的形成来自科技创新，从本质上讲，新质生产力就是以科技创新驱动的生产力。生产力水平最直观的标志就是生产工具，而生产工具是科学技术水平的真实反映。科学技术与生产工具这两种要素有效融合，才能切实推动生产力的发展。底层逻辑是科技创新驱动科学技术的进步，科学技术的进步再次驱动生产工具的进步。因此，实施创新驱动发展战略，实现高水平科技自立自强，是新质生产力发展的关键因素。

深入推进数字经济创新发展，积极推动数实融合，助力实体经济转型升级。制定支持数字经济高质量发展政策，积极推进数字产业化、产业数字化，促进数字技术和实体经济深度融合。深化大数据、人工智能等研发应用，开展"人工智能+"行动，打造具有国际竞争力的数字产业集群。实施制造业数字化转型行动，加快工业互联网规模化应用，推进服务业数字化，建设智慧城市、数字乡村。深入开展中小企业数字化赋能专项行动。支持平台企业在促进创新、增加就业、国际竞争中大显身手。健全数据基础制度，大力推动数据开发开放和流通使用。适度超前建设数字基础设施，加快形成全国一体化算力体系。我们要以广泛深刻的数字变革赋能经济发展、丰富人民生活、提升社会治理现代化水平。

建设超大规模国内统一市场，着实提升新质生产力的劳动对象。没有劳动对象，就不能形成生产力。市场就是最重要的劳动对象，同时也是最稀缺的资源之一。建设超大规模统一市场，意味着超大规模的机遇。这既是推动深层次改革，促进我国市场从量变向质变转化的主动选择，也是促进经济高质量发展的客观要求。有了统一大市场，才有新质生产力成长的肥沃土壤。然而，超大规模国内统一市场的形成并非一蹴而就。一方面，需要继续完善促进国内大循环的各项制度，另一方面还要处理好政府与市场的关系，此外，还须充分发挥我国市场资源的优势，以国内需求为根本着力点，不断提高市场运行效率，从而有序推进国内国际双循环系统的良性互动。

第三章
新动能：新质生产力的科技创新体系

科技创新能够催生新产业、新模式、新动能,是发展新质生产力的核心要素。必须加强科技创新特别是原创性、颠覆性科技创新,加快实现高水平科技自立自强,打好关键核心技术攻坚战,使原创性、颠覆性科技创新成果竞相涌现,培育发展新质生产力的新动能。

——习近平总书记在中共中央政治局第十一次集体学习时的讲话(2024 年 1 月 31 日)

一、新质生产力技术发展的价值导向

(一) 两大新型要素:技术要素与数据要素

1. 人类文明的历次演替均匹配革命性技术突破和应用

某种意义上,人类文明的演进是一部科技史的长卷,每个时代都伴随着先进技术及新的生产工具的诞生。在这一演进过程中,生产资料的丰富和生产工具的不断进化推动了生产力的发展提升。从农业时代到当前的数智时代,可以追溯不同时期的代表性生产资料和生产工具,揭示人类文明在科技革命浪潮中的演化轨迹。

农业时代,生产资料主要以土地和劳动力为主。在这个时期,农业是社会的主导产业,而生产工具主要是简单的农耕工具,如铁犁、耕牛等。这一时期的生产力水平相对较低,主要依赖人力劳动,生产效率也十分有限。

工业时代，随着工业化的兴起，人类可使用的生产资料迅速增加，包括能源、电力、原材料和资本等。相应的生产工具也发生了巨大的变革，机械和机器的广泛运用成为推动生产的新引擎。蒸汽机、工厂生产线等技术的出现极大地提高了生产力水平，工业时代成为人类文明演进的重要阶段。[①]

信息时代，带来了诸如数据、风险资本、新材料等新的生产资料。个人计算机（PC）和各种软件逐渐成为新的主流生产工具。信息的数字化处理、传输和存储的能力大幅提升，加速了信息传播和处理的速度，推动了社会的信息化进程。

数字时代，知识成为重要的生产资料，生产工具愈加丰富，涵盖了云计算、5G 网络、终端设备、芯片技术、区块链等新的工具。云端协同、大数据分析、物联网等技术的广泛应用推动了数字经济产业的崛起，社会生产力水平再次迎来跃迁。[②]

数智时代，生产资料新增加了新能源、数据、算力、算法等。生产工具更加多元化，AI 大模型、AI 助手、元宇宙、新一代交互设备等逐渐成为核心工具。新能源技术推动了能源领域的可持续性发展，AI 技术为数据要素的生产力释放提供了智能化解决方案，整个社会正迅速进入智能化和数字化融合的新时代。（图 3-1）

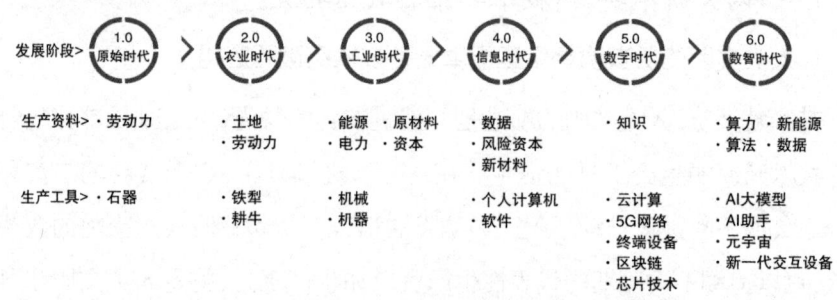

图 3-1　生产工具进化的多个阶段

①　余东华、马路萌：《新质生产力与新型工业化：理论阐释和互动路径》，《天津社会科学》2023 年第 6 期。

②　谢中起、索建华、张莹：《数字生产力的内涵、价值与挑战》，《自然辩证法研究》2023 年第 6 期。

随着科技的不断进步,生产资料和生产工具会持续创新。新能源技术的发展将推动清洁能源的广泛应用,生产力水平有望实现更大的跨越。人工智能技术的不断成熟,将进一步提高数据处理的效率,推动社会开启通用人工智能时代。生产资料和生产工具的不断创新将给人类社会带来全新的生产生活方式,为未来的文明演进注入新动力。

2. 新一轮的技术革命推动文明进入数据智能时代

人类文明的演进不仅伴随着时间的推移,更是由技术的革命性突破而推动的。技术革命通常具有周期性,前置阶段为酝酿期,处于技术的萌芽阶段,新的技术概念和想法开始在科学家和创新者的头脑中孵化,为后续的技术发展奠定基础。[1]

第一阶段,新产品、新产业的爆炸性增长和迅速创新。当技术发展到一定水平后,会催生新产品、新产业,进而影响经济结构和生产方式因技术的发展而进行范式变革,这是技术真正改变社会发展的时期。第二阶段,新产业、技术体系和基础设施组成新的产业集群。随着新产品、新产业、新技术体系的不断涌现并持续完善,将会推动产生新的产业集群。第三阶段,新型产业集群的全面扩张。新型产业集群将推动创新和市场潜力的全面扩张。第四阶段,产业进入成熟和市场饱和期,技术潜力的释放开始受到限制。在这个阶段,创新的速度开始放缓,社会需要寻找新的动力点来推动发展。

由此可见,技术革命具有显著的周期性(图3-2),通常50年左右为一个周期。当前,人类正处于一个新的技术革命周期,人工智能技术的突破正在推动新范式的形成。人工智能已经进入2.0时代,即将进入通用人工智能时代。[2] 这标志着人类文明的发展即将进入数据智能时代,人工智能技术将成为社会生产力的主要驱动力。

---

[1] 卡萝塔·佩蕾丝:《技术革命与金融资本:泡沫与黄金时代的动力学》,田方萌等译,中国人民大学出版社,2007。

[2] 朱松纯:《促进教育科技人才融合发展 培育人工智能人才梯队》,《中国科技人才》2023年第4期。

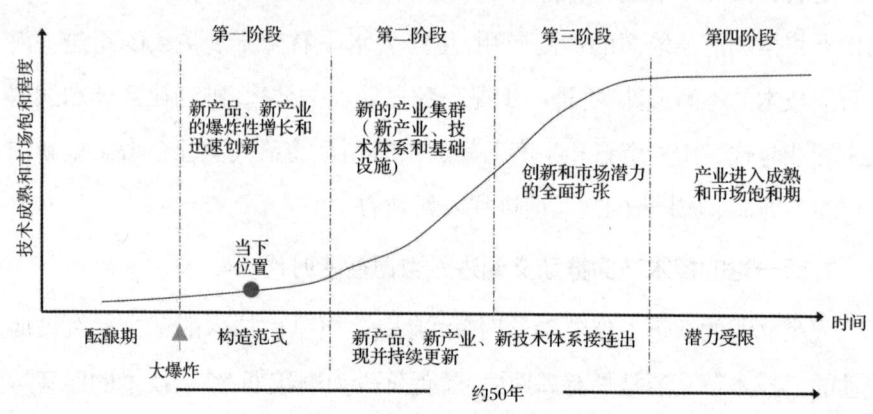

图 3-2 技术革命的周期性示意图

通过大数据、机器学习和深度学习等技术手段,人工智能赋予机器更强大的智能化水平和自主学习能力,使其能够处理复杂的问题,执行高级任务,并在各个领域展现出惊人的应用潜力。随着 ChatGPT(chat generative pre-trained transformer,一款聊天机器人程序)的出现,人工智能即将进入通用人工智能时代,其具有类似人类智能的广泛能力,可以像人类一样执行感知、推理、学习、决策、规划等多种任务,能够在不同的领域和情境中灵活地应对各种复杂任务。

人工智能技术经过近 70 年的发展与实践,正处在生成式 AI 向通用型 AI 的过渡阶段,即将进入技术成熟的爆发期,新一代人工智能技术的代表,如 ChatGPT,更是展现了人工智能在自然语言处理方面的巨大进步。这种强大的语言理解和生成能力为人类提供了前所未有的交互体验,未来将会成为推动社会经济发展的关键核心技术之一,应将其作为战略性技术进行规划和布局。

人类文明演进到今天,已经走过了五个时代,每个时代其代表性的生产工具都不同,反映的都是生产效率的提升(图 3-3)。在原始时代,生产工具是石器,到了农业时代则变为农具和耕牛,进入工业时代之后则进一步升级为机械、机器,前三个时代生产工具的进化带来的都是对人类体力劳动效率的提升。从第四个时代,即信息时代开始,生产工具开始变为软件工具,到数字时代则进一步升级为云、网、端、芯、链等数字工具。这个阶段不仅带来体力效率的提升,还有脑力效率的辅助作用,而当人类进入最新的阶段即数智时代之后,将首次实现脑力生产效率的提升。人类可以基于 AIGC(artificial intelligence generated content,生成式人工智能)工具进行内容的初次生产,然后在其基础之上再进行二次加工,从而实现将人类从重复性的脑力劳动中解放出来的目的,真正实现了脑力效率的提升。

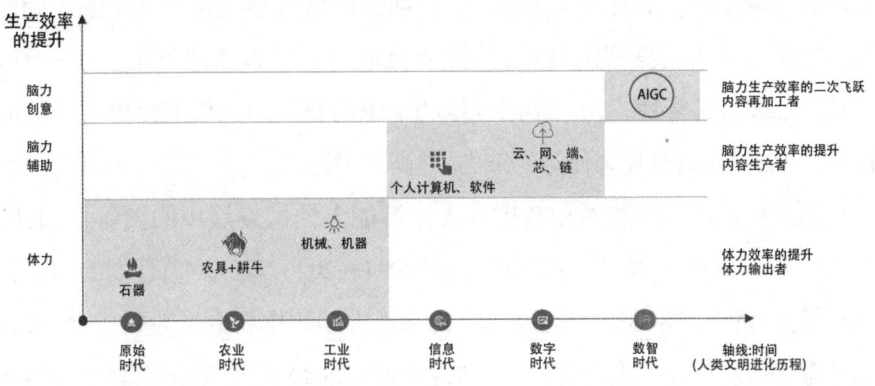

图 3-3　社会文明演进与生产效率提升的阶段划分

技术革命的周期性是人类社会发展的必然规律。每一轮新技术的崛起都伴随着社会结构的调整和经济的变革。[①] 新一轮技术革命周期已经到来,人工智能技术是这一技术革命周期的代表性技术,将推动社会进入数据智能时代。ChatGPT 的出现,标志着人类社会的文明发展进入一个新的时代,真正实现从体力效率提升向脑力效率提升的转变,这将推动人类社会发生深刻变革,其意义不亚于工业时代的蒸汽机的出现。在这一过程中,我们将会看到人工智能为人类社会带来的更多效应和创新,为全人类创造更加美好的未来。

---

① 卡萝塔·佩蕾丝:《技术革命与金融资本:泡沫与黄金时代的动力学》,田方萌等译,中国人民大学出版社,2007。

3. 发挥技术要素与数据要素效能成为新质生产力发展的关键

在当今数字智能时代，人类社会正在迅速迈入一个以数据为核心的新时代。其中，技术和数据成为推动生产力飞跃的关键要素，尤其是人工智能大模型。该技术的关键要素包括数据、算力和算法，其中数据作为训练大模型的基础资源，其质量直接决定了模型的水平，数据在人工智能大模型中的核心作用主要体现在三个方面。一是提供训练样本。人工智能大模型通过学习大量数据来获取信息和模式。数据作为训练和优化的基础，其质量直接影响模型性能。二是影响模型性能。数据质量直接决定了模型的准确性和泛化能力。在数据智能时代，数据质量成为评估技术水平的重要标准。三是增加模型鲁棒性。来自不同领域和来源的数据为大模型提供更全面的信息，增加了其适应复杂任务的能力，提高了鲁棒性。

为了更好地发挥技术和数据在人工智能大模型发展中的关键作用，国家出台了《"数据要素×"三年行动计划（2024—2026年）》。该计划的核心目标和举措：旨在选取12个行业和领域，通过推动数据要素乘数效应，释放数据要素价值。应用广度和深度的拓展：计划到2026年底，在经济发展领域拓展数据要素的应用广度和深度，通过示范性场景展示数据要素在各领域的成功应用。示范性应用场景的打造：计划打造300个以上示范性强的数据要素应用场景，以展示数据要素在实际生产和服务中的多元化应用。数据产业生态的形成：通过培育数据商和第三方专业服务机构，计划形成相对完善的数据产业生态，构建更健康、开放和竞争有序的数据要素市场。

该计划的实施将推动数据要素在各行业的广泛应用，促进数据的多元化、高质量应用，为经济的可持续发展和社会的全面进步奠定坚实基础。技术与数据两大关键生产要素将共同推动人类文明进入一个更加智能、创新的未来。

（二）两大发展导向：信息与能源的融合赋能

1. 人类文明发展与信息驾驭能力

人类文明的演进与信息技术的发展密不可分。信息技术的不断创新不仅推动着文明的进步，也深刻地改变着人类社会的面貌。①

在人类社会发展过程中，信息的传递和驾驭水平一直是决定文明发展水平的关键因素。智人之所以在与其他人种的竞争中脱颖而出，其根本原因在于智人率先在语言和信息交流上实现了突破。通过建立新的思维和沟通方式，智人形成了一种超凡的"信息认知"和"信息驾驭"能力，使其在复杂的社会环境中更为适应和优越。

智人在语言和信息交流方面的突破是其在竞争中取得胜利的关键。语言是信息传递的媒介，而信息则是人类思维和认知的基础。智人通过发展复杂的语言系统，能够更加高效地交流和传递信息。这使得他们能够在团队中更好地协作，更有效地传递知识，从而在生存和繁衍的竞争中占据优势。

回顾历次信息技术的里程碑，可以清晰地看到，人类不仅在创造信息方面取得了巨大的成就，同时也在被信息所改变。从最早的文字发明到印刷术的出现，再到如今数字化时代的到来，每一次技术的飞跃都为信息的产生、传递和应用提供了新的方式和渠道。这一连串的技术变革深刻地塑造了人类社会的面貌，推动了文明的不断发展。

人类文明的发展水平与信息驾驭水平之间存在着紧密的正相关关系。在信息时代，高效的信息驾驭能力意味着更快的决策能力、更准确的判断能力和更创新的解决问题的能力。语言和信息交流的突破，为智人在竞争中取得优势奠定了基础；而信息的高效利用直接推动了经济社会的发展，使得人类能够更好地面对未知的未来。在信息与文明的共同推动下，人类社会迎来了一个个令人瞩目的历史时刻。

2. 信息驾驭水平与能源利用效率密切相关

人类信息驾驭水平的提升不是凭空产生的，需要充足的能源供给和高效的能源转化作为支撑。能源是信息技术运转的动力源，也是信息传输、存

---

① 周延云、李琪：《生产力的新质态：信息生产力》，《生产力研究》2006 年第 7 期。

储和处理的基础。因此,可用以下公式来表示信息驾驭水平:

信息驾驭水平=单位能源所能转化的信息使用能力×能源利用水平

在上述公式中,单位能源所能转化的信息使用能力和能源利用水平是决定信息驾驭水平的两个关键因素。虽然新能源的出现给提高能源供给带来了机遇,但能源利用水平的提升并非指数级的飞跃,而是呈现出缓步提升的迹象。这意味着在信息时代,我们需要更为关注如何快速提升单位能源所能转化的信息使用能力。

值得注意的是,这种表述在微观领域中具有广泛的应用,其中最为著名的例子就是摩尔定律。摩尔定律指的是集成电路上可以容纳的晶体管数目在每经过 18 到 24 个月便会增加一倍,这个翻倍对应的正是单位能耗传输、处理、存储信息的效率的提升。

在公式中可以发现,能源利用水平也起到了至关重要的作用,主要是通过两个关键因素来影响的,即能源总供给和能源利用效率。当能源总供给量越高,而能源利用效率越高时,整体的能源利用水平也就越高。

为了更好地实现信息驾驭水平的提升,需要在全面提升能源供给量的同时,注重提高能源利用效率。这不仅涉及技术上的创新,也需要在能源管理和利用方面制定更为科学的政策和策略。在新能源时代,应当关注如何更好地提高单位能源所能转化的信息使用能力,进而推动整个社会的信息驾驭水平的提升。

3. 信息与能源是新质生产力发展的关键技术锚点

信息与能源是人类在漫长的历史长河中发生演变的主要科技标尺,工业革命、电力革命、信息革命和智能革命四大变革的演替,凸显了这两者在推动文明演进中不可或缺的作用。

能源:机械时代的动力源。工业革命开启了机械时代,而其推动力主要来自能源的广泛应用。从煤炭到石油,再到现代的清洁能源,能源在不同时期一直是人类社会发展的动力源。蒸汽机的发明和运用,使生产方式得以大规模转变,推动着城市的崛起,劳动效率得到巨大提升。能源在工业时代的运用,被视为推动科技进步的首要力量。

电力革命进一步提升了能源的利用效率。电力的广泛应用使得生产得以电气化,极大地促进了工业、交通、通信等领域的创新和发展。电力作为一种高效的能源形式,成为现代社会不可或缺的动力源,同时也是新能源与可再生能源崛起的奠基石。

信息:数字时代的核心载体。信息革命标志着数字时代的来临,信息技术的飞速发展改变了人们获取、传递和处理信息的方式。计算机、互联网、移动通信等信息技术的应用深刻影响着人类社会的各个层面。信息的流动推动着社会的全球化,信息处理速度的提高提升了生产效率。

人工智能、大数据、物联网等新一代信息技术的涌现,使得信息处理变得更加智能和全面。智能系统的发展使得机器能够模拟人类的思维和决策过程,推动着社会进入了数智时代,这也进一步加强了信息在社会发展中的关键作用。

在文明的竞争中,能源的使用一直是关键的争夺点。工业革命时期,煤炭和石油的大规模开采和利用成为经济增长的支撑点。然而,由此带来的环境问题和能源枯竭的风险逐渐凸显,推动全球更加关注清洁能源和可再生能源技术的研发与利用。随着智能革命的到来,对能源转型和可持续发展的需求日益紧迫,能源在未来的竞争中将继续扮演关键的角色。

信息与能源的有机结合,是发挥新质生产力的关键技术锚点(图3-4)。新一代信息技术的应用需要大量的能源支持,而能源的合理利用也需要信息技术的辅助。例如,在智能能源管理系统中,信息技术通过数据分析和智能控制,提高了能源的利用效率。这种协同作用成为未来科技发展的主要趋势,也是推动新质生产力的重要动力。

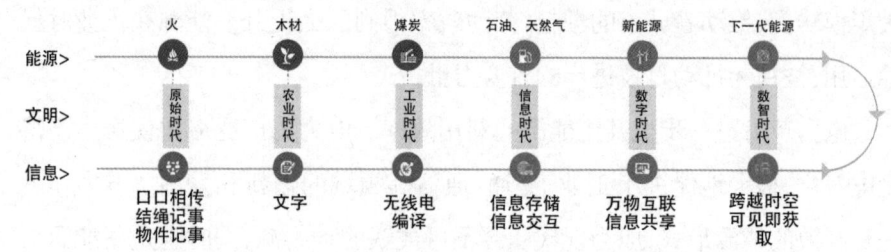

能源>	火	木材	煤炭	石油、天然气	新能源	下一代能源
文明>	原始时代	农业时代	工业时代	信息时代	数智时代	数智时代
信息>	口口相传结绳记事物件记事	文字	无线电编译	信息存储信息交互	万物互联信息共享	跨越时空可见即获取

图 3-4　发挥新质生产力的关键技术锚点：能源与信息

　　纵观人类文明的演进,工业革命和电力革命塑造了机械时代,信息革命和智能革命引领了数字时代。在两大文明的竞争中,哪个文明更擅长使用能源和信息将决定其在全球竞争中的地位。信息与能源的有机结合,成为发挥新质生产力的关键技术锚点,将在未来引领科技的发展潮流。

4. 信息和能源相辅相成,相互依存

　　信息化和数字化的时代催生了新一代能源的应用和发展。随着信息技术的不断进步,能源行业也在逐步迎来智能化的变革。智能电网、智能能源管理系统等新型能源系统的出现,正是信息技术在能源领域发挥作用的成果体现。通过实时监控、数据分析和智能控制,能源系统可以更加灵活高效地运行,实现了能源的可持续利用。(图 3-5)

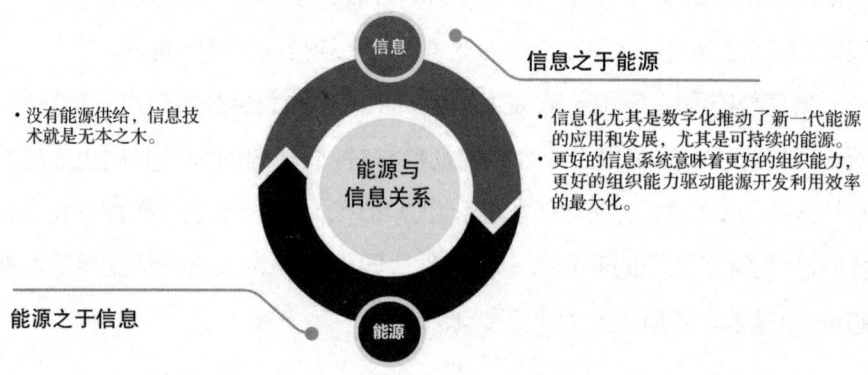

图 3-5　能源与信息的相关促进关系

　　完善的信息系统代表着更强大的组织能力。在能源领域,组织能力直接关系到能源的开发和利用效率。没有稳定的能源供给,信息技术将无法正常运转。信息技术的发展需要电能作为基础支持,而大规模的信息处理更需要强大的算力。例如,人工智能中的大模型,其训练过程需要大量的电能和算力。没有足够的能源供给,这些技术就无法取得实质性的进展。因此,能源的稳定供给,是信息技术得以持续创新和发展的坚实基础。

　　能源不仅支撑着信息技术的基础设施,同时也是智能的关键。智能系统、人工智能算法等都依赖于充足的能源供给。尤其是在智能时代,各种智能设备的兴起使得对能源的需求更为复杂。智能家居、智能城市、智能交通等领域,都需要大量的能源支持,以保障智能系统的正常运行。因此,信息与能源的相辅相成体现了一个系统性的生态,二者之间相互渗透、相互促进,共同创造着未来的科技图景。在信息时代,数字技术的迅猛发展为能源的高效管理和利用提供了技术支持,而能源的稳定供给又为信息技术的创新提供了有力的保障,能源与信息密切相连,共同构建了未来社会的智能化格局。

　　未来,信息技术将继续在能源领域发挥引领作用。随着 5G 技术的普及,物联网、工业互联网等概念将更为深入人心。这将带来对能源更加精准的监管与控制,实现能源的智能化管理。同时,新能源技术的不断涌现也将推动信息技术在能源产业上的深度应用,构建更加智能、高效的能源体系。信息技术推动着能源的智能化和高效化,而能源的稳定供给则为信息技术的发展提供了持续动力。两者是相辅相成的关系,将在未来继续推动科技的发展,为人类创造更加智能、高效的生活方式,助力人类社会迎接更多科技变革的挑战。

5. 技术进步的本质在于推动信息与能源的转化

　　人类最早的能源获取可以追溯至钻木取火的阶段。在这个时期,木材被用来点燃火焰,提供温暖和烹饪所需的热量。这标志着人类开始利用生物能作为生存的一种方式。随着社会的发展,人类逐渐进入了煤炭燃烧的蒸汽时代。煤炭作为一种高效的燃料推动了工业革命，为机械化时代的到来奠定了基础。之后，石油和天然气等化石能源的广泛应用，进一步提高了能源的利用效率。（图 3-6）

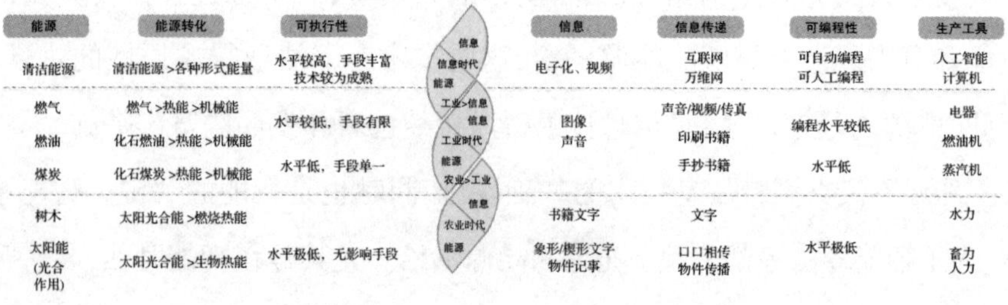

能源	能源转化	可执行性		信息	信息传递	可编程性	生产工具
清洁能源	清洁能源>各种形式能量	水平较高、手段丰富 技术较为成熟	信息 信息建设时代 能源 工业>信息 信息 工业时代 能源 农业>工业 信息 农业时代 能源	电子化、视频	互联网 万维网	可自动编程 可人工编程	人工智能 计算机
燃气 燃油 煤炭	燃气>热能>机械能 化石燃油>热能>机械能 化石煤炭>热能>机械能	水平较低，手段有限 水平低，手段单一		图像 声音	声音/视频/传真 印刷书籍 手抄书籍	编程水平较低 水平低	电器 燃油机 蒸汽机
树木 太阳能 (光合作用)	太阳光合能>燃烧热能 太阳光合能>生物热能	水平极低，无影响手段		书籍文字 象形/楔形文字 物件记事	文字 口口相传 物件传播	水平极低	水力 畜力 人力

图 3-6　能源与信息技术进步的转化螺旋

在信息的层面，人类从结绳记事的简单方式逐渐发展到文字的传递。文字的出现使得信息得以记录、传递，并在时间和空间上进行更有效的交流。这一阶段标志着人类社会迈入了文字时代。20 世纪初，无线电的发明带来了远距离的信息传递，拉近了世界的距离。而后，互联网的兴起进一步推动了信息的全球化和即时性，使得人们能够更加便捷地获取和分享信息。

能源与信息的交叉。在钻木取火与结绳记事时期，木材作为主要能源与结绳记事的信息传递相辅相成。木材提供热能，支持人类的日常生活，而结绳记事则是知识传承和文化发展的重要方式。随着煤炭的应用和工业革命的推动，文字传递方式和效率发生了重大变化，文字材料得以大规模印刷与分发。煤炭作为高效能源驱动了印刷机械，大幅提高了信息的生产和传播效率。文字传递则通过印刷术成为主流，推动了人类文明的大爆发。化石能源的广泛应用推动了现代工业的高速发展，同时，互联网的兴起则以信息的高速传递为主导。在石油与互联网的时代，二者共同构成了主流生产工具。石油为工业生产提供强大的能源支持，而互联网使得信息的传递变得前所未有的快速和便捷。

双螺旋的律动。不同的能源阶段经历了不同的转化形态，不同的信息阶段也有不同的传递载体。然而，二者叠加在一起，构成了每个时代的主流生产工具，它们在世界的舞台上交织出双螺旋的律动，不断推动着文明的演进。在这个双螺旋中，信息与能源相互渗透、相互影响。能源的高效使用依赖于信息技术的发展，而信息技术的发展则依赖于能源的稳定供给。

信息与能源的双螺旋律动，是人类文明发展的关键推动力之一。从最早的钻木取火到今天的互联网时代，能源与信息在人类社会中的作用愈加凸显。随着技术的飞速发展，未来的双螺旋将会迎来更多的变化，信息与能源将继续共同构筑文明与发展。

二、新质生产力的关键核心技术

基于能源与信息两大路径，可以推演出技术进步的谱系。能源路径的技术进步可以发展出两个谱系：一是用物理方法转化能源，对应的是新材料、新能源；二是用生命过程转化能源，对应的是生命科技。信息路径的进步可以发展出三个谱系：一是数字基础设施；二是数据要素；三是人工智能。

（一）信息路径的关键核心技术

1.人工智能技术

（1）人工智能发展历程

人工智能概念在1956年被提出，其发展到现在已经接近70年，发展历程经历了四个阶段（图3-7）。

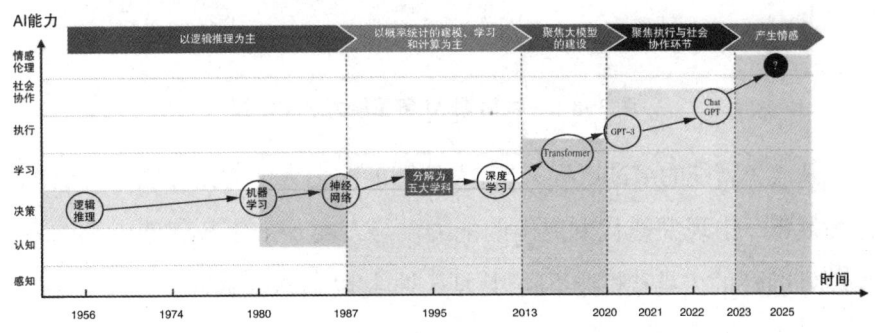

图 3-7　AI 能力进化路线下的技术演进路径

第一个阶段的 AI 是以逻辑推理为主,AI 能力以聚焦决策和认知为主;第二个阶段的 AI 则注重以概率统计的建模、学习和计算为主,AI 能力开始聚焦感知、认知和决策;第三个阶段的 AI 聚焦学习环节,注重大模型的建设,AI 能力覆盖学习和执行;第四个阶段则聚焦执行与社会协作环节,开始注重人机交互协作,注重人类对人工智能的反馈训练。[①]

当下,正处于第四个阶段,这一阶段从 2020 年开始,代表性事件就是 GPT-3 的发布,其是人工智能发展的一个关键节点。下一个阶段将向人工智能产生情感的方向发展,届时人类将进入通用人工智能的时代。

人工智能的出现,意味着具有自主的感知、认知、决策、学习、执行、社会协作能力,符合人类情感、伦理与道德观念的智能机器逐步浮现,成为帮助人类提高生产能力和效率的新型工具。因此,可以将人工智能的能力分为七个方面:感知、认知、决策、学习、执行、社会协作,还有就是人类独有的如情感伦理道德观。(图 3-8)

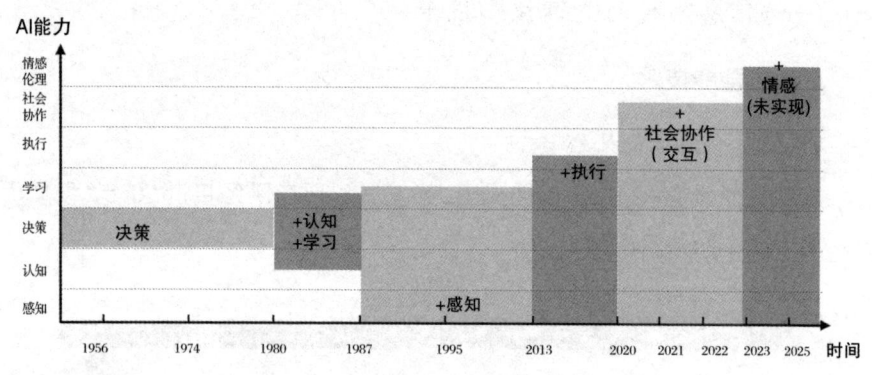

图 3-8 不同时期 AI 侧重能力进化路线

从人工智能的演进历程来看,人工智能的七大能力是伴随人工智能技术发展逐一出现并迭代发展出的能力。与人类几千年来创造出来的各种"解放四肢"的工具和机器不同,其是一种逐步"解放大脑"的工具。

---

① 朱松纯:《智能学科的源起、演进与趋势——北京大学智能学科的探索与实践》,《大学与学科》2022 年第 4 期。

从学科分类的角度来讲,人工智能尚没有一个官方统一的严格的学科分类,不同的出处会有不同的分类方式,通常会划分为六大学科,分别为计算机视觉、自然语言理解与交流、认知与推理、机器人学、博弈与伦理以及机器学习。这六大学科不是完全独立的,而是互有交织,机器学习是人工智能的基础。[①]

在人工智能发展过程中,政策、资金、人才、算力、算法和数据是制约人工智能发展的六个要素。其中,算力、算法和数据是推动人工智能发展的关键三要素。算力是人工智能发展的基础,人工智能的发展需要强大的算力支持,算力的支持可以促进人工智能的发展。算法是人工智能发展的核心,人工智能的发展需要先进的算法支持,算法的支持可以促进人工智能的发展。数据是人工智能发展的基础,人工智能的发展需要大量的数据支持,数据的支持可以促进人工智能的发展。数据的巨量化,算法的跨模态融合,以及算力涌现出的内容创造力,推动人工智能发展进入 AIGC 的新阶段。AIGC的本质是内容与场景,其发展需要 AI 与后端基建,即算法、算据和算力三要素耦合共振。(图3-9)

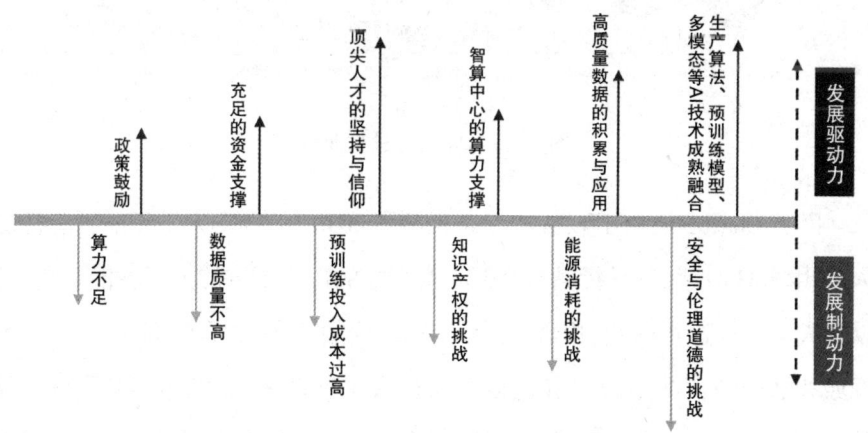

图 3-9　AIGC 发展驱动力与制动力

---

① 朱松纯:《智能学科的源起、演进与趋势——北京大学智能学科的探索与实践》,《大学与学科》2022 年第 4 期。

从人工智能发展的近 70 年历程来看，不同时间段的发展侧重点有所不同，在 2012 年之前人工智能的发展一直侧重于决策式 AI。决策式 AI 是基于规则、知识或经验，通过对输入的数据进行分析和推理，从而作出决策或推荐的人工智能系统。这种 AI 通常用于专业领域，如医学、金融、法律等，其目的是支持决策过程和提高决策效率。从 2013 年开始，人工智能发展侧重方向变化为生成式 AI，其是基于机器学习或深度学习等技术，从大量数据中学习并生成新的数据或内容的人工智能系统。这种 AI 通常用于自然语言处理、图像处理、音频处理等领域，其目的是生成高质量的内容和实现自动化创作。（图 3-10）

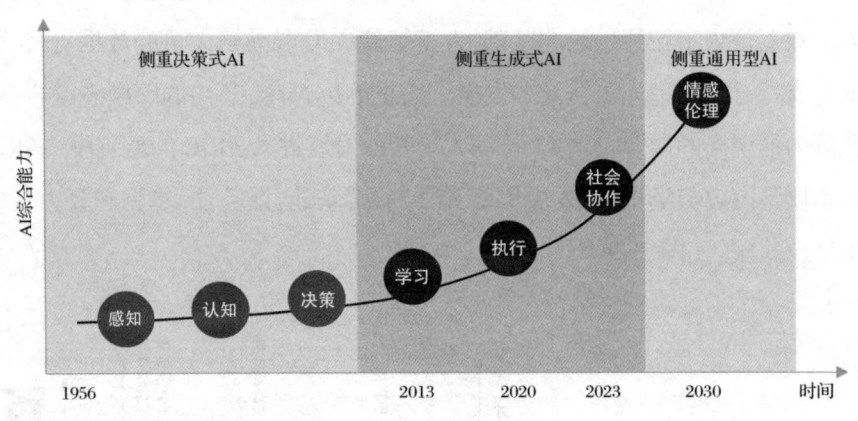

图 3-10　AI 能力进化曲线

随着 ChatGPT 的出现，业内专家预测到 2030 年左右，人工智能可能将进入通用型 AI 时代，其是指具有类似人类智能的广泛能力的人工智能系统，可以像人类一样进行感知、推理、学习、决策、规划等多种任务，能够在不同的领域和情境中灵活地应对和适应。三种人工智能系统之间存在重叠和互补，如在决策过程中，决策式 AI 可以提供基于规则和知识的决策支持，生成式 AI 可以提供基于数据的决策参考，通用型 AI 可以综合考虑多种因素作出更为智能的决策。

现阶段，正处在生成式 AI 向通用型 AI 的过渡阶段，随着人工智能七大核心能力的不断完善,人类正在加速逼近人工智能的终极目标——通用人工智能发展目标。

(2)ChatGPT的出现极大地推动了人工智能技术的发展

ChatGPT是一种通用性很强的大型语言模型,它被训练用于多种自然语言处理任务,如文本生成、文本分类、语言翻译、问答等。虽然ChatGPT在很多自然语言处理任务上表现出了惊人的能力,但严格意义上讲,它并不是一个通用人工智能系统。

ChatGPT是一种基于自然语言处理技术的生成式AI模型,能够生成类似于人类对话的文本。它使用了大规模的预训练语言模型,能够自动地从输入的文本中学习语言模式和上下文信息,然后基于这些信息生成新的文本。因此,它被广泛应用于对话系统、聊天机器人、智能客服等领域。

(3)ChatGPT的出现代表了AI技术的第三次范式升级:从大模型走向AGI(artificial general intelligence,通用人工智能)

第一个范式转换是从逻辑推理到概率统计,第二个范式转换是从深度学习到大模型,第三个范式转换是关于大模型将如何应用于各个行业以及如何利用它们实现AI的全部潜力。

在整个人工智能技术演进的历程中,技术范式共经历了三次转换。第一个阶段,整个AI技术的发展处于最初级的科技研究阶段,它的范式转换逻辑是从传统的逻辑推理范式向基于概率统计学的范式转换。第二个阶段,人工智能进入技术发展阶段,已经具有一定的应用能力,其范式从深度学习向大模型进行转换,这里面已经开始涌现出很多的应用,但是不同的模型仍在不断地竞争。以ChatGPT为代表的技术将推动人工智能技术进入第三次范式转换,即从大模型走向通用人工智能,并真正实现全面应用到各行各业,赋能并推动全社会发展。因此,ChatGPT的出现代表AI技术的第三次范式升级,其在人工智能发展历史中将会是一个变革先驱的角色定位。(图3-11)

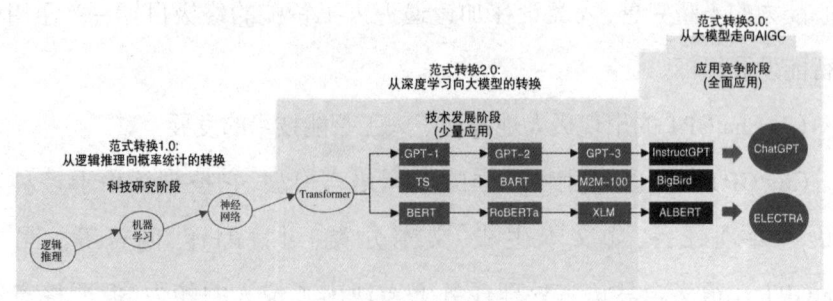

图 3-11　ChatGPT 的技术演化路径与历史地位

（4）ChatGPT 带来对传统内容生成模式的颠覆与重塑，解放内容生产者，让其有更多精力进行二次深加工

ChatGPT 的重要意义是对人类社会的生产关系进行根本性重塑。第一个表现是对整个互联网世界的一个重塑，过去普遍认为互联网时代已经成为历史，但 ChatGPT 的出现还是赋予了互联网在下一个时代的新机会，其资源禀赋决定了互联网企业二次创业的新机遇。第二个表现则是生产角色的转变。在互联网 1.0 时代，普通网民只是网络内容的消费者，内容的生产者是专业人士和专业设备。进入互联网 2.0 时代，对应着内容生产形式和角色转换，内容生产形式从 PGC（professional generated content，专业生产内容）转换到了 UGC（user generated content，用户生成内容），普通网民既是内容的生产者，又是内容的消费者，平台可以实现基于网民需求的精准化推荐。随着互联网发展进入 3.0 时代，普通网民的角色再次发生转化，人们变为二次内容的加工者，初次内容生产可交由 AIGC 工具实现，人们只需要在初次内容基础之上进行二次加工和创意加工即可。因此，以 ChatGPT 为代表的 AIGC 技术的成熟，推动人类从内容的消费者到初次内容的生产者，再到今天的二次内容的加工者，推动了人类社会的生产关系发生根本性变革。[①]（图 3-12）

---

① 周文、许凌云：《论新质生产力：内涵特征与重要着力点》，《改革》2023 年第 10 期。

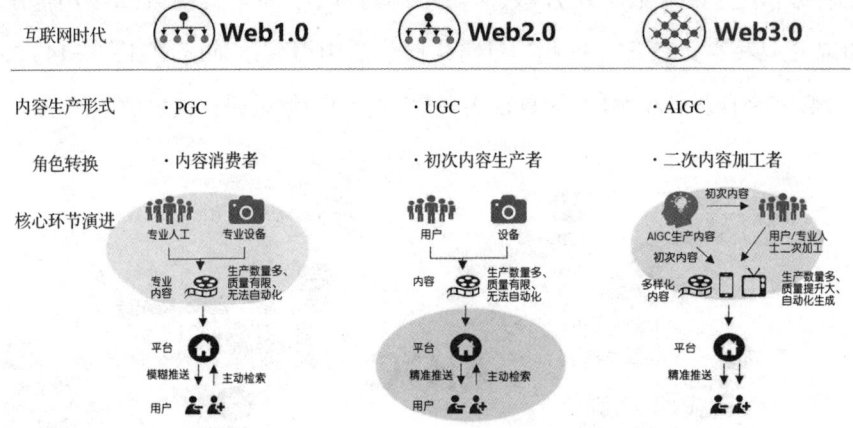

图 3-12 AIGC 对传统内容生成模式的颠覆与重塑

人类进入人工智能时代,IT 技术的技术栈发生了根本性的变化。过去基本分为三层:芯片层、操作系统层和应用层。现在可以分为四层:芯片层、框架层、模型层和应用层。当下的技术全栈仍然不能满足 ChatGPT 推动下的新一代人工智能浪潮,未来的 AI 技术全栈将呈现新的技术架构体系。(图 3-13)

图 3-13 AI 技术架构演变历程

ChatGPT 只是基于文本的单一模态的预训练大模型,新的人工智能技术架构的发展与完善,将推动 AIGC 向多模态融合方向发展,将推动文本、图像、音频、视频、3D 等不同模态的融合发展。从应用场景来讲,随着新的人工智能技术架构推动多模态融合发展,基于多模态的 AIGC 生产工具,即将进入成熟期并赋能千行百业数字化升级,满足不同行业、不同垂直场景的应用需求,AIGC工具将真正在各行各业的日常生产生活中得到落地应用(图3-14),为社会数字化升级转型赋能,为真正实现数字中国的建设目标提供有效工具。

图 3-14　AIGC 的应用领域

2. 数字基础设施相关的信息技术

（1）芯片

芯片的关键核心技术包括制程技术、设计技术、材料技术、封装技术和测试技术。制程技术涵盖芯片制造的工艺和技术,不断升级的先进制程影响芯片性能和集成度;设计技术包括高性能架构、功耗优化、多核心设计等,直接关系到芯片的性能和功能;材料技术包括半导体、绝缘体和导体等多种先进材料,影响芯片的稳定性和导电性;封装技术涉及封装材料和工艺,影响芯片的可靠性和小型化程度;测试技术包括功能测试和可靠性测试,用于确保芯片质量。这些技术的协同发展推动了芯片技术不断创新,成为现代社会科技进步的核心。

芯片是现代科技的基石,几乎所有电子设备都离不开芯片的支持,它推动了信息技术和通信领域的飞速发展,为人类提供了更便捷、高效的生活方式。芯片的不断创新推动了工业和经济的发展,成为各行各业的关键技术,涵盖了人工智能、物联网、生物医学等多个领域。此外，芯片的发展也直接关系到国家的经济实力和国际竞争力，是一个国家科技实力的体现。因此，不断推进芯片技术的研发和应用，对于提升国家综合实力、推动科技创新和经济发展都具有深远的战略意义。

（2）智算中心

智算中心是一种进化和升级的数据中心概念，它在强调数据处理的同时融合了智能计算的能力。智算中心通常包含更先进的处理器和加速器，以支持人工智能、深度学习等计算密集型任务。这种结构使得智算中心能够更好地适应不断发展的科技需求，提供更高效、智能化的数据处理服务。

智算中心作为数字基础设施的重要组成部分，涵盖了多个关键核心技术，这些技术共同构筑了高效、灵活、智能的计算环境，共同塑造了一个现代化、高度可靠的智算中心，为数字时代的计算需求提供了坚实的基础。智算中心是推动科技创新的核心引擎之一。通过提供高性能计算和强大的数据处理能力，智算中心支持科学研究、工程模拟、医学探索等各领域的前沿研究，助力科学家、工程师和研究人员在复杂问题上取得突破性的进展。智算中心是促进人工智能发展的重要基础。在人工智能应用飞速发展的今天，智算中心通过提供高效的计算资源和专用硬件，支持深度学习、神经网络等复杂算法的训练与推理，推动了人工智能技术的不断突破。智算中心是数字经济和产业升级的关键支撑。随着各行业对大数据分析、模拟仿真、虚拟现实等数字化技术的需求日益增长，智算中心的存在为这些应用提供了强大的计算支持，推动了数字经济的蓬勃发展。

智算中心对于提升国家综合竞争力和创新能力具有战略意义。通过建设和发展智算中心，国家能够更好地应对复杂的科技挑战，培养高水平科研团队，提高国家在科技领域的国际地位。综合来看，智算中心的发展不仅推动了科学研究和产业创新，还为数字社会的建设和国家的长远发展提供了关键支持。

（3）云计算

云计算是一种基于互联网的计算模式，通过将计算、存储、网络等计算资源以服务的形式提供给用户，使其能够按需获取和使用这些资源，而无须关心底层技术细节。云计算以其高度灵活、可扩展、经济高效的特点，成为推动数字化转型和智能时代发展的重要技术基础。

云计算的关键核心技术包括虚拟化技术，通过将计算资源、存储资源和网络资源进行虚拟化，提高资源利用率；分布式计算，采用分布式计算架构实现任务的分解和多节点协同计算；大数据处理，支持大规模数据的存储、处理和分析；自动化管理，通过自动化技术实现对计算资源的自动配置、监控、调度和扩展；容器技术，一种高效的应用程序部署方法，允许开发人员在隔离环境中打包和运行应用程序，增加应用的可移植性和部署灵活性。这些技术共同构建了灵活、高效、可扩展的云计算基础设施，为用户提供了按需获取和使用计算资源的能力。

智能时代，云计算发挥着至关重要的价值和意义。首先，云计算可以根据用户实际需求随时获取和释放计算资源，实现高效的资源利用和成本控制。其次，云计算为大规模数据处理和存储提供了解决方案，支持复杂的数据分析和挖掘，为智能决策提供有力支持。此外，云计算通过提供统一的服务平台，促进了各类应用和服务的创新和快速部署，推动了数字化转型和智能化发展。总体而言，云计算在智能时代充当着基础设施的角色，为各行各业提供了关键支持，推动着社会经济的全面升级。

（4）量子计算

量子计算是一种基于量子力学原理的计算方式，利用量子比特的叠加态和纠缠态来进行信息存储和处理，具有独特的计算优势。量子计算的关键核心技术包括量子比特的稳定性、量子门操作、量子纠缠、量子误差校正和量子算法设计。其中，量子比特的稳定性至关重要，用于保持叠加态和纠缠态；量子门操作实现量子比特之间的相互作用；量子纠缠通过关联多个量子比特的状态提高计算效率；量子误差校正应对环境干扰，提高计算准确性；量子算法设计是为了充分发挥量子计算在某些问题上的优越性。这些关键技术共同构成了量子计算的基础,推动其在计算科学、通信安全和科学研究等领域的不断发展。

量子计算在解决某些特定问题上具有超越传统计算机的潜力,如在模拟复杂分子结构、优化问题和密码学等方面。量子计算的发展有望推动计算科学的飞跃,加速科学研究的进程,为人类社会带来前所未有的科技创新。此外,量子计算还能够在信息安全领域发挥重要作用,提供更加安全的通信手段。总体而言,量子计算的崛起标志着人类迈向计算机科学的新时代,对于解决复杂问题、推动科学向前沿发展以及保障信息安全都具有重要的价值。

(5)空天地通信

空天地通信是一种综合利用航空器(如飞艇等)、地面站和空间站等多种资源,实现全球范围内的通信服务。这一系统涵盖了地面通信、卫星通信和航空通信等多个领域,以实现更加全面和高效的通信覆盖。发展空天地通信具有重要的价值和意义。它能够覆盖传统地面通信的盲区,实现全球性的通信覆盖,为偏远地区和海域提供更好的通信服务。空天地通信在卫星导航、气象监测、紧急救援等领域具有广泛应用,提高了相关服务的效能。此外,空天地通信也为未来航空器、卫星等智能交通系统提供了通信基础,促进了航空领域的发展。总体而言,发展空天地通信有助于构建更加完善和强大的全球通信体系,推动信息社会的发展。

3. 数据要素相关的信息技术

(1)数据采集与数据标注

数据采集与标注是指在人工智能领域中,收集大量的原始数据并对其进行标注,以用于训练机器学习模型。这一过程包括了从各种来源获取数据,然后对这些数据进行标注或注释,使得机器学习算法能够理解和学习数据的特征,提高模型的准确性和泛化能力。在人工智能时代,数据采集与标注具有重要的价值和意义。高质量、多样性地标注数据是培养机器学习模型的基础,而这些模型又是推动人工智能应用的关键。通过精准的数据采集和标注，可以建立更加可靠和智能的机器学习模型，提高人工智能系统的性能和准确性。同时，数据采集与标注在促进科学研究、推动技术创新、改善生活品质等方面发挥着积极的作用，为社会的可持续发展提供支持。因此，发展数据采集与标注技术，对于推动人工智能时代的科技创新和社会进步意义重大。

(2) 数据存储

数据存储是指将数据保存在计算机或其他电子设备中，以备将来使用。在人工智能时代，数据存储的关键核心技术涉及多个方面，包括存储介质、存储结构、数据压缩与加密等。存储介质方面，包括传统的硬盘存储、固态硬盘以及新兴的存储技术如存储级内存等。存储结构方面，涵盖关系型数据库、非关系型数据库、分布式文件系统等多种形式。数据压缩与加密则是为了提高存储效率和保护数据安全而采取的关键技术手段。

人工智能时代，向量数据库成为重要的发展方向。传统数据库对于结构化数据的存储和检索有着良好的支持，但在处理大规模非结构化数据、向量数据时存在一定挑战。而向量数据库采用向量表示数据，可以提高数据的检索速度和准确性。因此，数据存储的发展需要不断创新和优化相关技术，以适应人工智能时代对大规模、多样化数据处理的需求，而向量数据库等新型存储技术的崛起将为人工智能应用提供更为高效的支持。

(3) 机器学习平台

机器学习平台是指为机器学习任务提供开发、训练和部署环境的软件工具和服务的集成平台。人工智能时代，机器学习平台的关键核心技术涵盖多个方面，包括数据管理、模型开发、模型训练与优化、模型部署与推理等。人工智能时代，机器学习平台缩短了机器学习应用的开发周期，降低了开发门槛，使更多的开发者能够参与到机器学习模型的构建中。通过集成各种工具和服务，机器学习平台提高了模型的效率和性能，使得机器学习技术更好地服务于各行业的实际需求。机器学习平台为推动人工智能的发展提供了技术支持，促进了人工智能技术的广泛应用。

（4）数据安全

数据安全是指通过一系列的技术、策略和管理措施，以确保数据在存储、传输、处理和使用的过程中不受到未经授权的访问、泄露、修改、破坏或篡改的干扰。数据安全旨在维护数据的完整性、保密性和可用性，防止数据被不法分子非法获取、滥用或损害。这包括对敏感信息的保护，如个人身份信息、商业机密、财务数据等。

数据安全的重要价值和意义不仅在于维护个人隐私和企业机密，更关系到社会运行的稳定和可持续发展。随着数字化时代的来临，大量敏感信息在网络中传输和存储，数据安全成为信息社会的基石。保障数据安全能够有效防范个人身份盗用、财产损失、企业机密泄露等风险，维护社会秩序和人们的基本权益。在商业领域，数据安全直接关系企业的竞争力和可持续发展，损失和泄露可能导致企业破产甚至国家安全出现问题。此外，数据安全也涉及国家安全、社会稳定、经济运行等多个方面，对于构建数字化社会、推动科技创新、促进社会繁荣具有深远的战略价值。因此，数据安全已经成为信息社会发展不可或缺的重要组成部分。

4. 人机交互相关的信息技术

（1）元宇宙

元宇宙是一种虚拟的、数字化的、包罗万象的虚拟空间，并与物理世界相互映射，涵盖了人类社会的方方面面，其关键核心技术主要包括虚拟现实（VR）、增强现实（AR）、人工智能（AI）、大数据、区块链等多个方向。发展元宇宙，可以为人们提供一个全新的数字交互平台，拓展了社交、娱乐、教育等多个领域的边界。元宇宙为创新和创造商业机会提供了广阔的空间，推动了虚拟产业的发展。元宇宙也为人们创造了更为开放、包容、多元的数字社会，促进了全球数字化的共赢发展。最后，元宇宙的发展也引发了人们对于数字时代伦理、法律、隐私等方面的深刻思考，推动社会向更为成熟和智慧的方向发展。

（2）数字人

数字人的实现依赖于多项关键核心技术。人工智能技术通过深度学习、自然语言处理等手段，模拟人类思维和交互能力。计算机图形学技术用于数字人外观和动作的虚拟创造，包括建模、渲染和动画等方面。而语音合成和语音识别技术为数字人提供语音交互的能力，使其能够理解和产生自然语音。虚拟现实和增强现实技术提供了数字人在虚拟环境中与用户互动的平台。情感计算技术帮助数字人理解和表达情感，赋予其更为智能和人性化的特征。这些技术的协同作用使得数字人能够在多个领域有出色的表现，包括虚拟助手、在线教育、娱乐游戏和社交媒体等。

数字人在多个领域都有广泛的应用。在虚拟助手领域，数字人可以作为智能助手提供用户指导、回答问题和执行任务。在教育领域，数字人可以模拟真实教学场景，与学生进行互动，提供个性化的学习体验。社交媒体中的数字人可以代表用户进行互动，生成自然语言内容，丰富社交交流。此外，数字人还应用于医疗模拟、客户服务、虚拟导游等众多场景，为各行各业带来更加智能、个性化和沉浸式的体验。数字人的出现为各行各业带来了巨大的发展机遇，数字人的广泛应用为各行各业注入了新的活力，推动了行业创新和升级，为未来的发展开辟了更为广阔的前景。

（3）数字孪生

数字孪生是一种通过数字化技术对现实世界中的实体、过程或系统进行建模和仿真的数字映射系统。这种数字化的模型能够准确反映实体的外部和内部特征，以及其在不同条件下的行为。数字孪生不仅是对物理实体的简单复制，更强调对实体运行状态、性能和行为的全面模拟。数字孪生可以提供对实体的深入理解，帮助优化设计、生产和运营，提高效率和降低成本。数字孪生可以用于实时监测和预测实体的状态，有助于提前发现和解决问题，提高系统的可靠性和安全性。数字孪生还可以用于虚拟测试和验证，加速新产品的研发周期，促进技术创新。数字孪生的应用将推动产业数字化转型，为各行业提供更加智能、高效、可持续的解决方案。

(4)智能工厂

智能工厂是一种利用先进的数字化、自动化和智能化技术,通过连接、协作和优化生产流程,提高生产效率、灵活性和可持续性的制造工厂。智能工厂依赖于先进的信息技术、传感器、人工智能和大数据分析等技术,实现生产过程的数字化、网络化和智能化。发展智能工厂对推动制造业升级转型影响深远。智能工厂提高了生产效率和质量,降低了生产成本,使企业更具竞争力。智能工厂还提供了更灵活的生产方式,使企业能够根据市场需求实现快速调整,缩短产品上市时间。智能工厂推动了数字化转型,为企业提供了更多的数据支持,帮助其进行智能决策和持续改进。智能工厂的发展有助于实现制造业的数字化、智能化升级,推动产业结构的优化和可持续发展。

(5)新一代交互技术与设备

新一代交互技术与设备的关键核心技术涉及多个方面,主要包括人机界面技术、自然语言处理、生物识别技术、脑机接口技术、感知技术、虚拟现实和增强现实技术。发展新一代交互技术与设备对推动新质生产力具有重要价值和意义。这类技术可以提高用户体验,使人机交互更加智能、自然、高效,提升了工作效率和生活质量。新一代交互技术有助于创造更多的创新应用场景,推动数字化转型,为各行各业带来新的商业机会。此外,通过提升设备的智能化水平,可以实现更智能、自动化的生产方式,推动产业升级。新一代交互技术与设备的发展将给社会带来更加便捷、智能的未来,推动新的经济增长点的形成。

新一代信息技术,如智能制造、物联网、工业4.0、大数据分析、人工智能、量子计算等,正以其前沿性和颠覆性的特点深刻地影响着各行各业。这些技术通过提升生产效率、创新生产模式、推动产业升级、优化资源配置、拓展创新边界等方面的作用,正在各个领域中推动着新质生产力的崛起。企业在数字化、智能化的浪潮中逐步实现生产方式和经营模式的变革,这些技术的引入不仅提高了生产力水平,也为经济社会发展注入了创新活力,为构建数字化、智能化的未来提供了坚实基础。

（二）能源路径的关键核心技术

中共中央政治局于 2024 年 2 月 29 日下午就新能源技术与我国的能源安全进行第十二次集体学习。中共中央总书记习近平在主持学习时强调，"能源安全事关经济社会发展全局。积极发展清洁能源，推动经济社会绿色低碳转型，已经成为国际社会应对全球气候变化的普遍共识。我们要顺势而为、乘势而上，以更大力度推动我国新能源高质量发展，为中国式现代化建设提供安全可靠的能源保障，为共建清洁美丽的世界作出更大贡献"①。

瞄准世界能源科技前沿，聚焦能源关键领域和重大需求，合理选择技术路线，发挥新型举国体制优势，加强关键核心技术联合攻关，强化科研成果转化运用，把能源技术及其关联产业培育成带动我国产业升级的新增长点，促进新质生产力发展。

1. 新能源相关的关键核心技术

（1）可再生能源

可再生能源是指在可见的历史时期内不会枯竭的能源，常见的包括太阳能、风能、水能、生物能等。开发和推广可再生能源是为了应对日益严重的能源危机，减缓气候变化，实现环境可持续发展以及降低对有限自然资源的过度依赖。可再生能源产业是新兴的战略性产业，其发展不仅能够提供新的就业机会，还有助于推动经济的转型升级。

可再生能源的开发利用离不开一系列关键技术的不断创新和提升。在太阳能领域，光伏技术、太阳能热发电技术以及太阳能光热利用技术是关键的组成部分，通过将太阳能转化为电能或热能，实现清洁能源的产生。风能方面，风力发电技术和离岸风电技术推动了风能资源的高效利用。水能技术包括水力发电、潮汐能和波浪能等，利用水流的动能或海洋能源实现电能转化。生物能技术涉及生物质能源和生物气体发电技术，通过植物、动物等有机物质转化

---

① 《习近平在中共中央政治局第十二次集体学习时强调　大力推动我国新能源高质量发展　为共建清洁美丽世界作出更大贡献》，《人民日报》2024 年 3 月 2 日，第 1 版。

为能源,实现可持续发电。地热能技术通过地热发电和地源热泵等方式,有效地利用地球内部的热能。

从未来应用前景来看,能源储存技术,尤其是电池技术和储能技术,解决了可再生能源的间歇性问题,提高了能源利用的稳定性。能源管理与智能电网技术则通过智能设备和通信技术,实现对能源的高效管理和分配,微电网技术在小规模范围内提高了电能利用效率。材料科学与工程技术方面,不断研发提高光伏材料和风力发电机材料的性能,推动了可再生能源技术的升级。这些关键技术的不断推陈出新是实现清洁能源转型的基础,同时也为经济的可持续发展提供了可靠的能源基础。随着这些技术的进一步发展和应用,可再生能源将在未来成为主导能源形式,为应对气候变化和能源安全提供可行的解决方案。

（2）氢能

在碳中和战略和能源结构转型的大背景下,氢能产业作为绿色能源的关键选择已经成为国家级战略。国家能源局发布了《氢能产业发展中长期规划（2021—2035 年）》,全面布局推动氢能产业化发展。根据中国历年氢气产量的数据,氢气制备方面,我国氢气年产能约为 4000 万吨,年产量约为 3300 万吨,主要由化石能源制氢和工业副产氢构成,煤制氢和天然气制氢占比近八成。[①] 2022 年我国氢气产量已经达到 3533 万吨,占全球氢气总产量的 36%。据中国氢能联盟数据,到 2050 年,若要实现净零排放,全球对氢气的需求量将达到 6.6 亿吨,其中中国约为 1.95 亿吨,占比近 30%。[②]

然而,当前制氢过程所使用的能源绝大部分是非可再生能源,这在环保和可持续发展的理念下面临严峻的挑战。因此,为了更好地达成碳中和目标,实现绿色低碳的能源结构,氢能产业将向可再生能源制氢的方向迈进,即绿氢的

---

① 《推进氢能产业健康有序可持续发展》,2024 年 3 月 24 日,https://www.gov.cn/zhengce/2022-03/24/content_5680946.htm。

② 《氢气产量占比超 30% 中国稳居全球第一产氢国地位》,2024 年 3 月 27 日,https://finance.sina.com.cn/jjxw/2024-03-27/doc-inaptkkt9791982.shtml。

发展。《氢能产业发展中长期规划（2021—2035 年）》中明确提出了要发展可再生能源制氢，即绿氢。该规划中还明确制定了到 2025 年实现绿氢产量 10 万—20 万吨/年的目标。[①] 这一规划意味着在未来的发展中，中国将加大对绿氢技术和产业的投入和支持，以推动氢能产业实现更为环保和可持续的发展。

随着氢能规划的落地，绿氢生产成本也将逐步下降。据预测，海上风电制氢、陆上风电制氢、光伏制氢等制氢成本将有望下降 50%。这将使绿氢在市场上更具竞争力，推动其产量的增长。预测显示，到 2030 年，绿氢产量有望达到 770 万吨，而到 2060 年，产量有望超过 8000 万吨，成为氢能供应的主要来源。这预示着绿氢将在未来数十年内成为氢能产业的主导力量。

在绿氢产量提升和生产成本下降的推动下，未来氢能产业将不断向产业链的中下游发展。尤其值得关注的是，规划中提出的 2025 年实现氢燃料汽车保有量 10 万辆，2035 年突破 100 万辆的目标，将进一步推动氢能应用场景的广泛推广和落地。因此，可以判断未来氢能产业将真正进入可再生能源制氢和应用推广阶段，让氢能真正迎来绿氢时代。随着技术的不断进步和政策的推动，绿氢有望成为未来能源结构中的主导力量，为全球可持续发展和实现碳中和目标贡献更大的力量。

（3）高端储能

高端储能是指具有高效、大容量、长寿命、高安全性等特点的储能技术，以满足能源存储和调度的需求。关键核心技术包括锂离子电池技术、钠离子电池技术、液流电池技术、超级电容技术、氢能储存技术等。储能技术的未来应用前景较为广泛。随着可再生能源的不断发展，储能技术在平滑能源波动、提高电网稳定性、应对紧急事件等方面将发挥越来越重要的作用。在电动汽车、家庭能源系统、工业应用等领域，高端储能技术也将不断创新，以满足不同场景的需求。同时，储能技术有望成为推动能源领域智能化和可持续发展的关键驱动力。

---

① 国家发展改革委、国家能源局：《氢能产业发展中长期规划（2021—2035 年）》，《华北电业》2022 年第 3 期。

(4)智慧电网

智慧电网是指通过先进的信息和通信技术,实现对电力系统中各环节的实时监测、远程控制和智能调度,从而提高电力系统的运行效率、可靠性和适应性的电网系统。它借助先进的数字化、自动化和通信技术,实现了对电力生产、传输、分配和使用全过程的智能化管理。智慧电网的关键核心技术主要包括物联网技术、大数据分析、人工智能、云计算、先进通信技术、智能感知技术等。

未来,智慧电网将呈现数字化、智能化、绿色化、可持续化的发展趋势。通过物联网技术、大数据分析、人工智能等关键核心技术的协同应用,智慧电网将更好地集成可再生能源,提高电力系统运行效率和自愈能力,推动电能的智能调度与优化。同时,智慧电网将促进电动车充电、数字孪生技术的发展,推动能源互联网建设,致力于实现电力系统的数字化管理、智能决策和绿色可持续发展。

(5)虚拟电厂

虚拟电厂是一种集成分布式能源资源的智能化电力系统,通过先进的信息技术和能源管理系统,实现对分散能源单元的集中监测、控制和优化调度。虚拟电厂的关键核心技术包括智能能源管理系统(EMS)、物联网技术、大数据分析、区块链技术以及智能合约。其目标是将多种分布式能源资源,如太阳能、风能等,以及灵活的负荷参与电力市场交易,提供灵活性和可调度性,以更高效、可持续的方式满足电力需求。

虚拟电厂未来发展趋势将呈现日益智能化、数字化和高度整合的特点。随着智能技术的不断创新,虚拟电厂将更加精准地实现对分布式能源的管理和优化,提高能源利用效率。数字化技术的广泛应用将推动虚拟电厂系统的信息交互,使数据分析更加丰富,实现对能源系统的实时监控和响应。同时,虚拟电厂在能源市场中的角色将更加凸显,成为实现可再生能源、储能、电动车辆等多元能源的协同调度和整合的关键枢纽。未来虚拟电厂有望成为能源系统中的重要组成部分,引领能源行业向着更加智能、可持续的方向发展。

2. 新材料相关的关键核心技术

（1）碳纤维

碳纤维的制备技术是其关键核心技术之一，主要包括聚丙烯或聚丙烯腈等有机聚合物的原料选取，通过高温烧结和气相聚合等工艺将其转化为碳纤维原丝。制备过程中的温度、压力等参数的控制对于碳纤维的性能至关重要。另一个关键技术是纺丝和纤维拉拔工艺，即高温下将碳纤维原丝纺织成连续纤维束，然后通过拉拔工艺，经过拉伸和热处理使纤维变得更加细长、结晶度更高，从而提高碳纤维的强度和模量。

表面处理技术也是碳纤维的重要技术分支，这包括表面涂覆、改性等方法，可以改善碳纤维的界面黏附性，增强复合材料基体的结合力，提高复合材料的整体性能。碳纤维的成型和后续处理技术也至关重要。碳纤维通常作为增强材料嵌入在复合材料中，因此其成型和整合工艺直接关系复合材料制品的性能。加工过程中的温度控制、成型方式选择等工艺参数都会影响最终的产品性能。这些关键技术的不断创新和提高，是推动碳纤维材料性能不断优化和广泛应用的重要因素。

碳纤维以其高强度、轻质的特性在多个领域广泛应用。在航空航天领域，碳纤维用于制造飞机和卫星等结构件，提高了航空器性能。在汽车工业中，碳纤维应用于车身结构和零部件，可以降低车辆重量，提高燃油效率。此外，碳纤维在体育用品制造、能源领域的风力发电叶片、建筑结构加固等方面也发挥着关键作用。随着新能源汽车和航空航天等领域的快速发展，碳纤维有望在我国制造业升级中发挥更为重要的作用。

（2）光刻胶

光刻胶是一种特殊的光敏聚合物，在光照的作用下发生化学变化，可用于微影技术中，将图形或图案传输到硅片或其他半导体材料上。光刻胶的关键核心技术主要包括高度光敏感性、优异的分辨率和对比度。作为半导体制造中至关重要的材料,光刻胶必须具备对紫外光或深紫外光的高度敏感性,以在曝光后迅速发生化学变化。其分辨率决定了能否实现微小器件的高精度制备,而对比度则直接影响图案的清晰度,对复杂电路的制备至关重要。这些关键技术共同确保了光刻胶在半导体制造中的精准图案转移,为微电子器件的高质量制备提供了可靠基础。

光刻胶在半导体制造中具有至关重要的地位。作为一种关键材料,光刻胶在芯片制造的光刻工艺中扮演着图案转移的关键角色。其高度光敏感性、优异的分辨率和对比度,使其能够迅速而准确地转移设计好的微小图案到半导体材料表面,从而实现芯片上微小电路和器件的精准制备。光刻胶的性能直接影响芯片的制造精度和性能,因此其在半导体工业中的应用对于推动先进电子产品的制造和发展具有不可替代的重要性。

(3)储能和动力电池相关的新材料

储能和动力电池领域涌现出了多种新材料,其中一些关键的新材料包括锂硫电池材料、固态电池材料、硅负极材料与多元化储能材料等。这些新材料的关键核心技术主要涉及制备工艺、性能优化、循环寿命提升以及成本降低等方面。在硬件层面,需要解决新材料的制备难题,确保其在电池中的可靠性和长寿命性能。在软件层面,需要通过先进的电池管理系统(BMS)和智能控制技术来实现对这些新材料的优化利用,提高储能系统整体的性能和稳定性。

3. 生命科技相关的关键核心技术

(1)合成生物

合成生物学可以理解为生物学的工程化。如果把微生物里的基因看成是各种各样的代码,那么合成生物就相当于一项编程工作,可以改变原有的代码,也可以从无到有把代码重新写过,最终发展出"软件"和"互联网生态"。合成生物学的关键核心技术涵盖了基因合成与合成生物部件、基因编辑技术(如 CRISPR/Cas9)、合成生物系统设计与优化、代谢工程与合成生物途径设计、高通量筛选技术以及生物安全与伦理等方面。这综合了生物学、工程学和计算机科学等多学科领域的知识，致力于通过精确设计和构建人工合成的生物系统，实现特定功能或产生有用的产物。这些技术的综合应用使得合成生物学在生物医学、能源生产、环境保护等领域具有广泛的应用前景。

研究表明，随着合成生物学的技术发展和应用推广，生物医药、非处方药、医疗设备、美容、肉类和水产品养殖等行业将在 5 年内迎来一定的工艺改进或产品替代；未来 10 年内将会在化学品、纺织品、食品等行业应用；未来 15 年内，矿业、电力、建筑、燃料等领域都会有合成生物的应用落地。

（2）AI 药物研发

AI 药物研发是指借助人工智能技术在药物研发领域进行创新和优化的过程。这包括利用机器学习、深度学习等 AI 技术来分析大规模生物信息数据，设计新的药物分子结构，预测药物的活性和代谢途径，优化药物的临床试验设计，甚至设计个体化治疗方案。AI 药物研发的目标是加速药物研发过程，提高研发成功率，降低成本，并为患者提供更加个性化、有效的治疗方案。这一领域的发展给医药行业带来了巨大的创新潜力，促进了多个领域的交叉融合，推动了药物研发的数字化和智能化进程。

AI 药物研发的关键技术涵盖药物发现与设计、虚拟筛选、药物代谢预测、药物相互作用预测、疾病诊断与预测、个体化治疗方案以及临床试验优化等领域。通过机器学习和深度学习等技术，AI 在分析大规模生物数据、优化药物结构设计、预测药物代谢途径、提高治疗方案的个体化水平等方面展现了强大的应用潜力。这些关键技术使得药物研发过程更加高效、精准，这为药物研发提供了更快速、精准和经济高效的解决方案，推动了医药行业的创新。

（3）脑机接口

脑机接口（brain-machine interface，BMI）是一种技术系统，通过直接连接大脑与外部设备，实现大脑与计算机或其他机器之间的直接通信和交互。

其核心目标是解读大脑活动,并将这些信息转化为可控制外部设备的指令或实现与外界的信息交流。脑机接口(BMI)的关键核心技术包括脑信号采集、信号处理与解码、外部设备控制以及生物相容性与植入技术。通过植入电极或采用非侵入性的脑电图和功能性磁共振成像等方式获取大脑活动信号,随后利用先进的算法对这些信号进行处理和解码,将其转化为可识别的指令,最终用于控制外部设备。此外,为确保植入式脑机接口的安全性和有效性,需关注生物相容性与植入技术的发展,以提高植入装置的可靠性和人体适应性。这些技术的不断创新将推动脑机接口在医疗、人机交互、康复与辅助等领域的广泛应用。

脑机接口(BMI)的未来发展前景广阔,其关键核心技术的不断创新将极大地推动该领域的发展。随着脑信号采集、信号处理与解码技术的进步,以及对植入技术和生物相容性的不断改进,BMI 有望在医疗领域实现更为精准的脑神经信号获取与解读,为脑部疾病的治疗和康复提供更有效的手段。同时,BMI 在人机交互和辅助技术方面也将迎来更广泛的应用,如为残障人士提供更便捷的交互方式,将推动虚拟现实、增强现实等技术的发展。未来,脑机接口有望成为医疗、科研和生活领域的重要工具,为人类创造更智能、便捷和健康的生活体验。

(4)类器官

类器官是一种生物医学工程领域的概念,指的是通过人工手段在实验室中培养或构建的具有某种生物功能的三维组织结构,其目标是模拟和替代人体器官的功能。类器官的发展旨在应对器官移植需求的不足和排斥反应等问题,为医学研究和移植医学提供新的解决方案。类器官的关键核心技术包括细胞培养、支架材料、生物打印等方面。细胞培养技术用于获取和增殖特定功能的细胞,支架材料则用于提供细胞生长的基质和支撑结构,而生物打印则是将细胞和支架材料按照特定的结构进行层层堆叠,形成复杂的组织结构。

未来,类器官有望在医学治疗、药物研发和毒理学研究等领域发挥重要作用。首先,类器官可以提供更真实、可靠的人体组织模型,加速新药的研发和毒性测试,减少动物实验的需求。其次,类器官技术对于器官移植领域具有潜在的临床应用前景,有望解决器官短缺和排斥反应等问题,为患者提供更多的治疗选择。总体而言,类器官的发展将推动生物医学工程领域的创新,为人类健康和医学研究带来新的希望。

4. 新装备相关的关键核心技术

（1）航空航天

航空航天领域的关键核心技术涵盖了飞行器设计与结构、推进系统、导航与控制系统、航空电子技术、材料科学以及空气动力学等多个方面。飞行器的外形设计、机翼结构、推进系统设计、导航系统、航空电子技术的发展,以及对轻质高强度材料和空气动力学的研究,都是推动航空航天领域不断创新和提高性能的关键技术。这些技术的进步不仅推动了飞行器性能的提升并增强了其安全性,也促进了整个航空航天领域的科技创新和产业发展。

大力发展航空航天具有深远的价值和意义。首先,航空航天技术的不断进步推动了人类对宇宙和地球的深入探索,加深了对宇宙起源和演化的理解。其次,航空航天领域的发展不仅推动了国家科技实力的提升,还促进了众多新技术、新材料的应用,促进了相关产业的繁荣。此外,航空航天技术的应用拓展了人类的空间活动领域,为国际科研合作、资源利用等提供了新的机会。最后,航空航天行业对于国家安全、国防建设具有战略性意义,通过发展先进的航空航天技术,国家在国际上能够更好地维护自身利益和地区稳定。总体而言,航空航天不仅是科技创新的引擎,也是推动国家综合实力提升和全球合作的重要力量。

（2）绿氢制备相关设备

绿氢制造装备的关键核心技术包括电解水技术、高效催化剂、反应器设计和压力容器技术。电解水技术着重提高电解效率和降低能耗,需要先进的电解池设计和电解催化剂。高效催化剂在电解水和其他绿氢制备过程中起到关键作用,需要研发贵金属或其他催化剂,以提高反应效率。反应器设计的优化包括结构、材料选择和流体力学等方面,确保反应过程高效进行。

压力容器技术则关乎安全高效地处理高压氢气。这些技术的不断创新将推动绿氢生产的效率提升和成本降低，促使绿氢在可再生能源领域拥有更广泛的应用。

发展绿氢制造装备具有重要的价值和意义。首先，绿氢是一种可再生能源，通过使用绿氢制造装备可以实现对水的电解产氢，形成零排放的生产链，有助于应对气候变化和降低碳排放。其次，绿氢在能源存储和转换方面具有巨大潜力，发展相应的制造装备将推动绿氢技术的进一步成熟和商业化应用。此外，通过发展绿氢制造装备，可以促进相关产业链的升级和创新，推动经济可持续发展。最后，绿氢制造装备的发展有助于建设清洁、可持续的能源体系，为全球能源转型提供可行的解决方案。

（3）高端制造装备

高端制造装备涵盖多个领域，主要包括数控机床、工业机器人、先进材料制备装备、激光加工设备、半导体制造设备、新能源装备等。这些领域的高端制造装备在提升制造业水平、推动技术创新和实现产业升级方面起到关键作用。关键核心技术方面，数控机床需要先进的数控系统、伺服控制技术、高速精密传动技术等；工业机器人则依赖先进的感知与控制技术、人机协作技术等；半导体制造设备关键技术包括光刻技术、化学气相沉积技术等。这些技术的发展对于提高装备的精密度、自动化水平以及生产效率至关重要。

发展高端制造装备的价值和意义体现在多个方面。首先，高端制造装备是提升制造业水平的重要手段，有助于提高产品的质量和性能。其次，这些装备的研发和应用有助于推动产业升级，推动相关行业的技术创新和进步。此外，高端制造装备的出口也可以提升国家在国际市场的竞争力。最后，发展高端制造装备是实现智能制造和可持续发展目标的必要条件，对于构建创新型国家和推动经济发展具有战略意义。

（4）大装置

大装置是指在科学研究、工程实践等领域中，为了开展大规模、高精度、高灵敏度的实验、测试、生产等活动而设计和建造的大型设备或设施。这类装置通常具有复杂的技术结构和高度的自动化程度，能够提供独特的实验环境或生产条件，为科学研究和工程实践提供支持。关键核心技术方面，大装置的应用通常涉及多学科领域，包括先进的控制系统、精密的测量与检测技术、高性能的数据处理与分析技术等。在特定的应用领域，如核能、航空航天、医学等，还可能涉及特殊的材料和结构设计、先进的能源系统等方面的技术。

发展大装置的价值和意义主要在于为科学研究、工程创新和产业发展提供重要支撑。这些大型设备不仅能够推动基础科学研究，还能在工程实践中验证新理论、新技术。同时，大装置在解决一些重大科学难题、推动战略性新兴产业发展、提升国家创新能力等方面具有战略价值。例如，核能领域的大型实验装置可以用于核聚变与裂变等研究，对未来清洁能源的发展具有重要影响。总体而言，发展大装置是推动科技创新和产业升级的关键手段之一。

（三）新质生产力的技术进步谱系

基于能源和信息两大路径推演的核心技术为科技产业提供了丰富的技术要素和数据要素选择路径，这些要素将在不同的产业和领域中得到应用。通过对这些核心要素的分析，可以根据相应的产品和所属行业的应用领域特点，将其进行分类，可划分为科技产业化、产业科技化和科技服务共同体三大方向。

这三个方向共同构成一个科技产业创新生态，为新质生产力的形成提供了完整路径，实现了从新技术到新产品、从新产品到新业态、从新业态到新行业、从新行业再到新的产业生态的闭环。

科技产业化，主要针对相关技术逐步实现产业化发展的科技创新。聚焦属于技术要素和数据要素的供给侧，包括科技经济、数字经济等不同经济形态。在这个方向下，可以看到涉及人工智能、数字基础设施、新能源、新材料等领域的技术逐步走向产业化，并催生出一系列的新兴产业，如人工智能行业、智能制造业、新能源产业等。这些产业在不断创新和发展中，推动了整个经济结构的变革和优化。

在新能源领域，可再生能源、氢能、高端储能、智慧电网等技术的产业化应用将推动能源行业的转型升级，形成绿色能源产业。相应的产品包括太阳能电池板、氢能发电设备、智能电网系统等，涉及的行业有新能源产业、电力行业等。在新材料领域，与碳纤维、光刻胶、储能和动力电池相关的新材料将应用于航空航天、半导体制造、电动汽车等行业，并推动这些行业的科技产业化。生命科技领域的合成生物、**AI** 药物研发、脑机接口、类器官等技术将推动医药、生物科技等领域的创新，形成生命科技产业。新装备领域的航空航天、氢能制备相关设备、高端制造装备等将推动相应行业的科技产业化，涉及航空航天产业、装备制造业等。这些技术在科技产业化中的应用，将进一步推动相关行业的创新发展，形成新的市场格局。

产业科技化，则是各传统行业应用科技进行产业升级，实现生产力跃迁的科技赋能。重点聚焦属于技术要素和数据要素的需求侧，主要包括金融经济、服务经济、实体经济、文化经济、环境经济等不同经济形态。[①] 在这个方向下，各行各业都在积极应用新技术，如人工智能、大数据、物联网等，改善服务质量，优化管理模式，提升生产效率，从而推动产业和行业的转型升级。

在金融经济领域，信息技术的应用将推动金融行业的数字化转型，包括金融科技、区块链等技术在支付、借贷、投资等方面的创新，形成金融科技产业，改变了传统金融业务模式，推动了金融服务的普惠化和便利化。在服务经济方面，新技术的应用将推动服务行业的升级，包括智能化的零售、人工智能客服等，形成服务科技产业。在实体经济领域，新材料、新能源等技术

---

① 李娅、侯建翔：《现代化产业体系：从政策概念到理论建构》，《云南社会科学》2023 年第 5 期。

将应用于制造业,推动传统产业的智能化和绿色化,形成实体科技产业。①在文化经济方面,新的人机交互技术、虚拟现实等技术将推动文化产业的创新,形成数字文化科技产业。在环境经济方面,新能源、智慧电网等技术将应用于环保行业,推动环境友好型产业的发展,形成环境科技产业。这些技术在产业科技化中的应用,将带动各传统行业的创新,提高生产效率和产品质量,推动经济实现更高水平的跃升。

科技服务共同体,则是提供各类支撑体系的服务层,属于支持科技产业化和产业科技化生态体系的基础支撑层。科技服务共同体为产业发展提供数字基础设施、科技服务、科技投资、共性技术攻关、科技出海、赋能区域高质量发展等支持,并负责提供高效的顶层设计、政策制定、监管制度、法律法规等各个层面。这一方向的发展,是整个产业生态的基础和支撑,是促进产业创新和发展的重要保障。(图 3-15)

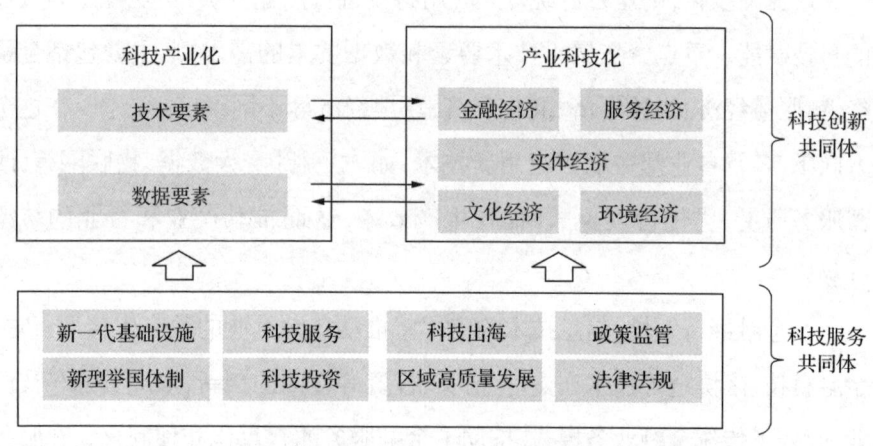

图 3-15　技术谱系组合出的未来科技创新的完整逻辑图

在科技服务共同体中,数字基础设施将为各产业提供稳定、高效的信息基础支撑。科技服务方面,包括云计算、大数据分析等将为产业提供先进的

---

① 魏杰、杨林:《经济新常态下的产业结构调整及相关改革》,《经济纵横》2015 年第 6 期。

科技服务支持。科技投资则是推动科技创新和产业升级的资金支持。共性技术攻关将促进各产业技术水平的提升。出海和赋能区域高质量发展将推动科技产业的国际化和地方经济的发展。科技服务共同体的角色是协调各方资源,形成科技生态系统,推动整个产业链的协同发展。这种协同关系有助于实现从新技术到新产品、从新产品到新业态、从新业态到新行业、从新行业再到新的产业生态的闭环发展。

科技产业化、产业科技化和科技服务共同体三者相互关联、相互支撑,共同组成一个产业生态共同体。这个共同体将促进新质生产力的形成,实现经济的持续增长和社会的可持续发展。

三、新质生产力与国家自主创新能力

(一)打好关键核心技术攻坚战

当今世界,实现科技自立自强是国家发展综合实力的必然要求。在这一背景下,中国迫切需要采取一系列措施,以加大科研投入,实现关键核心技术的自主可控,并在信创产业的布局与发展中找到新的突破口。要实现这一目标,中国必须构建健全的新型举国体制,充分发挥政府和企业在科技创新中的战略导向和创新主体作用。同时,需要加快消除工业化基础和深层次积累方面的差距,不断强化产业链供应链的韧性,提高现代化产业体系的安全水平。

首先,要加大对科研领域的投入,以推动科技创新的全面发展。政府应当加大对科研机构和高校的财政支持,鼓励企业增加研发投入,建立更加开放、创新的研发环境。同时,要注重跨学科合作,加强国际科研合作,吸引全球优秀的科研人才,推动关键核心技术的突破。

其次,着力实现关键核心技术的自主可控。这需要加强科技创新能力,提升自主研发的水平，加快关键技术的攻关进程。① 同时，要加强知识产权保护，推动科技成果的转化和应用，确保关键核心技术不受他人控制，从而保障国家的科技安全和发展利益。

在科技创新的基础上，还需要做好信创产业的布局与发展。这包括发展数字经济、人工智能、互联网、大数据等新兴产业，培育壮大产业链条，打造具有国际竞争力的信创产业集群。同时，要加强国际合作，吸引外资和人才，促进产业的跨国合作和交流，提升中国在全球科技产业链中的地位和影响力。

为了有效推动科技创新和产业发展，中国需要健全新型举国体制。这种体制应当充分发挥政府的战略导向作用，同时也要给予企业更大的市场自由度和创新空间。政府可以通过制定产业政策、加强科技金融支持、优化科技创新环境等方式，为企业提供更好的发展环境和政策支持，激发企业的创新活力和竞争力。健全新型举国体制，必须在社会主义市场经济条件下充分发挥政府和企业的作用，特别是在关键核心技术上打好攻坚战。新型举国体制的建设需要政府和企业相互配合，共同推动关键核心技术的研发和应用，以实现科技创新的突破和产业的升级。

发挥政府的战略导向作用。政府在新型举国体制中应发挥战略导向的作用，通过制定科技政策、引导产业发展方向、提供财政支持等手段，为关键核心技术的攻关提供战略性指导。政府可以通过设立科技计划、制定科技创新政策、建立科技投入激励机制等方式，引导企业加大对关键核心技术的研发投入，推动科技创新成果的转化和应用。

发挥企业的创新主体作用。在新型举国体制中，企业是科技创新的主体力量，应发挥其在技术研发、市场应用等方面的优势。企业应积极投入到关键核心技术攻关中，加强技术创新能力的培育，不断提升自身的科技竞争

---

① 《习近平主持召开中央全面深化改革委员会第二十七次会议强调　健全关键核心技术攻关新型举国体制　全面加强资源节约工作》，《人民日报》2022年9月7日，第1版。

力。同时,企业还应加强与科研机构、高校等科技创新主体的合作,促进技术成果的共享和应用。

强化政府和企业的协同合作。新型举国体制要求政府和企业之间实现良性互动和密切合作。政府应制定有利于企业创新发展的政策措施,为企业提供良好的创新环境和政策支持。同时,企业也应积极响应政府的政策导向,加强与政府部门的沟通和合作,共同推动关键核心技术的攻关工作。

加强科技人才培养和引进。新型举国体制的建设还需要加强科技人才队伍的培养和引进工作。政府应加大对科技人才培养的支持力度,鼓励高校加强科技人才培养工作,提升人才培养质量。同时,还应采取措施吸引海内外优秀科技人才,为关键核心技术攻关提供人才保障。

中国还需要加快消除工业化基础和深层次积累方面的差距,不断提升现代化产业体系的整体水平。这包括加强基础设施建设、推动产业升级、优化产业结构、培育新的增长点和竞争优势,以及提高产业链供应链的韧性和安全水平。只有如此,我国才能在激烈的国际科技竞争中立于不败之地,实现科技自立自强、经济稳健发展的目标。

中国还须不断强化产业链供应链的韧性。这就需要在全球范围内寻找可靠的合作伙伴,构建更为稳固的供应链体系,确保关键资源和技术的可获取性。同时,提高现代化产业体系的安全水平,包括加强信息安全、技术保密等方面的防范措施,确保中国在科技领域的可持续发展。

新时代下,中国科技发展既面临挑战,也蕴含巨大机遇。通过加大科研投入、新型举国体制的建设、工业化基础和深层次积累差距的加快补齐,以及产业链供应链韧性的强化,中国有望在全球科技舞台上占据更为重要的位置。这将不仅推动中国的繁荣发展,也为全球科技创新贡献更多中国智慧。

(二)加快实现高水平科技自立自强

党的二十大报告指出要构建中国式现代化产业体系,在中国社会经济发展全面进入新时代的当下,中国式现代化需要敢于定义自己的模式,定义中国特色的新型产业集群,定义中国式科技产业共同体的高质量发展范式。①

中国式科技产业共同体的建设是中国特色现代化产业体系的重要组成部分,是在中国社会经济发展新时代背景下逐步探索和验证的发展模式。这种共同体是由内生市场沉淀、验证和生成的原生模式构成的,具有中国特色的发展模式,旨在推动科技产业的高质量发展、促进经济的持续增长。中国式科技产业共同体的形成是在中国内生市场的基础上逐步沉淀和验证的。中国拥有庞大的市场需求和丰富的资源,这为科技产业的发展提供了广阔的空间和机遇。在内生市场的推动下,科技企业和研发机构不断进行技术创新和实践验证,积累了丰富的经验和技术成果。

中国式科技产业共同体是在中国特有的环境和条件下逐步形成的原生模式。这种模式充分考虑了中国的国情和发展需求,突出了中国的特色和优势。在这个模式下,科技创新与产业发展相互促进,政府、企业、高校等各方合力推动科技产业的高质量发展。中国式科技产业共同体具有鲜明的中国特色,体现了中国自主创新的理念。在这个模式下,重视以市场为导向的创新、注重科技成果的转化和应用、强调产学研用结合、重视创新生态系统的建设等,这些都是中国式科技产业共同体的特色所在。中国式科技产业共同体的建设旨在推动科技产业的高质量发展。通过建立科技产业共同体,可以促进科技成果的转化和应用,提高科技创新的效率和效益,推动产业结构的优化和升级,实现经济持续增长和社会可持续发展。

为着力构建中国式科技产业共同体的全产业链布局生态体系,在科技产业化方面,将着重打造从技术发展到产业化的完整链路,构建科技产业化共同体;而在产业科技化层面,将实现从企业需求到最终用户需求的完整链路,构建产业科技化共同体。同时,打通科技产业化与产业科技化的协同链路,构建中国式科技产业共同体,实现从人民需求中来,到人民需求中去的

---

① 习近平:《高举中国特色社会主义伟大旗帜　为全面建设社会主义现代化国家而团结奋斗——在中国共产党第二十次全国代表大会上的报告》,《人民日报》2022 年 10 月 26 日,第 1 版。

高效科技产业循环体系,推动中国经济发展进入高质量发展阶段。

科技产业化共同体的建设需要从技术发展和顶层规划两个方面着手。首先,需要深入研究国家战略规划和产业发展方向,明确科技产业化的重点领域和目标。同时,要加强基础研究和前沿技术研发,推动科技成果向产业化方向转化。其次,建立科技产业化共同体的战略规划,确定发展路径和实施策略,为产业化工作提供指导和支持。

科技研发是科技产业化的核心环节,必须加强技术攻关和创新能力建设。需要建立开放、共享的科研平台,促进产学研用结合,加强技术成果的转化和推广应用。同时,要鼓励企业增加研发投入,加强与科研院所、高校等科技机构的合作,推动科技成果向市场转化,培育新的产业增长点。[①]

科技产业化共同体的建设需要完善产业化推进链路(图3-16),包括从技术转化到产业化的全过程管理和支持。需要建立产业化示范基地和科技园区,为企业提供技术服务、资金支持和政策扶持,推动产业化项目的落地和实施。同时,要加强对产业化过程的监督和评估,及时发现和解决问题,确保产业化工作顺利进行。

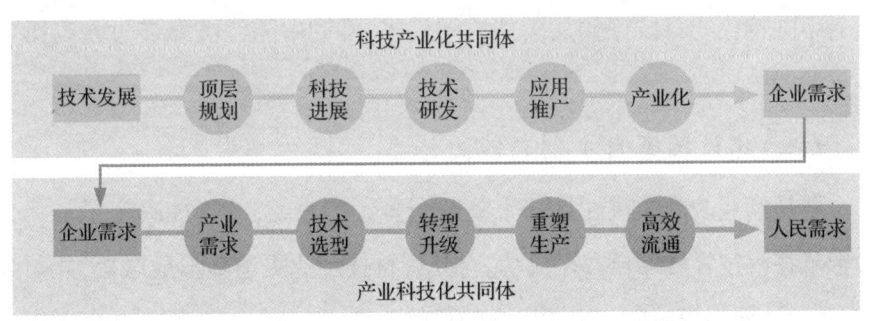

图3-16 中国式科技产业共同体的全产业链条

产业科技化共同体的建设需要充分考虑企业需求和市场变化,确定技术选型和转型路径。需要开展产业调研和需求分析,了解企业发展需求和技术瓶颈,为企业提供定制化的技术解决方案。同时,要引导企业加强技术

① 《习近平主持召开中央全面深化改革委员会第二十七次会议强调 健全关键核心技术攻关新型举国体制 全面加强资源节约工作》,《人民日报》2022年9月7日,第1版。

创新和管理创新,提高生产效率和产品质量,实现产业升级和转型发展。

产业科技化共同体的建设需要推动企业实现转型升级和生产重塑。需要引导企业加强数字化、智能化和绿色化改造,提高生产工艺和管理水平,降低生产成本和资源消耗。同时,要支持企业开展技术改造和设备更新,提高生产效率和产品质量,满足市场需求和用户需求。产业科技化共同体的建设需要建立高效的产品流通和服务体系,满足用户需求和市场需求。需要优化供应链管理和物流配送,提高产品交付和服务响应速度,提升用户体验感和满意度。同时,要加强市场监测和用户反馈,及时调整产品和服务策略,满足市场需求和用户需求。

科技产业化和产业科技化是相辅相成、相互促进的,需要实现双向协同发展和建立科技产业化与产业科技化的协同机制,促进技术创新和产业发展的有机结合。同时,要加强政府引导和政策支持,推动科技产业化和产业科技化的深度融合,形成良性循环的发展格局。通过着力构建中国式科技产业共同体的全产业链布局生态体系,统筹布局科技产业化和产业科技化两大完整链条,我们可以实现从技术变量到科技成果转化再到赋能实体经济转型升级,并最终实现满足人民美好生产生活的实际需求。这将打造出具有中国特色的科技产业共同体协同模式,推动中国经济发展进入高质量发展阶段。

(三)建设国家自主创新能力体系

科技产业的内在属性是一个复杂而多元的系统,其特性决定了单一企业很难在科技领域独自取得成功。相反,科技产业更适合形成联盟,共同合作,从而达到规模效应和资源整合的目的。

第一,科技产业的内在属性之一是企业难以单打独斗,必须结盟制胜。由于科技领域的复杂性和快速变化,一个企业难以涵盖所有领域的技术和资源,因此需要与其他企业建立合作关系。[①] 联盟可以帮助企业共享技术、

---

① 李娅、侯建翔:《现代化产业体系:从政策概念到理论建构》,《云南社会科学》2023年第5期。

知识和市场资源,提高创新能力和竞争力。这种合作模式有助于降低研发成本、提高市场份额,是推动科技产业快速发展的有效方式。

第二,科技产业的内生结构表现为产业难以散装发展,必须跨链打通,跨学科打通。科技产业涵盖众多领域,包括信息技术、生命科学、材料科学等,这些领域相互交织,形成了复杂的产业网络。要实现产业的持续创新和发展,不仅需要在单一领域有深厚的技术积累,还需要能够涉足不同领域,进行跨链的技术整合。此外,跨学科的合作也变得至关重要,因为许多创新性的解决方案涉及多个学科的知识和专业技能。[①]

第三,科技产业的实践方向是从基于业务和个体价值的合作,升级为基于数据与统一价值的协作。传统的产业合作往往是基于业务需求和个体价值的,合作各方依赖于各自的利益和目标。在科技产业中,数据成为核心资产,合作的重心逐渐转向了数据的共享和统一的价值体系。通过建立共享数据平台和制定统一的数据标准,科技企业能够更有效地协同工作,实现更高水平的创新。

第四,科技产业的协同效果不单改变作业模式,更是基于生产关系与生产要素调整产业结构,即从线性结构到网状结构。科技产业的作用远不仅限于改变现有的作业模式,更涉及整个产业结构的调整。通过技术创新,产业结构从过去的线性结构逐渐演化为网状结构。这种结构更加灵活、高效,有助于推动产业的升级和转型。

第五,科技产业的先发优势是谁先厘清产业卡位、谁先整合资源,谁才能更靠近数字经济核心生态位,从而获得主导角色身份。在科技产业的竞争中,先发优势至关重要。企业需要迅速识别产业的战略卡位,了解市场需求和趋势,积极整合资源,争取在产业发展的早期阶段就占据主导地位。这有助于建立品牌影响力、获取核心技术和资源,并更好地适应数字经济的发

---

① 魏杰:《经济体制改革和供给侧结构性改革相互促进》,《上海企业》2021 年第 2 期。

展趋势。

因此,科技产业的发展需要借助集群的力量,通过合作与整合,形成内循环的产业集群。这不仅有助于提高创新能力和资源利用效率,也有助于构建相关产业的中国特色模式,推动产业的自主与共赢。

科技产业化在形成新产品的同时,需要与产业科技化相结合,促进传统产业的升级和转型。而科技服务共同体则作为产业发展的基础支撑层,为产业创新提供数字基础设施、科技服务等支持。只有这样,才能真正构建新质生产力的完整科技创新体系,推动国家自主创新能力的提升和产业结构的优化升级。

构建具有中国特色的国家自主创新能力体系是实现科技强国目标的重要举措。科技产业化、产业科技化、科技服务共同体三者的融合是构建完整的未来科技创新版图的关键。这三者之间相互作用、相互促进,共同构建新质生产力的完整科技创新体系,为国家自主创新能力的提升奠定基础。

科技产业化是将科技成果转化为实际生产力的过程,是科技创新与产业发展的紧密结合。在科技产业化方面,国家需要着眼于前沿性、颠覆性技术,重点支持具有自主知识产权的关键技术研发,推动技术成果向市场转化。[1] 这包括建立技术孵化器、科技园区等创新载体,鼓励企业加大研发投入,推动科技成果向实际生产力转化,加快产业升级和转型发展。

产业科技化是将科技创新应用于传统产业的改造升级,有利于提高产业的技术含量和竞争力。在产业科技化方面,国家需要加强技术与产业的深度融合,推动各行业加速采用先进技术,提升生产效率和产品质量。这包括制定产业技术创新政策,建立产业技术创新联盟,推动技术创新与产业发展相互促进,实现产业升级和转型发展。

科技服务共同体是支撑科技产业化和产业科技化的基础支撑层,为产

---

[1] 尹西明等:《面向新质生产力培育的科技成果转化:场景范式与实践进路》,《科学与管理》,https://kns.cnki.net/kcms/detail/37.1020.G3.20240201.1328.002.html。

业发展提供数字基础设施、科技服务等支持。在科技服务共同体方面,国家需要加强科技服务平台建设,提供多样化、个性化的科技服务,满足企业和科研机构的需求。这包括建立科技人才培训机制、加强科技信息服务、推动科技成果转化与推广应用,促进科技服务与产业发展的深度融合,提高科技创新的整体水平。

为了构建具有中国特色的国家自主创新能力体系,需要紧紧围绕新质生产力的技术谱系展开工作。国家应该瞄准前沿性、颠覆性技术,进行产业生态规划布局,从科技产业化、产业科技化、科技服务共同体三个层面同步谋划、同时布局。加强科技创新基础设施建设,提升科技研发实力和创新能力;加大对关键领域和战略性新兴产业的科技支持力度,培育新的增长点和竞争优势;建立科技成果转化机制,促进科技成果向市场转化,推动产业发展和经济增长;加强人才队伍建设,培养和引进高层次科技人才,提高科技创新的人才支撑力量;完善政策环境,提供良好的创新激励政策和法律保障,营造创新创业的良好环境;推动科技与经济、社会的深度融合,促进科技创新与产业发展协调发展。

总之,构建具有中国特色的国家自主创新能力体系需要多方共同努力,各项工作需要有序推进,形成合力。只有科技产业化、产业科技化、科技服务共同体三者融合,才能构建完整的未来科技创新版图,提升国家自主创新能力,推动经济持续健康发展。

四、新质生产力的技术范式

(一)新质生产力技术范式的内循环培育

关键核心技术的不断突破,为内循环体系打下坚实的技术基础,新技术通过在中国市场体系下的不断验证、优化,转化形成新质生产力,将会构建出基于核心技术的新质生产力中国范式。

1.新质生产力技术范式生成

新技术在中国市场体系下的不断验证和优化,将加速技术的成果转化,形成新的生产力。关键核心技术的不断突破是构建内循环体系的关键步骤之一，它为中国经济的可持续增长提供了坚实的技术基础。这些关键核心技术的突破将直接影响到中国经济的转型升级和创新发展。通过不断研发和创新，中国在诸多领域取得了重大突破，如人工智能、物联网、新能源等。中国市场作为世界上最大的市场之一，具有巨大的吸引力和潜力。通过在中国市场的验证和应用，新技术将得到更广泛的认可和应用，为产业的升级和转型提供新的动力。

　　关键核心技术的不断突破将为中国经济的内循环体系建设提供重要支撑，推动新技术在中国市场体系中的不断应用和优化，形成基于核心技术的新质生产力的技术范式，助力中国经济迈向更加繁荣和可持续的未来。新质生产力的技术范式生成过程，可以分为六个阶段。每个阶段代表着新技术从概念到广泛应用的不同过程，以及对经济和社会的影响程度。以下将详细探讨每个阶段(图3-17)，并深入分析中国技术范式生成的过程及其对全球经济的影响。

图3-17　新质生产力的中国技术范式生成过程

　　第一个阶段：酝酿期。在这个阶段，新技术开始从概念阶段进入研发阶段。各种技术在实验室中得到初步的验证，并取得了一些技术成果。这一阶段主要是技术的初步探索和实验阶段，技术的商业化应用尚未成熟，但是技术的潜在应用价值已经引起了人们的关注。

　　第二个阶段：由点成线期。在这个阶段，技术开始从实验室走向市场，开始在一些特定领域得到应用。技术成果开始产生新的应用,而且这些应用已经在实践中得到验证,并形成了一些成功的案例。在这个阶段,人们开始关注技术在特定场景下的应用,并寻找更多的应用可能性。

第三个阶段:**由线到面期**。随着技术的不断发展和应用场景的不断扩展,技术逐渐得到了更广泛的认可和应用。在这个阶段,技术的成熟度不断提高,用户开始认可技术对所属行业的赋能水平,并开始将技术应用到更多的行业和领域中。在这个阶段,技术开始在行业内推广应用,并逐渐实现规模化应用。

第四个阶段:**由面到体期**。在这个阶段,大量用户已经开始应用新技术,并在实际应用中取得了丰富的经验和成果。新技术不仅在业务场景中发挥作用,还开始对业务进行重塑,产生了新的生产力。在这个阶段,新技术已经成为行业内的主流应用,对整个行业的发展产生了深远的影响。

第五个阶段:**由体到用期**。在这个阶段,新技术的应用已经不再局限于一个行业、一个场景,而是开始产生技术外溢,向其他行业和领域传导。新技术已经在各行各业得到大规模应用,真正赋能实体经济转型,重塑了千行百业的生产方式和业务模式。在这个阶段,新技术已经成为经济发展的重要驱动力,推动了整个产业结构的变革和升级。

第六个阶段:**由用到新范式期**。在这个阶段,新技术的应用和解决方案已经在中国市场体系循环中得到了反复验证,并取得了丰硕的成果。中国技术范式已经成熟,并且可以作为中国发展新质生产力的典范,推向全球市场。这一阶段不仅仅是技术的应用,更是一种技术范式的传播和影响。中国的技术范式将赋能全球经济发展,促进世界经济的繁荣和进步。

新质生产力的技术范式的生成离不开政府、企业和社会的共同努力。政府应该提供支持政策和产业规划,为技术创新提供必要的支持和保障;企业应该加大技术投入,积极参与技术创新和应用推广;社会应该加强科技教育和人才培养,为技术创新提供人才支持和智力资源。只有政府、企业和社会共同努力,才能够实现中国技术范式的生成和推广,实现经济的高质量发展和社会的长期繁荣。

2. 新质生产力的技术范式培育

新质生产力的技术范式培育是一个具有周期性和阶段性的过程,将经历萌芽期、成长期、蛰伏期和成熟期四个不同阶段(图3-18)。这个过程反映了我国在技术创新和产业发展方面的不断探索和实践,以及中国特色的技术发展路径和模式。

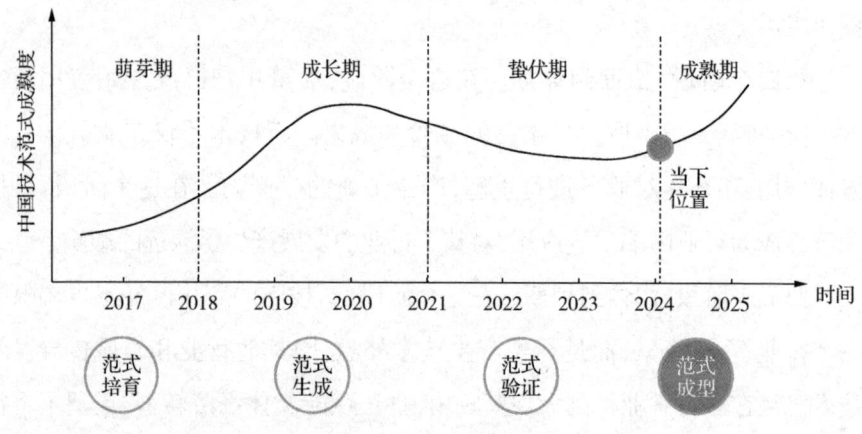

图3-18　新质生产力的中国技术范式培育周期

萌芽期是技术范式培育的起始阶段,一般是指在特定的历史时期,特定的经济、政治、社会环境下,一些新兴技术开始涌现,但尚未形成完整的技术范式和产业模式。在中国,萌芽期往往伴随着一定的政策背景和市场需求,推动了这些技术的萌芽和发展。然而,在这个阶段,这些新技术尚未形成较为完善和成熟的技术范式,大多还处于实验室阶段。尽管有一些技术取得了初步成果,但整体上仍处于成熟度不高或需求端使用较低的状态,尚未得到大规模应用和市场验证。

成长期是技术范式生成的关键阶段,也是技术从实验室走向市场的阶段。在这个阶段,关键核心技术逐渐被突破,产生了一系列的技术成果和创新成果。同时,市场需求逐渐形成,用户开始认可和接受这些新技术,并在实际应用中取得了一定的效益和成果。在中国,成长期的特点是技术范式开始形成,并得到了需求企业的应用和认可。例如,中国在人工智能、物联网、新能源等领域取得了一系列突破性成果,为产业发展注入了新的动力。

蛰伏期是技术范式验证的阶段,也是技术从初步应用到成熟应用的过程。在这个阶段,虽然技术已经开始被应用到实际生产和生活中,但在实践应用中仍然会遇到各种问题和挑战。因此,企业和科研机构需要不断发现问题、分析问题,并进行技术的迭代优化。这个阶段的特点是技术范式逐步得到了验证和优化,逐渐完善和发展。

成熟期是技术范式成型的阶段,也是技术被广泛应用并得到认可的阶段。在这个阶段,经过长期的市场验证和实践应用,技术范式逐渐形成了业内普遍认可的典型应用模式,成为可以大规模推广应用的典型中国技术范式。这个阶段的特点是技术范式已经得到了市场的认可和应用,成为推动产业发展和经济增长的重要力量。

在技术范式培育的过程中,有许多因素推动着技术的发展和应用。首先,政府的政策支持和投资是推动技术范式培育的重要力量。政府通过制定相关政策和投入资金,推动技术的研发和应用,并为技术范式的形成提供了政策环境和资源保障。其次,企业的创新活动和市场需求也是推动技术范式培育的重要因素。企业通过不断的创新活动和市场竞争,推动技术的应用和发展,并促进技术范式的形成和发展。最后,科研机构和高校的科研成果转化也是推动技术范式培育的重要力量。科研机构和高校通过科研成果的转化和应用,促进了技术的实际应用和产业化,并推动了技术范式的形成和发展。

技术范式培育虽然取得了一定的成绩,但也面临着一些挑战和困难。首先,技术范式培育需要长期的投入和持续的努力。技术范式的培育需要长期的研发和实践,需要各方面的支持和配合,才能取得较好的效果。其次,技术范式培育需要不断地创新和突破。技术范式需要不断地提高技术的水平和能力,才能保持技术范式的竞争力和持续发展能力。最后,技术范式培育需要充分发挥市场机制的作用。技术范式的培育需要充分发挥企业和市场的主体作用，吸引更多的社会资源和力量，推动技术的发展和应用。

面对技术范式培育的挑战，中国具有良好的发展基础和优势。首先，中国拥有丰富的人才资源和科研力量，为技术范式的培育提供了坚实的基础。其次，中国市场庞大，需求旺盛，为技术的应用和产业化提供了广阔的空间和市场。最后，中国政府高度重视技术创新和产业发展，为技术范式的培育提供了政策支持和资源保障。因此，中国在技术范式培育方面具有得天独厚的优势和条件，有望在未来取得更加显著的成绩和进展。

新质生产力的中国技术范式培育是一个复杂而漫长的过程，需要政府、企业、科研机构等各方的共同努力和配合。中国作为世界上最大的发展中国家，正处于经济转型和产业升级的关键阶段，技术范式的培育对于中国的经济发展和社会进步至关重要。因此，应该进一步加强技术创新和产业发展，推动技术范式的形成和发展，为实现新质生产力的提升和经济的高质量发展作出更大的贡献。

如今，中国技术范式的培育正处于从蛰伏期向成熟期的过渡阶段，有些领域已经形成中国技术范式，开始形成新质生产力，并赋能各行业的转型升级。尤其是在数字技术领域和新能源领域，我们已经取得大量的具有中国特色的技术范式。

在数字技术领域，中国已经取得了一系列的突破性成果，形成了一些领先于世界的技术范式。例如，在人工智能领域，中国的深度学习技术和算法应用已经取得了重大进展，被广泛应用于语音识别、图像识别、自然语言处理等领域。中国的云计算、大数据、物联网等技术也已经达到了国际领先水平，为各行业的数字化转型提供了强大支持。此外，数字货币、区块链等新兴技术也在中国得到了积极探索和应用，为金融、供应链管理、物联网等领域带来了新的发展机遇。

在新能源领域，中国已经成为全球新能源技术创新和应用的重要力量。中国在太阳能、风能、电动汽车等领域取得了一系列突破性成果，形成了一批具有自主知识产权的关键技术和产品。中国的太阳能光伏产业、风电产业已经实现了产能和技术的快速增长,成为全球新能源市场的主要供应商和消费者。同时,中国还在电动汽车、电池技术等领域取得了重大进展,为能源转型和可持续发展提供了强大动力。

这些具有中国特色的技术范式正在为新质生产力的形成提供重要支撑和动力。在数字技术领域,中国的技术范式已经在智能制造、智慧城市、数字农业等领域得到了广泛应用,推动了传统产业的升级和转型。在新能源领域,中国的技术范式已经给能源生产和利用带来了革命性的变革,促进了清洁能源的推广和应用。这些技术范式的形成不仅提高了中国在相关领域的技术水平和产业竞争力,还为全球经济的可持续发展和绿色转型作出了积极贡献。

同时,这些具有中国特色的技术范式也为各行业的转型升级提供了重要赋能。在数字技术领域,中国的技术范式已经为传统产业的数字化转型提供了技术支持和解决方案,推动了产业结构的优化和升级。在新能源领域,中国的技术范式已经为能源行业的转型升级提供了重要支持,促进了能源结构的优化和清洁能源的推广。这些技术范式的应用不仅提高了产业效率和产品质量,还为经济的可持续发展和社会的绿色转型提供了重要保障。

随着中国技术范式的不断发展和完善,以及各行业转型升级进程的不断推进,我们有信心和能力在未来取得更加显著的成绩。我们将继续加大科技创新和产业发展的力度,推动技术范式的形成和应用,为新质生产力的提升和经济的高质量发展作出更大的贡献。同时,我们也将不断加强国际合作,分享经验和成果,共同应对全球性挑战,推动世界经济的可持续发展和绿色转型。

3. 新质生产力技术范式特征

中国正处于从世界制造大国向科技强国的转变阶段,不仅在技术创新方面取得了显著成就,而且逐渐形成了具有中国特色的新质生产力技术范式。这种范式的形成不仅受到内外市场的影响，还深刻地反映了中国社会、经济和科技发展的特色优势。

新质生产力技术范式是在内生市场的环境中逐步沉淀、验证和生成的。与此相对应，中国市场作为全球最大的市场之一，具有庞大的需求基础和巨大的市场潜力。这为技术的实践应用提供了丰富的场景，技术通过市场的验证得以不断完善和优化。这种原生模式的形成，使中国的新技术更具市场适应性和实际可行性，是中国特色范式的重要体现。

新质生产力技术范式注重政府层面的顶层设计和上下游产业链的协同发展。政府在技术范式形成过程中发挥了战略导向作用，通过制定相关政策、提供资源支持和引导产业发展方向，加速了技术创新的推动力。同时，产业链的上下游之间通过合作和协同，形成了闭环的生态系统。这种政府与产业的联动，使得中国特色技术范式得以有序、高效地推进。

新质生产力技术范式具有深度融合新技术与实体经济的特点。通过技术创新和产业升级，中国的传统产业得以数字化、智能化和绿色化转型。这种深度融合使得新技术不再停留在概念和实验室阶段，而是真正落地应用于实际产业，推动了实体经济的转型和提升。

新质生产力技术范式注重多生产要素的融合发展，包括技术、数据、人才、资本等。这种融合发展促进了各类生产要素在创新过程中的协同作用，提高了整体的创新效率。中国的技术范式体现了一种综合性的增长模式，不仅关注技术创新本身，也注重创新所需要的多种要素相互融合。[①]

新质生产力技术范式关注全体人民的需求，将数字技术和信息化手段广泛应用于教育、医疗、交通、零售等与人民生活密切相关的领域。通过数字化转型，中国社会各个层面都在不断提高服务水平，推动了人民生活质量的整体提升。这种人民需求导向的模式使得技术创新更加贴近实际，更有

---

① 《习近平在中共中央政治局第十一次集体学习时强调　加快发展新质生产力扎实推进高质量发展》，《人民日报》2024年2月2日，第1版。

助于社会的共同富裕。

新质生产力技术范式注重构建产业共同体，通过产业链上下游的合作和协同，形成了产业集群和生态系统。这种构建产业共同体的模式不仅使得技术创新更具有整体性和系统性，也促进了产业链的高效运转。中国特色的的产业共同体构建模式有助于实现产业升级和创新能力的提升。

新质生产力技术范式的形成助推了内外双循环发展格局。通过扩大内需和加强内循环，中国释放了国内市场的潜力，为国内外市场的互动和协同发展提供了有力支撑。这种内外双循环的模式使得中国在全球经济中发挥着更为积极的作用，推动了国际合作与共赢。①

新质生产力中国技术范式的独特优势和特色凸显了中国在技术创新和产业发展方面的前瞻性思维和独特路径。这种范式的形成不仅源于中国庞大的市场，更是在政府引导、产业协同和全社会共同努力下的结果。中国特有的社会、文化和经济环境为技术范式的形成提供了独特的土壤。随着中国特色技术范式的不断完善和推广，相信中国将在全球科技创新和产业发展中发挥越来越重要的作用。

（二）新质生产力技术范式的外循环

当下，中国正处于一个极具挑战性和竞争力的时期，科技产业的发展更是牵动着整个国家的命运走势。全球范围内的科技竞争越来越激烈，国内市场也在经历着深刻的变革。在这样的背景下，构建中国特色的技术范式变得尤为迫切和重要。

首先，必须认识到，如果仍然囿于从全球外循环体系中引入模式，将无法适应中国市场内循环的特征。中国作为世界上最大的市场体系之一，其庞大的消费需求和内部流动是推动经济增长的重要动力。因此，必须建立适应中国市场需求的技术范式，以满足国内市场的需求，并为内循环经济提

① 《加快构建以国内大循环为主体、国内国际双循环相互促进的新发展格局》，2020 年 11 月 25 日，https://www.gov.cn/guowuyuan/2020-11/25/content_5563986.htm。

供有力支持。① 在这个过程中，企业和科研机构扮演着至关重要的角色。它们需要摆脱过去的陈旧体系，勇于在内循环体系中积极探索、实践、创新，逐步建立、验证、构建出一套具有中国特色的技术范式。这意味着需要通过在中国市场的实践和验证，确保技术范式的可行性和有效性。只有这样，才能确保这些技术范式能够真正解决中国市场的问题，并为产业升级和转型提供有力支持。

凝练产业需求，优化创新体系布局。要根据产业的当下急需和长远发展需要，再凝练部署一批关系全局、影响长远的国家重大科技项目，不断加强应用基础研究和前沿研究，进一步发挥好国家实验室体系等国家战略科技力量的作用。要通过鼓励发展创业投资、股权投资，支持长期资本、耐心资本更多地投向科技创新。

要大力推进新型工业化，增强产业核心竞争力。要积极主动适应和引领新一轮科技革命和产业变革，大力发展数字经济，加快发展人工智能，打造生物制造、商业航天、低空经济等若干战略性新兴产业，开辟量子、脑科学等未来产业新赛道，鼓励绿色低碳产业发展。要运用数智技术、绿色技术等先进适用技术为传统产业注入新动能，加快实现转型升级，加快构建具有中国特色的技术范式并进行大规模推广应用。

一旦这些技术范式得到清晰界定并成功应用，就可以将其推向全球市场，向全球输出中国特色的新质生产力技术范式。通过这种方式，可以逐步培育出基于中国技术范式所建立的新全球发展模式，从而构建一个基于中国特色模式的全新外循环体系(图 3-19)。在取得成果后，还可以再次反哺中国内循环市场，进一步推动内外循环的有机结合。②

---

① 魏杰：《"双循环"重大战略调整背后的 5 个核心问题》，《今日科技》2020 年第 11 期。

② 魏杰：《经济体制改革和供给侧结构性改革相互促进》，《上海企业》2021 年第 2 期。

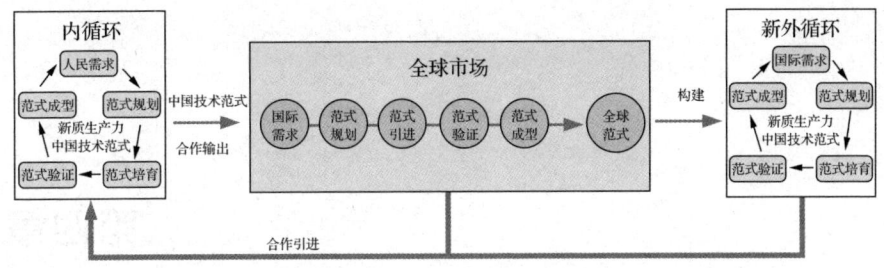

图 3-19　新质生产力的中国技术范式构建内外双循环模式

　　此外,还要加强国际合作,积极参与全球科技创新和产业发展,推动中国特色的技术范式走向世界。通过与其他国家和地区的合作,可以共享资源、分享经验,共同应对全球性挑战,促进科技创新和产业发展的互利共赢。只有通过国际合作,才能更好地借鉴和吸收其他国家的先进技术和管理经验,不断完善和提升中国特色的技术范式,实现科技创新和产业发展的双赢局面。

　　总的来说,构建中国特色的技术范式是当前我国科技产业发展的迫切需求,也是实现内外循环发展的重要路径。发展新质生产力的中国式技术范式是一项长期而复杂的任务,需要政府、企业、科研机构等各方的共同努力。只有紧密合作,共同推动技术创新和产业发展,才能实现技术范式的转变;只有不断跳出原有体系,勇于创新和探索,才能构建出具有中国特色的技术范式,推动科技创新和产业发展取得更加辉煌的成就。[①]

　　[①]　魏杰:《"双循环"重大战略调整背后的 5 个核心问题》,《今日科技》2020 年第 11 期。

第四章
新产业：新质生产力的现代化产业体系

要积极培育新能源、新材料、先进制造、电子信息等战略性新兴产业,积极培育未来产业,加快形成新质生产力,增强发展新动能。

——习近平总书记在新时代推动东北全面振兴座谈会上的讲话(2023年9月7日)

一、新质生产力推动现代化产业发展

(一)科技创新促进现代化产业体系构建

习近平总书记强调,"要牢牢把握高质量发展这个首要任务,因地制宜发展新质生产力。面对新一轮科技革命和产业变革,我们必须抢抓机遇,加大创新力度,培育壮大新兴产业,超前布局建设未来产业,完善现代化产业体系"①。

新质生产力是实现高质量发展的重要着力点,而发挥新质生产力的关键是聚焦以技术要素和数据要素为代表的优质先进要素,二者是推动现代化产业体系发展的重要动力。这两大关键要素的相互作用和协同发展,不仅决定了产业发展的方向和速度,也影响着经济的整体效率和竞争力。

技术的发展是现代化产业体系的核心驱动力之一。随着科学技术的不

---

① 《习近平总书记两会金句》,《人民日报》2024年3月11日,第5版。

断进步,新的技术应用和创新不断涌现,给各行各业的生产和服务带来了巨大的变革和提升。技术要素的发挥包括了对核心技术的研发与应用,以及对技术创新环境的培育和支持。通过技术要素的不断升级和优化,可以实现生产过程的智能化、精细化和高效化,推动产业向高端、绿色、可持续方向发展。

数据要素是现代化产业体系不可或缺的一部分。随着信息技术的快速发展,数据已经成为产业发展和创新的重要基础。数据要素的发挥涉及数据的收集、存储、处理和应用,以及数据资源的开发和利用。通过数据要素的充分发挥,可以实现对生产过程和市场需求的精准把握,提高资源利用效率和产品品质,推动产业智能化、数字化和网络化发展。

能源和信息是发挥技术要素和数据要素的两大关键路径。能源作为生产生活的基础支撑,其高效利用和清洁化发展对现代化产业体系至关重要。信息则为产业发展提供了无限可能,通过信息化技术的应用,可以实现生产过程的简化、优化和智能化,提升企业的竞争力和市场地位。

基于这两大路径,可以推演出技术进步的路线与谱系。技术进步谱系可以细分为产业科技化、科技产业化和科技服务共同体。产业科技化是将产业和科技深度融合,提高产业的技术含量和生产效率,科技产业化指的是将科技成果转化为生产力的过程。科技服务共同体则是指各个科技领域的主体之间互联互通、资源共享、合作共赢的新型融合发展的组织服务形式。

产业科技化、科技产业化、科技服务共同体三者融合才能构成完整的未来科技创新版图,是新质生产力的完整科技创新体系。这三者之间相互依存、相互促进,共同推动着产业的不断升级和转型发展,为经济的持续增长和社会的全面进步注入了强劲动力。

在新质生产力重构产业链过程中,能效与数智化的结合至关重要。能效是指在提高产出的同时,尽可能减少资源消耗和环境污染,实现经济效益、社会效益和环境效益的统一。党的十八大以来,我国能耗强度累计下降26.4%,以年均3%的能源消耗增速支撑了年均6.2%的经济增长,为经济持续健康发展提供了重要保障。① 数智化是指利用数据和信息技术实现生产过程的智能化、自动化和网络化，提高生产效率和产品质量。

基于能效与数智化的结合，可以构建新质生产力的现代化产业生态体系。这不仅包括了生产环节的优化和升级，还涉及整个产业链条的数字化转型和智能化升级。通过整合和应用先进的技术和数据资源，可以实现生产过程的精益化管理、柔性化生产和个性化定制，提高产业的竞争力和适应能力。

新质生产力的现代化产业体系不是单一的产业，而是一个产业集群式的生态体系。在这个生态体系中，各个产业相互依存、相互促进，形成了一个完整的产业链条和价值链条。通过产业链的延伸和衔接，可以实现资源的共享和优化配置，推动产业的协同发展和共同繁荣。（图4-1）

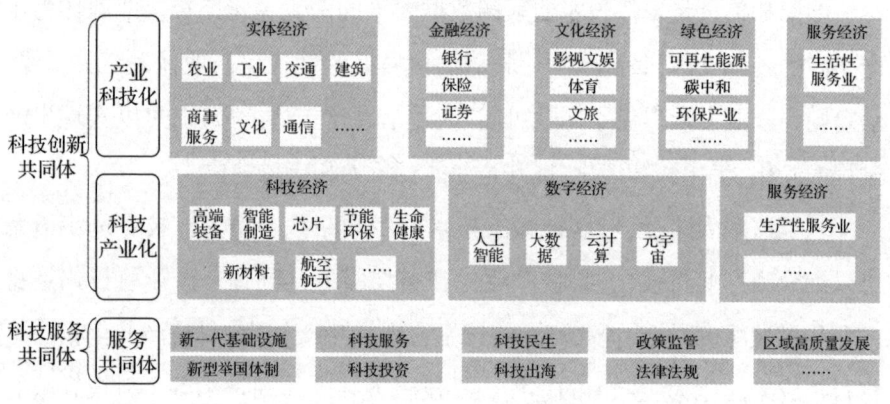

图4-1　新质生产力的现代化产业生态体系全景图

产业科技化是指在实体经济、金融经济、文化经济、绿色经济和服务经济等领域，充分发挥科技创新的作用，推动产业结构的优化和升级。② 在实体经济方面，包括了农业、工业、交通、建筑、商事服务、文化、通信等行业；而在金融经济方面，则涵盖了银行、保险、证券、基金等领域；文化经济方面主

---

① 赵辰昕：《坚持不懈推进节能和提高能效》，《人民日报》2023年7月12日，第11版。

② 魏杰：《"双循环"重大战略调整背后的5个核心问题》，《今日科技》2020年第11期。

要以影视文娱、体育、文旅等产业为主;绿色经济方面主要以可再生能源、碳中和、环保产业等为主。这些产业在不同领域中发挥着重要的作用,为中国经济的全面发展提供了有力支撑。

科技产业化是现代化产业体系中的重要组成部分。科技产业化主要包括了科技经济、数字经济和服务经济等领域。在科技经济方面,主要关注战略性新兴产业,如高端装备、智能制造、芯片、节能环保、生命健康、数字创意、新材料、航空航天等领域;数字经济方面则主要涵盖了人工智能、大数据、云计算等产业;服务经济则是为产业发展提供支持的服务领域,包括了各种生产性服务,如物流、供应链管理、人力资源等。这些产业在推动科技创新和产业升级方面发挥着重要的作用,是现代化产业体系的核心组成部分[1]。

科技服务共同体是现代化产业体系的重要保障和支撑。科技服务共同体主要包括了新一代基础设施、新型举国体制、科技服务、科技投资、科技民生、科技出海、政策监管、法律法规、区域高质量发展等方向。这些方向覆盖了科技创新、产业发展、政策支持等多个领域,为现代化产业体系提供了全方位的支持和服务。

以新质生产力创新性构建现代化产业体系是高质量发展的重要支撑和战略抓手。在构建现代化产业生态体系过程中,科技产业化、产业科技化和科技服务共同体这三个层面相互交织、相互促进。科技产业化提供了技术支撑和创新动力,产业科技化提供了产业基础和市场需求,科技服务共同体则提供了政策支持和服务保障。这三个层面相互配合共同构建起一个现代化、高效率、创新型的产业生态体系。总体而言,新质生产力的现代化产业生态体系是一个复杂而庞大的系统工程,需要政府、企业、科研机构等各方的共同努力和合作,通过共同推动科技创新和产业创新发展,实现新质生产

---

① 魏杰、杨林:《经济新常态下的产业结构调整及相关改革》,《经济纵横》2015 年第 6 期。

力的持续提升和产业结构的优化升级。

(二)新质生产力激活现代化产业集群效应

当下,中国经济的体量已达到相当水平,经济发展已由量的合理增长向质的有效提升转变。经济增速的转型是从高速增长向中速增长过渡,发展质量已从过去的粗放式发展向高质量发展过渡。高质量发展的根本目的是实现共同富裕,既包括物质文明的更加丰富,又包括精神文明的更大发展。不论是物质文明发展滞后于精神文明发展,还是精神文明发展滞后于物质文明发展,都不是真正意义上的共同富裕①。

高质量发展转型必然面对着整个产业的升级。产业升级,意味着需要将过去低生产效率的产业升级为高质量、高效能、高科技的产业。如今,各个领域和行业都在强调数字化转型升级,实质上是为了推进整个产业生产效率的提升。数字化转型升级的根本目的是提高生产效率,增进企业甚至整个产业各环节的效益,实现降本增效。当前阶段,最具特色的产业升级方式莫过于产业集群的升级。许多地方政府或区域政府都很重视搭建产业集群,以形成区域产业集群效应,构建一个完整的产业闭环。在这样的产业集群中,不同产业链的各个环节会有相关企业集中于特定产业园区,实现产业链的协同发展。基于此,可以进一步推动整个产业集群的升级,这将会创造出极大的发展空间。

传统产业集群的特征主要有两个方面。

一方面,中国产业集群注重构建一个产业链完整生态。在每一个产业链环节,都有相关的企业落地并聚集在产业园区内,从而形成产业集群的印象。然而,尽管许多相关企业已存在于整个产业集群中,但实际上并未形成真正的产业集群结构,缺乏上下游产业的协同配合。这种情况下,虽然看起来在这一产业园区中形成了完整的产业链,但实际上并未基于业务链条构建起完整的闭环体系。

---

① 张占斌:《中国式现代化的共同富裕:内涵、理论与路径》,《当代世界与社会主义》2021年第6期。

如果每一个产业链的环节都布局在产业园内的企业之间,企业彼此之间就能够建立一定的业务往来,实现订单的相互加成,从而构建一个完整的业务闭环;甚至可以让上下游企业共同提供解决方案,以产业集群的方式来开展业务。这种协同创新的模式,更适合未来产业集群化的方向,也是未来重点关注的历史机遇。

另一方面,市场模式的差异,导致现在中国若仍坚持从全球外循环体系中引入模式,将无法适应中国市场内循环的特征。中国市场是需求驱动型,而欧美市场则是技术驱动型。需求驱动型是先有应用场景落地需求,进而推动厂商启动产品开发,若现有技术无法满足再进行技术的研发攻关。技术驱动型则正好相反,企业会先研发先进技术,根据技术成果来开发产品,然后对潜在客户进行市场培育,最终得到应用。因此,中国需要勇于跳出西方体系下的国际市场循环体系,勇于在内循环体系中逐步建立、验证、构建出一套具有中国特色的科技驱动模式,再将这些模式界定清晰、成功应用,而后推向全球市场,向全球展示中国特色的科技典范,逐步培育出基于中国科技驱动型的全球模式,从而构建出一个基于科技驱动模式的全新外循环体系,并在取得成果后再次反哺中国内循环市场。最终,将形成一个全新的、和合共生的、中国特色的内外双循环体系。① (图4-2)

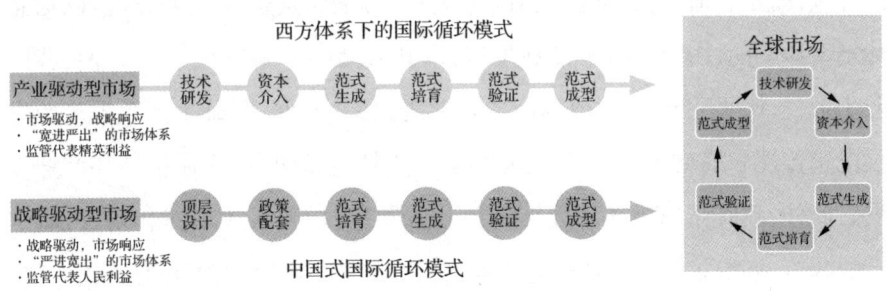

图4-2　东西方市场循环模式的对比

① 刘鹤:《加快构建以国内大循环为主体、国内国际双循环相互促进的新发展格局》,《人民日报》2020年11月25日,第6版。

二、科技产业化：科技创新催生新产业

（一）以数字经济为主的战略性新兴产业

1. 人工智能产业

数字经济通过产业数字化和数字产业化能促进传统产业与数字技术高度融合，实现传统产业的转型升级。[①] 我国针对人工智能产业出台了扶持与鼓励政策，以促进技术创新、产业发展及应用推广。目前，中国人工智能产业发展呈现出勃勃生机，技术水平和产业规模不断提升，涌现出众多优秀的人工智能企业。

人工智能产业对新质生产力发展至关重要。一方面，人工智能技术可以提高生产效率和质量，推动产业数字化、智能化升级，从而形成新的生产力优势。另一方面，人工智能技术可以带动创新产业的发展，培育新的增长点和经济增长极。人工智能产业的发展也可以促进产业间的深度融合和协同发展，推动形成更加完整和高效的产业生态系统。

2. 大数据产业

习近平总书记明确指出，"大数据是信息化发展的新阶段""加快数字中国建设，就是要适应我国发展新的历史方位，全面贯彻新发展理念，以信息化培育新动能，用新动能推动新发展，以新发展创造新辉煌"。[②] 目前，我国已出台《"十四五"国家大数据产业发展规划》等文件，明确了大数据产业发展的重要性和战略意义，并设立专项资金支持技术研发、应用推广和产业发展。此外，政府还积极推动数据资源开放共享，加强人才培养和引进，制定产业政策，如税收优惠、融资支持等，为大数据产业提供政策支持和保障。在政府政策指引下，中国大数据技术和应用居全球领先水平。各行业形成

---

① 王玉、张占斌：《数字经济、要素配置与区域一体化水平》，《东南学术》2021 年第 5 期。

② 梅宏：《建设数字中国：把握信息化发展新阶段的机遇》，《网信军民融合》2018 年第 8 期。

了多个典型应用案例,如电商精准营销、金融风险评估等。大数据产业发展推动了生产效率提升、新产业培育、产业融合发展、经济转型升级,对各行业数字化转型升级具有重要意义。

3. 云计算产业

习近平总书记在中共中央政治局第三十四次集体学习时指出,"近年来,互联网、大数据、云计算、人工智能、区块链等技术加速创新,日益融入经济社会发展各领域全过程,数字经济发展速度之快、辐射范围之广、影响程度之深前所未有,正在成为重组全球要素资源、重塑全球经济结构、改变全球竞争格局的关键力量"[①]。中国的云计算产业正迅速发展,已成为全球云计算市场中的重要力量。随着云计算市场规模不断扩大,中国的云计算市场已经成为全球最大的市场之一,拥有庞大的用户基础和巨大的发展潜力。中国的云计算技术水平不断提升,国内企业在云计算领域取得了一系列重大的技术突破和创新成果。中国的云计算企业在技术研发、产品创新等方面处于国际领先地位,形成了一批具有核心竞争力的企业。通过云计算技术和服务,中国企业可以更加灵活、高效地应对市场变化,实现业务创新和增长,促进了各行业的数字化转型升级,推动了产业结构优化和经济结构转型升级。

4. 元宇宙产业

习近平总书记在中国科学院、中国工程院两院院士大会上强调指出,"科技是国之利器,国家赖之以强,企业赖之以赢,人民生活赖之以好"[②]。"元宇宙"这种新型科技融合应用形态是继互联网、移动互联网之后的新一代信息网络形态,是中国数字经济战略的重要组成部分。中国元宇宙产业

---

① 《习近平主持中央政治局第三十四次集体学习:把握数字经济发展趋势和规律推动我国数字经济健康发展》,2021 年 10 月 19 日,https://www.gov.cn/xinwen/2021-10/19/content_5643653.htm。

② 《全国科技创新大会　两院院士大会　中国科协第九次全国代表大会在京召开》,2016 年 5 月 30 日,https://www.xinhuanet.com//politics/2016-05/30/c_1118956522.htm。

的发展尚处于初级阶段,但政府、企业和投资者都对其前景持乐观态度。政府已经开始制定相关政策以支持元宇宙产业的发展,鼓励企业加大投入并积极探索应用场景。一些大型科技企业和创新公司也开始涉足元宇宙领域,并在虚拟现实、增强现实、人工智能等技术方面进行研发和探索。元宇宙产业的发展对推动各行业数字化转型升级具有重要的价值和意义。除了为各行业提供更加智能化、个性化、场景化的数字化解决方案,帮助企业提升竞争力外,元宇宙产业的发展还有助于促进产业协同发展、推动经济高质量发展、推动数字经济的创新和发展,对于构建数字化、智能化、共享型经济新格局具有重要意义。

5. 新能源汽车产业

2014 年,习近平总书记在上海考察时指出,"发展新能源汽车是我国从汽车大国迈向汽车强国的必由之路"①。在这一战略指引下,我国汽车工业交出了一份优异答卷。当前,新能源汽车在中国市场的蓬勃发展确实令人瞩目。近年来,我国新能源汽车销量持续增长。数据显示,2023 年,我国新能源汽车产销量分别达到 958.7 万辆和 949.5 万辆,同比分别增长 35.8%和 37.9%,占全球新能源汽车销量六成以上。从需求端看,消费者对自动驾驶技术的认可度明显提高。特别值得一提的是,在新能源汽车购车群体中,68%的消费者认为"更先进的自动驾驶功能"是他们购买决策的重要因素②,这显示了他们对本土新势力作为自动驾驶提供方的信任。技术路线的统一以及商业化的实质性进展,使得 2023 年成为中国自动驾驶的拐点之年。随着新能源汽车与人工智能大模型技术的深度融合,自动驾驶技术将在中国市场迎来更广泛的应用和发展,为汽车行业带来新的变革和发展机遇,并不断拓展现代化产业领域。

---

① 谢戎彬、王金玉、陈伟、朱志宇:《汽车强国建设迈上新起点(经济聚焦)》,《人民日报》2024 年 1 月 12 日,第 10 版。

② 《麦肯锡:2023 麦肯锡中国汽车消费者洞察》,2022 年 12 月 26 日,https://www.sohu.com/a/621228974_407401。

(二)以科技经济为主的战略性新兴产业

1.智能制造产业

习近平总书记明确指出,"要以智能制造为主攻方向推动产业技术变革和优化升级,推动制造业产业模式和企业形态根本性转变"①。我国在智能制造领域出台了包括《中国制造2025》在内的一系列战略及鼓励政策,促进智能制造技术的研发和应用,推动制造业转型升级。近年来,我国智能制造企业数量不断增加,实力也在不断增强。数字工厂通过数字化技术和信息化系统实现生产过程的智能化管理和优化调度,提高生产效率和产品质量,降低生产成本,使其成为智能制造领域的典型代表案例之一。此外,中国智能制造在数控机床、工业机器人、智能工厂建设等方面取得了一系列重要成就,在国际上具有一定的影响力和竞争力。总体而言,智能制造可以提高生产效率、产品质量和企业竞争力,推动制造业向高端化、智能化、绿色化方向发展,实现经济高质量发展,从而不断推进我国新质生产力的发展。

2.芯片产业

作为我国重点发展的战略性新兴产业,芯片产业是突破关键核心技术难题的关键产业之一。② 芯片作为数字经济的基础设施,不仅是信息技术和通信领域的核心基础,也是智能制造、物联网、人工智能等新兴产业的重要支撑。芯片技术的不断创新和应用,有助于各行业提升生产效率、降低成本、提高产品质量,推动整个经济的数字化转型,实现经济的高质量发展。加速实现自主可控已经成为当前刻不容缓的任务。当前,芯片产业的竞争格局仍然以国际大厂为主导,我国芯片企业主要集中在设计和封装测试等环节,整体上与国际巨头还存在一定的差距。随着政府加大对芯片产业的支持和投入,以及国内企业不断加大研发投入和技术创新,中国芯片产业正

---

① 习近平:《努力成为世界主要科学中心和创新高地》,《求是》2021年第6期。
② 李芃达、刘瑾、李景等:《融合创新壮大实体经济》,《经济日报》2021年3月11日,第1版。

逐步向着全产业链发展,但是在关键技术和核心零部件方面,芯片产业仍然依赖进口。因此,加大自主创新力度,提升自主可控能力,是芯片产业未来发展的重要任务之一。

3. 航空航天产业

习近平总书记指出,"探索浩瀚宇宙,发展航天事业,建设航天强国,是我们不懈追求的航天梦""航天梦是强国梦的重要组成部分"。① 中国在航空航天领域已经取得了一系列重要成就,为国家科技实力的提升和经济发展的推动作出了重要贡献。中国自主研制了多型民用和军用飞机,标志着中国航空工业迈入了新的发展阶段。此外,我国已成功实现了载人航天、月球探测、火星探测等重大任务,成为继美国、俄罗斯之后第三个独立掌握实现载人航天技术的国家。

2023年9月1日,习近平总书记给中国航发黎明发动机装配厂"李志强班"职工回信时明确指出,"航空发动机是国之重器,是国家科技实力和创新能力的重要体现"②。当前,多电系统和开式转子混合动力发动机等新能源技术的突破,将推动飞机动力系统的革新和升级,实现飞机动力的高效利用和环保低碳。此外,超声速、超高效亚声速、新能源客机等先进概念的研究,将推动飞机技术的前沿探索和发展。

智慧空管系统是指把新一代IT技术充分应用于空中交通管理,将传感器嵌入和装备到空管运行涉及的各个要素中,并通过普遍连接形成"空管物联网",实现对空管各个环节的全方位实时监控。③ 在智慧空中交通需求方面,电动垂直起降航空器和智能高效航空物流装备等新型飞行器的研制和

① 刘诗瑶:《探索浩瀚宇宙 发展航天事业(强国建设 砥砺前行)——代表委员谈加快建设航天强国》,《人民日报》2024年2月28日,第1版。

② 刘洪超、邱超奕:《让中国的飞机用上更加强劲的"中国心"——习近平总书记给中国航发黎明发动机装配厂"李志强班"职工的回信激励广大航空科技工作者矢志创新、勇攀高峰》,《人民日报》2023年9月4日,第1版。

③ 石文先、朱新平:《智慧空中交通管理系统及其应用》,《南京航空航天大学学报(科学版)》2013年第3期。

应用,将促进航空交通系统的升级和改造,实现航空运输的智能化、高效化和可持续发展。这些技术的突破和应用将为未来航空航天产业的发展注入新的活力和动力,推动行业向着更加先进、智能和可持续的方向迈进。

4. 机器人产业

习近平总书记明确指出,"随着信息化、工业化不断融合,以机器人科技为代表的智能产业蓬勃兴起,成为现时代科技创新的一个重要标志"[①]。目前,机器人产业已经从最初的简单机械装置发展到智能化阶段。随着人工智能技术的进步,机器人不断智能化,已能智能感知环境、执行任务,机器人的应用范围也随之得到拓展。人型机器人已成为重要发展方向之一,模仿人类外形和行为方式,被广泛应用于制造、服务、医疗等领域。其出现推动了软硬件融合的智能生态体系构建,为社会产业结构转型提供了动力。未来,机器人产业将突破技术壁垒,拓展应用领域,提升智能化水平,并将应用于智能制造、家庭服务、特殊环境作业等领域,推动生产方式和生活方式的变革。通过提升仿生感知与认知能力,机器人能更准确地感知环境和理解人类意图,实现更智能的交互合作。总体而言,机器人产业将成为未来新兴支柱产业之一,为社会发展带来更多的便利性和效率的提升,推动产业结构转型。

5. 氢能产业

习近平总书记深刻指出,"绿色低碳发展,这是潮流趋势,顺之者昌"[②]。要把促进新能源和清洁能源发展放在更加突出的位置,积极有序发展光能源、硅能源、氢能源、可再生能源。在碳中和背景下,氢能产业已经成为国家级战略,成为实现清洁能源转型的重要组成部分。根据中国氢能联盟研究院与石油和化学工业规划院的统计,当前我国氢气产能约 4100 万吨/年,产

① 徐扬、于也童、张辛欣:《总书记关切高质量发展丨你好,机器人!》,2020 年 1 月 21 日,http://www.xinhuanet.com/politics/leaders/2020-01/21/c_1125488557.htm。

② 丁怡婷、张枨、毕京津:《可再生能源建设提速　绿色发展再添动力(坚定信心开局起步)》,《人民日报》2023 年 5 月 28 日,第 1 版。

量约 3342 万吨。然而，当前制氢过程所使用的能源绝大部分是非可再生能源，这不符合可持续发展的要求。因此，国家明确提出了发展可再生能源制氢，也就是绿氢的战略目标。目前，海上风电制氢、陆上风电制氢、光伏制氢等技术逐渐成熟，其生产成本都有望下降约 50%。这意味着绿氢的生产成本将大幅降低，这将会促进绿氢产量的增长。据预测，到 2060 年，绿氢产量有望超过 8000 万吨，成为氢能供应的主要来源，推动氢能产业真正进入绿氢时代。

绿氢产业的发展，不仅可以促进能源结构优化升级，还将带动相关技术和产业链的不断创新和完善，推动各行业转型升级，推动经济可持续发展，提高国家竞争力。总体而言，绿氢产业的发展对推动能源转型、促进经济转型升级以及推动社会经济可持续发展具有重要的价值和意义。随着技术的不断成熟和市场的逐步扩大，绿氢产业有望成为未来清洁能源产业的重要支柱之一。

6. 生命健康产业

2021 年 3 月 23 日，习近平总书记在福建考察时指出，"现代化最重要的指标还是人民健康，这是人民幸福生活的基础。把这件事抓牢，人民至上、生命至上应该是全党全社会必须牢牢树立的一个理念"①。人民生命健康的保证，离不开生命健康产业的支撑。我国在生命健康领域出台了一系列鼓励政策，以促进行业的可持续发展，同时也取得了一系列重要成就。医疗器械和医药研发水平逐步提高，医疗服务水平不断提升，生命健康领域迎来了一系列创新性成果，推动了整个产业的发展。生命健康产业通过提高医疗水平、促进健康管理、推动科技创新等方式发挥着新质生产力的作用。这不仅有助于推动生命健康产业的发展，也对其他行业的转型升级和社会经济的可持续发展产生积极影响。

---

① 汪晓东、张炜、赵梦阳：《为中华民族伟大复兴打下坚实健康基础》，《人民日报》2021 年 8 月 8 日，第 1 版。

(三)以生产性服务业为主的战略性新兴产业

习近平总书记在黑龙江考察时指出,"整合科技创新资源,引领发展战略性新兴产业和未来产业,加快形成新质生产力"[①]。生产性服务业是为生产服务,重点在于为先进制造业服务、为战略性新兴产业服务。生产性服务业涵盖了广泛的领域,包括但不限于工程咨询、技术研发、人力资源管理、物流运输、信息技术、金融服务、法律咨询、市场营销等。这些服务在企业的生产过程中发挥着关键作用,帮助企业解决各种管理和运营上的难题,提高生产效率和质量,从而实现经济效益和竞争优势[②]。

生产性服务业的发展与现代产业的发展密切相关,国家层面在战略上非常重视鼓励生产性服务业的发展,早在 2017 年国家发展改革委就发布了《服务业创新发展大纲(2017—2025 年)》,提出要推动中国服务与中国制造互促共进。根据国家统计局的数据显示,到 2022 年中国生产性服务业增加值已达 37.9 万亿元,生产性服务业增加值占服务业增加值的比例已经达到 59%。[③]

生产性服务业作为制造业转型升级的重要支撑,通过提供技术支持、智能化解决方案、人才培训、质量控制、供应链管理和市场营销等全方位服务,助力制造业转型升级,推动企业实现技术创新、管理创新和市场拓展,提升竞争力和可持续发展能力。因此,要想实现制造业转型升级,就必须加大生产性服务业的发展力度,让生产性服务业赋能制造业转型升级。

1.工业软件

工业软件在工业数字化转型中扮演着重要的角色,它不仅是一个国家

---

①　史丹:《加快形成新质生产力　建设现代化产业体系(人民观察)》,《人民日报》2023 年 11 月 24 日,第 9 版。

②　吉亚辉、羊洋:《产业升级对全要素生产率和劳均资本积累的影响:"红利"还是"减速"》,《产经评论》2021 年第 3 期。

③　胡祖才:《加快推动服务业创新发展支撑引领经济转型升级》,《现代企业》2017年第 8 期。

工业化水平的体现,更是推动工业生产效率提升、质量管理优化以及智能制造发展的重要支撑。在企业层面,工业软件可以助力企业实现生产过程的数字化、智能化和网络化管理,提升生产效率和质量水平,降低生产成本,提高市场竞争力。此外,企业还可以借助工业软件实现生产计划的优化、生产过程的监控和调度、质量管理的提升、供应链的优化管理等,从而实现生产过程的智能化和高效化。工业软件的发展对于推动各行业的数字化转型升级具有重要的价值和意义。通过工业软件的应用,可以实现生产过程的数字化管理和智能化控制,提高生产效率和产品质量,推动产业结构的优化升级,促进产业转型升级和创新发展,为经济的持续健康发展提供有力支撑。

2. 物联网

广义上的物联网可以看作是信息空间与物理空间的融合,将一切事物数字化、网络化,在物品之间、物品与人之间、人与现实环境之间实现高效信息交互方式,并通过新的服务模式使各种信息技术融入社会行为,是信息化在人类社会综合应用达到的更高境界。[①] 物联网对各行业的数字化转型升级具有重要的价值和意义。通过物联网技术,可以实现生产、物流、销售等环节的数字化管理和智能化协同,提高整个产业链的运行效率和资源利用率。我国物联网领域在近年来得到了迅猛发展,政府和企业都在加大对物联网技术和产业的投入力度。目前,中国物联网市场规模庞大,应用领域涵盖智慧城市、智慧农业、智慧工厂、智慧物流等多个领域。中国物联网企业也在不断增加,技术和产品水平不断提升,逐渐走向国际市场。尽管中国物联网领域取得了显著进步,但与发达国家相比,仍存在一定差距,主要表现在技术创新能力、关键核心技术的掌握、产品的质量和性能、标准体系的建设、安全保障等方面。此外,在国际标准制定、核心芯片技术、数据安全等方面仍需要加强。

---

① 孙其博、刘杰、黎羴等:《物联网:概念、架构与关键技术研究综述》,《北京邮电大学学报》,2010 年第 3 期。

3.5G 网络

习近平总书记 2020 年在浙江考察时指出,"要抓住产业数字化、数字产业化赋予的机遇,加快 5G 网络、数据中心等新型基础设施建设,抓紧布局数字经济、生命健康、新材料等战略性新兴产业、未来产业,大力推进科技创新,着力壮大新增长点,形成发展新动能"①。随着数字化、信息化和智能化的快速发展,网络已成为连接人与人、人与物、物与物之间的纽带,是数字经济发展的重要基础设施和战略性资源。我国已经出台了一系列政策措施,加强网络基础设施建设和管理,包括加快光纤网络、5G 网络、云计算数据中心等关键领域的建设,推动网络技术创新和产业发展,促进数字经济的健康快速发展。中国的 5G 产业竞争格局呈现出多元化和多层次的特点。5G 网络对推动各行业数字化转型升级具有重要的价值和意义。它将极大地提升信息传输速度和通信效率,实现万物互联、数据无处不在,推动智慧城市、智慧工厂、智慧医疗等各行业的发展,促进经济和社会的数字化转型与高质量发展。

4. 企业服务

中国企业服务领域的发展呈现出蓬勃的态势。随着数字化转型的推进,越来越多的企业意识到了信息化和智能化的重要性,因此对企业服务的需求也日益增长。在企业服务领域,以 SaaS(software as a service,软件即服务)模式为主。SaaS 是一种新型的软件服务模式,其特点是 SaaS 提供商提供支持软件、硬件设备、应用软件,以及使用过程中的维护和后期的升级服务。② SaaS 模式通过云计算技术将软件应用部署在云端,用户以按需付费的方式通过互联网即可使用。企业通过引入先进的信息技术和管理方法,可以实现生产过程的优化和智能化,提高生产效率和质量。企业服务的发展

---

① 王恒丽:《把握机遇 大力发展数字经济》,《经济研究信息》2020 年第 5 期。
② 汤初、周国祥:《基于 SaaS 模式的决策支持系统的研究》,《计算机技术与发展》2013 年第 12 期。

不仅可以提升单个企业的竞争力,还可以推动整个产业的数字化转型升级。通过数字化技术的应用,企业可以实现信息共享、协同办公、智能决策等,提升整个产业链的效率和效益。

三、产业科技化:传统产业培育新业态

(一)绿色经济产业科技化方向

习近平总书记在中共中央政治局就扎实推进高质量发展第十一次集体学习会议上强调,绿色发展是高质量发展的底色,新质生产力本身就是绿色生产力。必须加快发展方式绿色转型,助力碳达峰碳中和。牢固树立和践行绿水青山就是金山银山的理念,坚定不移走生态优先、绿色发展之路。加快绿色科技创新和先进绿色技术推广应用,做强绿色制造业,发展绿色服务业,壮大绿色能源产业,发展绿色低碳产业和供应链,构建绿色低碳循环经济体系。持续优化支持绿色低碳发展的经济政策工具箱,发挥绿色金融的牵引作用,打造高效生态绿色产业集群。同时,在全社会大力倡导绿色健康生活方式。①

绿色环保领域的产业科技化是全球范围内应对环境挑战的重要举措之一。在当前全球变暖、生态系统受损、资源短缺等问题日益突出的背景下,绿色环保产业的发展对于实现可持续发展目标至关重要。科技在这一领域的应用不仅可以有效减少环境污染和资源浪费,还可以推动经济增长和社会进步。以下将从清洁能源技术、节能减排技术、生态保护技术、新一代信息技术的应用等方面对绿色环保产业的科技化情况进行细致的分析和论述。

第一,清洁能源技术在绿色环保领域扮演着重要角色。清洁能源主要包括太阳能、风能、水能等可再生能源,其利用可以减少对传统化石能源的依赖,减少温室气体排放。在太阳能方面,光伏技术的进步使得太阳能电池

---

① 《习近平在中共中央政治局第十一次集体学习时强调　加快发展新质生产力扎实推进高质量发展》,《人民日报》2024 年 2 月 2 日,第 1 版。

板更加高效和廉价,提高了太阳能发电的效率。风能发电机技术也在不断创新,使得风能成为一种可靠的清洁能源。水力发电技术的改进和创新进一步推动了水电站的建设和效率提升。此外,生物质能、地热能等新兴清洁能源也逐渐得到越来越多的关注和应用。另外,智能化和数字化技术在可再生能源领域得到广泛应用,智能电网、智能风电和智能太阳能等新技术不断涌现,提高了可再生能源系统的稳定性、可靠性和效率。此外,储能技术和智能控制系统的发展也为可再生能源的并网和利用提供了技术支持,使得可再生能源在能源转型和碳减排中发挥了越来越重要的作用。

第二,节能减排技术在绿色环保领域同样发挥着重要作用。节能减排技术主要包括智能制造、节能设备、生产流程优化等方面。在工业领域,智能制造技术的应用降低了能源消耗和排放,提高了生产效率。智能家居、智能建筑等系统的建设通过数据分析和智能控制实现了能源的智能管理,为实现节能减排目标提供了科技支持。在交通领域,电动车、智能交通管理系统等技术的应用也为减少尾气排放和交通拥堵作出了贡献。

碳中和方面,关键的科技创新包括碳捕集、碳储存和碳利用等技术,这些技术旨在减少和消除工业过程和能源生产中产生的碳排放。具体而言,碳捕集技术涉及将二氧化碳从工业废气中捕获和分离出来,而碳储存技术则涉及将捕获的二氧化碳安全地储存在地下或其他地方,以防止其释放到大气中。此外,碳利用技术包括将二氧化碳转化为有用的产品,如合成燃料、化学品和建材等,从而实现碳资源的循环利用。这些科技创新的推动和应用,将为实现碳中和目标提供关键支持,促进工业和能源生产向更清洁、更可持续的方向发展。

第三,生态保护技术在绿色环保领域也具有重要意义。生态保护技术主要包括生态监测技术、生物多样性保护技术、水土保持技术等方面。先进的生态监测技术和遥感技术使得环境监测更加智能化和精准化,为环境保护工作提供了数据支持和科学依据。地理信息系统(GIS)的应用也使得对生态环境的监测和评估更加便捷和高效。同时,生态修复技术和生态保护项目的推进也在一定程度上缓解了生态系统受到的破坏和压力。

在大气污染治理方面,先进的气体净化技术、智能监测设备和在线监测系统得到广泛应用,有助于降低排放浓度和提高空气质量。水环境治理方面,水处理技术、污水处理设备和水资源管理系统不断创新,以解决水污染和水资源短缺等问题。固体废物处理方面,垃圾分类、焚烧发电、生物降解技术和循环利用工艺得到推广应用,有助于减少固体废物对环境的影响。此外,资源回收利用技术,如能源回收、废物资源化和再生材料制备等也在不断完善和推广,以实现资源的高效利用和循环利用。这些科技创新的推动,有助于提高环保产业的效益和水平,为构建生态文明和可持续发展作出重要贡献。

第四,新一代信息技术的应用在绿色环保领域也具有重要意义。物联网技术的应用使得环境监测和管理更加智能化和精准化,实现了对环境污染源的实时监测和预警。人工智能技术的应用为大数据分析、智能决策提供了支持,使得环保工作更加高效和可持续。区块链技术的应用也在环境治理和碳交易等方面发挥着重要作用,提高了环保数据的透明度和可信度。

综上所述,绿色环保领域的产业科技化是推动环境保护和可持续发展的重要动力之一,可以说新质生产力就是绿色生产力。通过不断创新和应用科技,可以实现资源的高效利用、环境的有效保护,从而推动经济的可持续增长和社会的可持续发展。随着技术的不断进步和应用水平的提高,相信绿色环保产业的科技化将迎来更加美好的未来。

(二)实体经济产业科技化方向

1. 农业数字化

2022 年,习近平总书记在中央农村工作会议上指出,"强国必先强农,农强方能国强。没有农业强国就没有整个现代化强国;没有农业农村现代化,社会主义现代化就是不全面的"①。在千行百业都在数字化转型的背景下,数字农业和数字乡村建设是实现未来农业农村现代化的必要条件。农业数字化在中国的发展面临着长链条、多场景、广范围的挑战与机遇。随着科技的进步和数字化技术的应用,农业产业链上的各个环节都迎来了数字化转型的机遇。从育种繁育、农业生产、农产品加工,再到农产品流通、农产品营销、休闲文旅、政府服务和乡村治理等方面,数字化都可以发挥重要作用。

农业数字化的价值体现在提高生产效率和质量上。通过应用先进的农业技术和数据分析,可以更好地监测土壤状况、植物生长情况和病虫害防治情况,从而及时调整种植方案,提高农作物的产量和品质。农业数字化可以优化农产品流通环节,提高市场供应链的效率。通过建立数字化的农产品溯源系统,消费者可以了解到农产品的生产、加工、流通等全过程信息,增强了对产品质量和安全的信任感,从而促进农产品的销售和流通。农业数字化还能够为乡村治理和农村发展提供支持。利用智能化技术,可以建立数字化的村庄管理系统,提升农村基础设施和公共服务水平,推动乡村治理的现代化和智能化。

当前参与农业数字化的厂商相对较少,这导致了数字化服务的供给不足。因此,亟需创造出新的发展模式,以实现科技的普惠。具体而言,需要建立完整的农业数智生态系统,以支持新模式的实施。这意味着需整合各种技术和资源,构建覆盖全产业链的数字化解决方案,从而让农业生产、管理和服务更加智能化、高效化。在未来的发展中,农业数字化将为乡村振兴注入新的动力,使其获得数据和智能技术的支持,从而实现可持续发展和更高质量的农业产业。随着技术的不断进步和应用的深入推进,相信农业数字化将为农村带来更多的发展机遇和美好未来。

2.工业数字化

习近平总书记就推进新型工业化作出重要指示指出,"新时代新征程,

---

① 习近平:《加快建设农业强国 推进农业农村现代化》,《农业工作通讯》2023 年第 6 期。

以中国式现代化全面推进强国建设、民族复兴伟业,实现新型工业化是关键任务"①。新型工业化就是以数字化、网络化、智能化为主要特征的新工业形态。工业领域的数字化转型一直被视为推动工业制造降本增效的有效手段,同时也是实现中国制造 2025 目标和构建新型工业化的主要策略之一。随着科技的不断发展和应用,工业领域的数字化转型经历了几个阶段的演变,从最初的数字孪生到数字孪生体,再到工业互联网,如今正迈入工业元宇宙的时代。

工业领域的数字化转型不断深化和拓展。数字孪生阶段的数字化范围仅仅满足单个设备的数字化需求。随后是数字孪生体阶段,数字化范围得到了扩展,覆盖了多个设备。随着工业互联网的兴起,数字化范围进一步扩大,涵盖了整个生产线。如今,工业元宇宙阶段则是在工业互联网的基础之上,增加了对虚拟现实、区块链等技术的应用,实现了整个生产线的现实与虚拟的映射,从而实现了完整工业场景的虚拟化映射与交互管理。

工业元宇宙的出现标志着生产范式的转变和优化,由虚拟向现实部署,由单点向全链路协同。在工业元宇宙中,数字化技术不是仅局限于生产线的监控和管理,而是将整个工业生态系统纳入其中,实现了生产、供应链、物流、销售等多个环节的全面数字化和智能化。这种全链路的数字化转型不仅可以提高生产效率和产品质量,还可以实现资源的合理配置和成本的降低,进而推动工业企业的持续创新和发展。

工业元宇宙的出现为工业企业走向虚实融合提供了重要支持,重塑了全链路协同作业生产模式。在工业元宇宙中,数字化技术可以帮助企业实现全面的生产过程可视化和智能化,使生产计划、生产调度、设备维护等各个环节更加高效和精准。同时,通过虚拟现实和区块链等技术的应用,工业企业可以更好地管理生产过程中的各种风险和问题,提高生产的稳定性和

---

① 《习近平就推进新型工业化作出重要指示》,2023 年 9 月 23 日,http://www.news.cn/politics/leaders/2023-09/23/c_1129879361.htm。

可持续性。此外,工业元宇宙还可以促进企业之间的合作与共享,推动整个产业链的协同发展,从而实现产业的数字化转型和升级。

3. 智慧交通

国家主席习近平在 2021 年出席第二届联合国全球可持续交通大会开幕式并发表主旨讲话时指出,"要大力发展智慧交通和智慧物流,推动大数据、互联网、人工智能、区块链等新技术与交通行业深度融合,使人享其行、物畅其流"①。智慧交通是在智能交通系统的基础上集成物联网、大数据、云计算、人工智能等高新技术,实现人、车、路、环境四要素的全面感知、协同互联、高效服务。它不仅包括智慧交通管理系统、智慧路网、智能汽车、智慧停车等,还涵盖了共享单车等一切融合大数据、云计算、人工智能技术在交通领域的应用。当前已经进入了一个"泛智慧交通时代",交通设施在某种程度上已经成为智慧交通的一部分,但仍有许多场景和技术面临挑战和阻力。

智慧交通的实现场景丰富多样,除了无人驾驶和智慧交管系统之外,还有许多其他实现场景。其中包括智能交通信号灯,通过大数据分析实时调整交通信号灯的时长,优化交通流量,缓解交通拥堵;智能交通监控系统,通过高清摄像头、人工智能技术等监控交通情况,及时发现交通违规行为并进行处理;智能交通导航系统,利用地图数据、实时交通信息等为驾驶员提供最佳行车路线和路况信息,提高行车效率和安全性。

然而,智慧交通在实现当下场景时面临着一些阻力。首先,技术标准和规范不统一,各地区、各厂商的智慧交通技术标准和规范存在差异等问题导致智慧交通系统之间的互操作性和兼容性不足。其次,隐私和安全问题,智慧交通系统涉及大量用户数据和个人隐私信息的收集和处理,如果安全措施不到位,容易引发数据泄露和隐私侵犯问题。此外,智慧交通系统的建设和维护成本较高,需要投入大量资金和人力物力,这也是智慧交通发展面临

---

① 《习近平:要大力发展智慧交通和智慧物流》,2021 年 10 月 14 日,http://www.xinhuanet.com/2021-10/14/c_1127958628.htm。

的挑战之一。

在未来,智慧交通的发展方向可能是多样化的。一方面,随着无人驾驶技术的不断进步,智慧交通可能会更加注重车辆的自动驾驶功能,提高交通系统的智能化水平,从而实现更安全、高效的交通管理。另一方面,智慧调度系统可能会得到进一步发展,通过人工智能和大数据分析,实现对交通流量的精准预测和调度,优化交通网络布局和路线规划,提高交通系统的运行效率和容错性。此外,飞行汽车等新型交通工具的出现也将为智慧交通带来新的发展机遇和挑战。

4. 智慧建筑

智慧建造的内涵可概括成是集绿色化和智能化于一体的建造过程。[①]具体而言,智慧建筑是指所有建筑设施组件都具备实时的数字化感知、获取、链接和交互能力,从而使整个建筑体从"死"建筑变成"活"建筑。推动建筑智慧化是实现全社会节能降耗的必由之路,是社会理念进步的大势所趋,也是带动产业发展的关键跳板,因此,智慧建筑是我国未来建筑产业发展的必然趋势。

智慧建筑产业链涵盖了设计、施工、运营和维护等多个关键环节。在设计阶段,包括概念设计和建筑设计,以及利用 BIM(building information model,建筑信息模型)技术进行建模。施工阶段涉及施工准备、实施和质量控制,确保建筑质量和安全。运营阶段则包括设备调试、管理系统搭建和日常运营管理,以及数据分析与优化,实现建筑的智能化运行和管理。同时,智能化设备与技术供应商在整个产业链中发挥着重要作用,提供传感器、监控设备、智能控制系统等技术支持,推动智慧建筑的发展和应用。这些关键环节相互交织、相互促进,共同构成了智慧建筑产业链的完整体系,为建筑行业的转型升级提供了重要支撑。

---

① 林树枝、施有志:《基于 BIM 技术的装配式建筑智慧建造》,《建筑结构》2018 年第 23 期。

在建筑工程项目中,由于参与主体众多、流程复杂、业务细项多、项目周期长等特点,其数字化转型需要确定一个核心作为切入点。BIM 技术作为建筑信息化领域的革命性技术,正是在此背景下应运而生的,拉开了建筑信息化的第二次革命的大幕。BIM 技术强调三维、整体性和协同性,与传统的 CAD(计算机辅助设计)技术相比,具有更高的效率和更多的优势。

智慧建筑的实现不仅使建筑节能与舒适共存,也有利于提升民生福祉。通过数字化技术的应用,智慧建筑可以实现能源的智能管理和节约,提高建筑的能效性能;实现智能化的环境监测和控制,提高室内空气质量和人员舒适度;实现智能化的安全监控和灾害预警,保障建筑和人员的安全。

智慧建筑是建筑产业发展的必然趋势,将为社会经济发展和人民生活水平的提高作出积极贡献。通过不断推动智慧建筑的发展和应用,可以实现建筑产业的转型升级,促进经济结构的优化和产业链的升级,推动我国经济持续健康发展。

(三)金融经济产业科技化方向

金融领域的科技化程度不断提升,是当代金融行业发展的一个显著特征。科技金融可以通过与其他产业产生联动,优化资源配置,发挥知识溢出效应,有效助力区域经济实现高质量发展。① 随着科技的不断进步和创新,金融机构利用先进的技术手段不断优化业务流程,提高服务效率,同时也面临着新的挑战和机遇。

金融科技的崛起是金融领域科技化的重要标志之一。金融科技是指利用先进的技术手段,包括云计算、大数据、人工智能等,改进和创新金融服务和业务模式的领域。在金融科技的推动下,新兴金融服务如在线银行、移动支付、数字化投资等蓬勃发展,为用户提供了更便捷、高效的金融服务体验。例如,通过手机应用程序就能完成银行转账、购买理财产品等操作,大大提

---

① 潘慧莉:《科技金融助力区域经济高质量发展研究》,《商展经济》2024 年第 4 期。

高了金融服务的便利性和可及性。

数字支付技术的普及也是金融科技化的重要体现。随着移动互联网和智能手机的普及，数字支付方式如移动支付、电子钱包等在人们的日常生活中得到了广泛应用。人们可以使用手机、平板电脑等移动设备轻松完成支付，不再需要携带大量现金或银行卡，极大地提升了支付的便捷性和安全性。区块链技术在金融领域的应用也越来越广泛。区块链是一种去中心化的分布式账本技术，具有不可篡改、透明等特点，可以为金融交易提供更安全、透明的环境。目前，区块链技术已被应用于数字货币、智能合约、供应链金融等领域，为金融行业的创新和发展提供了新的思路和可能性。

人工智能和大数据分析技术在金融领域也发挥着重要作用。人工智能技术可以帮助金融机构进行客户画像分析、风险评估、智能客服等工作，提高了金融服务的个性化和精准度。大数据分析技术则可以从海量数据中挖掘出有价值的信息，为金融机构提供更准确的决策支持和业务指导。云计算技术的应用也给金融行业带来了巨大的变革。云计算技术可以为金融机构提供灵活、可靠的 IT 基础设施和服务，降低了运营成本，提高了数据存储和处理的效率和安全性。金融机构可以通过云计算技术快速部署和管理 IT 资源，灵活应对业务发展的需求变化。

金融领域的科技化程度不断提升，涵盖了金融科技、数字支付、区块链、人工智能、大数据分析、云计算等多个方面。这些技术的应用正在推动金融行业的数字化转型和创新发展，为用户提供了更便捷、高效的金融服务，同时也带来了更多的挑战和机遇。从金融产业的细分领域来看，银行业、保险业和证券业作为金融行业的三大支柱，都在不断推进产业科技化，以适应数字化时代的发展趋势和用户需求。

银行业在产业科技化方面取得了显著进展。随着金融科技的发展，银行业开始利用先进的技术手段，如人工智能、大数据分析、区块链等来优化业务流程、提高服务效率和客户体验。许多银行推出了在线银行、移动支付、智能投顾等新型金融服务，通过数字化渠道为客户提供更便捷、个性化的金融产品和服务。同时,银行业也积极探索区块链技术在支付清算、反欺诈、供应链金融等领域的应用,以提高交易效率和安全性。

保险业也在不断推进产业科技化。保险公司利用大数据技术对客户数据进行分析,实现精准定价和风险评估,提高了产品定制的灵活性和客户体验。同时,保险公司还积极探索人工智能技术在理赔服务、客户服务等方面的应用,提高了理赔效率和服务质量。另外,保险科技公司的兴起也为保险业的创新发展提供了新的动力和可能性,例如,一些保险科技公司利用区块链技术搭建了去中心化的保险平台,实现了保险产品的智能化设计和智能合约的执行。

证券业也在积极推进产业科技化。证券公司利用人工智能、大数据分析等技术手段提高了交易系统的智能化和效率,为投资者提供了更快速、更智能的交易体验。同时,证券公司还积极布局数字化资产交易、区块链证券等新兴业务,拓展业务边界,提高服务水平。此外,证券市场监管机构也加强了对科技创新的监管和引导,推动证券业加快科技创新步伐,促进市场的健康发展。

(四)文化经济产业科技化方向

文化产业是增强中国文化软实力的重要载体和建设文化强国的重要动能。[①] 文化领域的产业科技化是指通过引入和应用先进的科学技术,对文化创意、文化产业和文化服务进行改造和提升,以实现更高效、更智能、更创新的发展。随着信息技术的飞速发展和数字化时代的到来,文化领域的产业科技化已经成为行业发展的必然趋势,对于推动文化产业转型升级、丰富文化产品供给、提升文化服务水平具有重要意义。

文化创意领域的产业科技化是指利用先进的科技手段,创造出更加丰富、多样化的文化产品和体验。随着虚拟现实(VR)、增强现实(AR)、人工

---

① 庞妃、史春林:《习近平总书记关于文化产业高质量发展的重要论述研究》,《浙江理工大学学报(社会科学版)》2023 年第 6 期。

智能(AI)等数字技术的不断发展,文化创意产业正在迎来全新的创作和表现形式。通过 AR 技术,艺术作品可以实现立体展示,观众可以身临其境地感受艺术品的魅力;利用 VR 技术,影视作品可以实现沉浸式体验,观众可以身临其境地参与到故事情节中;而借助 AI 技术,文学创作可以实现智能辅助,作家可以更快速地生成故事情节和人物形象。这些数字技术的应用,为传统文化注入了新的活力和创意,丰富了文化产品的形式和内容。

文化产业数字化发展的原动力始于文化消费模式的重塑。① 文化产业的数字化转型是指传统文化产业向数字化、网络化发展的过程。在数字化时代,影视、音乐、出版等传统文化产业正逐步向数字化转型,通过互联网、移动端等数字平台进行内容创作、传播和销售。数字化平台的出现为文化产品的全球传播和跨界融合提供了便利条件,同时也为文化产业的商业模式创新提供了新的可能性。例如,许多影视公司和音乐厂商已经建立了自己的在线视频和音乐平台,通过会员制订阅、内容付费等方式实现了商业化运营;出版社也逐渐将传统图书转化为数字图书,实现了电子书的在线销售和阅读。这种数字化转型不仅给文化产业带来了新的商业机会,也为消费者提供了更加便捷、多样化的文化消费体验。

在影视文娱方面。以电影为例,电影创作有一个完整的链条,包括知识产权(IP)、剧本创作、融资、制作、发行、放映、映后开发七个环节,生成式人工智能对这七大环节的效率都有提升,尤其是在制作环节。例如,生成式人工智能在 IP 环节可以帮助撰写小说,在剧本创作环节根据逻辑提纲直接生产剧本内容,让内容生成从一次创作变为二次创作,让创作者有更多时间打磨细节,有更多时间用于创意性内容的生产。近期引起人们关注的一部电影就展示了令人惊叹的生成式人工智能技术,它的每一帧图像都是由人工智能生成的。这部电影通过创新的电影制作方式,利用 OpenAI(开放人工智

---

① 左惠:《文化产业数字化发展趋势论析》,《南开学报(哲学社会科学版)》2020 年第 6 期。

能）的图像生成模型 DALL-E·2 和 D-ID 的运动添加工具，创造了一个离奇的世界。生成式人工智能使电影制作更加灵活和便捷，使电影创作者能够根据需要随时生成新的镜头。生成式人工智能将改变电影制作的方式，为电影带来全新的审美风格。生成式人工智能在电影制作中展现出巨大的潜力，并为电影创作带来新的可能性。

体育产业方面。 体育产业的科技化正在以前所未有的速度和广度发展，涵盖了体育竞技、体育健康、体育娱乐等多个领域。首先，体育竞技方面，科技的应用已经成为提升运动员竞技水平的重要手段。运动员的训练监控和数据分析已经变得越来越精准，包括运动员的身体状态、运动数据、心率变化等方面的实时监测，为教练员提供了更好的数据支持，帮助他们进行针对性的训练和调整。同时，科技还改变了竞技场地和器材的设计制造，比如运动场馆的智能化管理系统、运动装备的材料和设计优化等，提高了比赛的公平性和安全性。其次，体育健康方面，智能健身设备、运动追踪器、健康监测应用程序等科技产品的普及，使人们更容易了解和管理自己的健康状况，促进了健身运动的普及和推广。此外，虚拟现实和增强现实技术的应用也为体育娱乐带来了全新的体验，比如通过 VR 眼镜观看体育比赛，仿佛置身于现场的感觉大大提升了体育观赛的乐趣和趣味性。综上所述，体育产业的科技化已经成为行业发展的主要趋势，为体育竞技、健康管理和娱乐体验带来了前所未有的变革和发展机遇。

文旅产业方面。 文旅产业的科技化正在以前所未有的速度和广度发展，涵盖了旅游、文化、娱乐等多个领域。首先，旅游方面，智慧旅游、数字化旅游已经成为旅游业的新趋势。通过大数据、云计算、人工智能等技术，旅游企业可以更好地了解游客的需求和偏好，提供个性化的旅游服务和定制化的旅游路线。同时，虚拟现实和增强现实技术的应用也为旅游目的地的宣传和推广带来了新的可能性，比如通过 VR 眼镜参观名胜古迹，仿佛置身于历史的长河之中。其次，文化方面，数字化文化资源的建设和开发已经成为文化产业发展的重要方向。通过数字化技术，文化机构可以将传统文化资源进行数字化保存和展示，为公众提供更加便捷和丰富的文化体验。最后，娱乐方面，智能化设备、数字化娱乐项目的不断涌现，为游客提供了更加多样化和创新的娱乐体验，比如智能游乐设备、数字化演艺表演等。综上所述，文旅产业的科技化已经成为行业发展的主要趋势，为旅游、文化和娱乐带来了前所未有的变革和发展机遇。

文化服务领域的科技化是指文化服务行业利用智能化、云计算、大数据等技术，提升服务质量和效率。随着智能化技术的发展，图书馆、博物馆、文化艺术教育等文化服务机构正在探索数字化、智能化的服务模式。例如，一些博物馆利用数字化技术打造了虚拟展厅，实现了线上展览和远程参观的功能，为广大观众提供了更加便捷的文化体验；文化艺术教育机构通过在线课程、远程教学等方式拓展了教育资源的边界，实现了教育服务的普惠化和个性化。这种文化服务的科技化不仅提升了服务效率，也为公众提供了更加多样化和个性化的文化体验。

文化领域的产业科技化正在为传统文化注入新的活力和创意，推动文化产业的升级和转型。随着科技的不断发展和应用，数字技术、人工智能、虚拟现实等新技术将会继续发挥重要作用，为文化创意、文化产业和文化服务带来更多创新和发展机遇。随着社会经济的不断发展和人们对文化生活需求的不断提升，相信文化领域的产业科技化将会迎来更加辉煌的未来。

(五)生活性服务业产业科技化方向

生活性服务业指的是为满足人们日常生活和社会生活需求而提供的服务行业，包括但不限于餐饮、住宿、旅游、健康保健、教育培训、美容美发、家政服务、娱乐休闲等领域。这些服务项目直接关系到人们的日常生活品质和幸福感，是社会经济中不可或缺的重要组成部分。

生活性服务业直接满足人们日常生活中的吃、穿、住、行、育、乐等方面的需求，是人们日常生活不可或缺的一部分。随着经济的发展和生活水平的提高，人们对于生活性服务的需求逐渐增加，相应的消费比例也较高，成为经济增长的重要支撑。相较于其他行业,生活性服务业的门槛相对较低,创业者可以比较容易地进入市场并开展业务,同时也面临竞争激烈的挑战。生活性服务业的生产过程,相对于制造业等行业,资源消耗相对较低,但需要更多的人力资源和服务质量的提升。

生活性服务业的科技化已经成为推动行业发展的重要趋势,各个领域都在不断引入和应用新技术,以提升服务品质、提高效率、降低成本,并满足消费者不断增长的需求。生活性服务业涉及的领域广泛,包括餐饮、旅游、教育、健康、美容等多个方面,每个领域都有着自己的特点和市场需求。

从餐饮业来看,不断引入和应用新技术,可以提升服务品质、提高效率、降低成本、满足消费者不断增长的需求。从在线点餐系统到智能点餐机器人,再到智能厨房设备和数据分析预测,餐饮业的科技化进程日益深化。在线点餐系统为顾客提供了便捷的点餐方式,节约了等待时间,降低了人力成本,提高了顾客满意度。智能点餐机器人的引入不仅提高了服务效率,还增加了顾客的娱乐性和体验感。随着科技的不断发展和应用,餐饮业将迎来更多创新和突破,为人们的生活带来更多便利和享受。

住宿业的科技化转型以提升服务质量、提高效率并改善客户体验为主。这一转型涵盖了多个方面,首先是预订和管理系统的数字化转型,通过在线预订平台和智能管理系统实现了客房库存和价格的实时管理,提高了出租率和收益。其次是智能客房设施的普及,包括智能门锁、智能空调和智能电视等,这些设施通过手机应用或语音助手实现远程控制,提高了客人的居住舒适度和便利性。另外,一些住宿场所还引入了虚拟现实和增强现实技术,提供沉浸式体验,让客人在未实际入住之前就能"参观"客房和公共区域。住宿业的科技化转型正在全面推进,为提升服务水平、优化客户体验和实现可持续发展奠定了坚实基础。

教育培训业方面,科技化转型以提升教学效果、拓展教学方式、实现个性化学习为主。随着在线教育平台的快速发展,通过互联网技术和移动应用,学生可以随时随地获取教育资源,参与在线课程和学习活动,突破了地域和时间的限制。同时，人工智能和大数据技术被广泛应用于教育领域，通过分析学生的学习行为和表现，提供个性化的学习推荐和教学内容，以满足不同学生的学习需求。另外，虚拟现实和增强现实技术也在教育培训中得到应用，通过沉浸式体验和交互式学习，提供更生动、直观的学习环境，提高学生的学习积极性和效果。

健康保健业方面，各项先进技术，如数字化医疗服务、智能医疗设备、大数据与人工智能、基因检测与个性化医疗、远程医疗与互联网医院以及健康管理与智能穿戴设备等，正在快速渗透并改变着传统的医疗保健模式。随着科技的不断创新和应用，健康保健业必将迎来更加智能化、高效化和人性化的发展，为人们的健康提供更好的保障和服务。

四、构建新质生产力的新型产业评估体系

(一)新型产业体系需要构建科学的评估体系

产业评估不仅可以有效评价产业发展的绩效，也可以引导培育国家或地区新型产业的发展方向。为了确立具有中国特色的新质生产力范式并将其推向国际市场，必须在评估体系上建立独具中国特色的产业评估标准，以提升在定义新质生产力产业时的中国特色以及标准话语权。这一评估体系需要着重考虑中国市场的独有特点和需求，确保评估标准能够真实地反映产业的发展状况，同时为产业的发展提供有效的指导和支持。

在建立新质生产力的产业体系评估标准时，需要构建原生评估体系，这意味着评估体系应该充分考虑中国市场的特色和国情，确保评估标准与中国产业的实际情况相契合，从而更好地指导和推动中国产业的发展。评估标准还将更加注重中国市场的需求驱动型特点，即政策的比重将会相对突出。这意味着评估体系将更为重视政策环境对产业发展的影响，政策因素将在评估体系中占据重要地位，以反映政策对产业布局、技术创新、市场拓展等方面的引导作用，推动新质生产力产业在市场中的发展。

通过建立独具特色的产业评估标准，能够更好地推动新质生产力产业的发展，并提高中国在国际产业竞争中的话语权和影响力，实现产业高质量发展的目标。在评估新质生产力的产业体系时要特别关注几个重要方面，以确保评估体系能够全面而准确地反映产业发展的现状和趋势。

一是应该注重技术的前沿性和颠覆性。随着科技的不断进步，新技术的涌现常常带来产业格局的重塑和变革。因此，在评估新质生产力的产业体系时，必须密切关注技术的最新发展动态，特别是那些具有颠覆性的新技术。通过对技术创新的及时评估和跟踪，可以把握新时代技术革命的脉搏，为产业体系的调整和升级提供科学依据。[1]

二是要关注新技术衍生出的新业务和新模式。随着科技的不断进步，新技术往往会催生出一系列新业务和新模式，并逐渐成为行业的共识。这些新业务和新模式往往具有较高的市场竞争力和发展潜力，因此在评估新质生产力的产业体系时，需要重点关注这些新兴业务和模式的发展情况，以及它们对产业链条的影响和推动作用。通过深入分析和评估，可以更好地了解新业务和新模式对产业发展的贡献和影响，为产业体系的优化和升级提供有力支持。

三是应该注重产业集群的构建和产业协同。产业集群是一种重要的产业组织形式，通过将相关企业集聚在一起，可以促进产业链上下游的协同发展，提高整个产业的竞争力和创新能力。因此，在评估新质生产力的产业体系时，需要关注产业集群的形成和发展情况，评估其对产业链上下游的协同效应和推动作用。只有构建良好的产业集群，才能更好地促进产业体系的协同发展，推动产业的健康发展和持续壮大。[2]

四是评估新质生产力的产业体系，必须着眼于新产业对推动生产力和

① 王珏、王荣基：《新质生产力：指标构建与时空演进》，《西安财经大学学报》2024年第 1 期。

② 李娅、侯建翔：《现代化产业体系：从政策概念到理论建构》，《云南社会科学》2023 年第 5 期。

生产关系变革的价值。随着科技的不断进步和新兴产业的涌现，新质生产力所带来的生产范式和生产关系也在不断发生变革。这种变革不仅体现在生产效率的提升和生产方式的转变上，更重要的是推动了整个产业链条的升级和优化，促进了生产要素的高效配置和协同运作。因此，在评估新质生产力的产业体系时，必须充分认识到新产业对生产力和生产关系变革所带来的深远影响，以及其在推动产业发展和经济增长中的不可替代作用。

五是评估新质生产力的产业体系，还应重视数据要素的生产力发挥，强调数字化和智能化水平的应用。随着数字化技术的飞速发展，数据已经成为推动产业发展和提升生产力的重要驱动力之一。[①] 新质生产力的产业体系评估需要关注产业内部和外部数据的采集、分析和应用，以及数据驱动的智能化生产和管理模式的推广和应用。只有充分发挥数据要素的生产力作用，才能更好地提高产业的效率和竞争力，推动产业体系的创新和升级。

六是评估新质生产力的产业体系，应该注重碳中和的战略目标，强调可持续发展和绿色环保。随着全球气候变化日益加剧和环境问题日益突出，低碳、环保的发展理念已成为全球产业发展的重要关注因素。因此，在评估新质生产力的产业体系时，必须重视产业发展与环境保护的平衡，注重产业的碳排放情况和资源利用效率，积极推动实现碳中和与绿色发展的战略目标。只有在可持续发展的框架下，新质生产力的产业体系才能实现长期稳定的发展，为经济社会的可持续发展作出更大的贡献。[②]

基于以上考虑，提出评估新质生产力的产业体系需要构建原生评估体系和评分标准。这一评估体系应该以中国特色和新质生产力的要求为基础，充分考虑中国市场的原生特色和政策环境，突出技术的前沿性、颠覆性以及对生产力和生产关系的变革价值。在评分标准的制定中，应重点关注新技术衍生出的新业务、新模式是否已成为行业共识，以及产业集群是否形

---

① 任保平、王子月：《数字新质生产力推动经济高质量发展的逻辑与路径》，《湘潭大学学报（哲学社会科学版）》2023 年第 6 期。

② 李晓华：《新质生产力的主要特征与形成机制》，《人民论坛》2023 年第 21 期。

成了良好的协同效应和产业链的上下游协同。评估体系还应注重数据要素的生产力发挥,强调数字化、智能化水平的应用程度以及产业对碳中和、绿色发展战略目标的贡献程度。建立这样一套独具中国特色的评估体系和评分标准,可以更好地反映新质生产力产业体系的特点和发展需求,提高评估的针对性和有效性,推动经济向高质量发展。

(二)新型产业体系的评估维度

新质生产力的产业评估体系综合考量了技术、融合、协同、效率、数据和能源六大关键维度。这些维度涵盖了产业发展的各个方面,从技术的创新和应用、商业模式的融合与认可,到产业链上下游的协同发展、生产效率的提升、数据驱动的智能化转型,以及碳中和、能源效率的可持续性发展。通过细致评估这些维度,可以更准确地把握产业发展的现状和潜力,为推动新质生产力产业的健康发展提供有力支撑。

技术维度。评估新技术对推动新一轮科技革命和产业变革的重要性和作用,包括考察产业是否拥有自主可控的前沿性新技术,并且这些新技术是否具有较高的推广应用价值。具备这些新技术特征的产业往往能够在全球市场中保持竞争力,推动整个行业的发展和进步。因此,技术的评估成为新质生产力产业体系评估中至关重要的一环。

融合维度。主要评估新技术的产业化是否已成为行业共识,并且得到了广泛认可,评估新技术是否已经形成了固定的商业模式,并开始产生新的业态和应用。融合水平的高低可以反映新技术产业是否已经逐步融入中国市场体系,并且开始对市场产生实质性的影响。因此,融合的评估有助于了解产业在商业化道路上的进展情况,以及其对市场格局的影响程度。

协同维度。评估新技术形成的新产业是否已经构建起产业链上下游的协同关系,是否已经实现了联合解决方案、产品/服务的联合打单,并已经构建了区域产业集群体系。产业链的协同是保证产业运转顺畅、效率高效的重要保障,同时也是产业生态系统发展的重要标志。因此,协同维度的评估有助于全面了解产业体系的健康程度和未来发展潜力，为进一步促进产业集群的协同发展提供参考和指导。

效率维度。评估重点在于生产效率的提升比例，尤其是新兴产业在这方面的进展。新兴产业通常能够带来巨大的生产效率提升，给传统产业带来深度变革，重塑生产力与生产关系。通过评估新型产业在效率方面的表现，可以更深入地测评其对生产力的贡献，以及对整体经济结构的影响。

数据维度。主要评估企业是否充分利用数据要素来提升生产力，实现数字化和智能化的转型。这包括评估企业在经营生产过程中所积累的数据资源是否呈现指数级的增长趋势。在当今数字化的时代，数据已经成为企业发展的关键驱动力之一。评估产业在数据积累与使用方面的表现，有助于了解其数字化转型的程度和潜力，以及其数据驱动下的创新能力。

能源维度。主要评估新产业是否已经实现了碳中和，或者是否具有较低的能源消耗水平。需要关注新产业能否在当前的能源体系下实现可持续和规模化的发展。能源问题是当前全球面临的重要挑战，产业的能源消耗情况直接影响到其可持续发展的能力。因此，评估产业在能源利用方面的表现，对于全面了解其可持续发展水平和对环境的影响至关重要。（图4-3）

技术	融合	协同	效率	数据	能源
产业是否拥有自主可控的前沿性新技术，且新技术是否具有较高的推广应用价值，以及新技术是否对推动新一轮科技革命和产业变革具有重要意义和作用。	新技术的产业化是否成为行业共识，并得到广泛认可，是否已经形成固定商业模式，并开始产生新业态、新应用。	新技术形成的新产业是否形成产业链上下游的协同，是否实现联合解决方案、产品/服务的联合打单，并已经构建区域产业集群体系。	生产效率的提升比例，尤其是新兴产业在生产效率方面的大幅度提升，给传统产业带来生产效率的革命，重塑生产力与生产关系。	产业中的企业是否利用数据要素生产力，实现数字化、智能化转型，以使在经营生产过程中所沉淀积累的数据资源呈指数级增长趋势。	产业是否实现碳中和，或是否具有较低的能耗水平，能否在现有能源体系下实现可持续、规模化发展。

图4-3 新质生产力的六大产业评估维度

针对新质生产力产业的综合评估，充分考虑到技术、融合、协同、效率、数据和能源六大关键维度，分别选取了容易采集和监测到的数据评价指标作为评估指标体系的重要组成部分。技术维度关注产业的技术创新能力和发展前景；融合维度则考虑新技术在产业中的普及程度和业务创新模式的形成；协同维度着眼于产业链的上下游协同发展和区域集聚水平；效率维度衡量了新兴产业对生产效率的提升和其对传统产业的影响;数据方面重点关注企业数字化、智能化转型的能力和对数据资源的治理;能源维度则关注产业的碳中和和能源利用效率。这一评估指标体系的设计能够让我们全面了解新质生产力产业的发展状况,并为产业的持续健康发展提供可靠的量化评估支持。(图4-4)

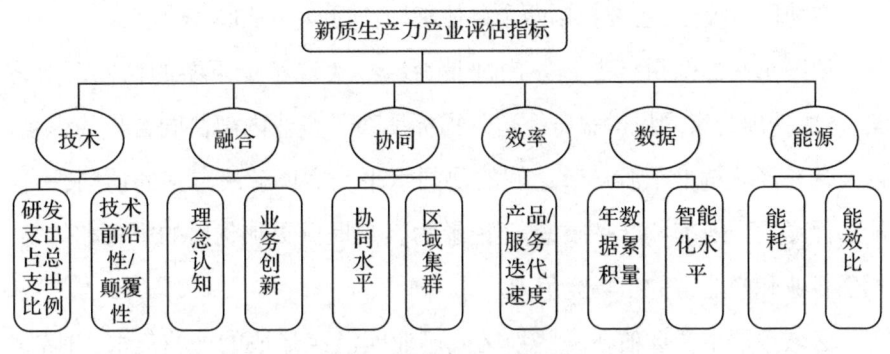

图4-4 新质生产力的产业评估指标体系

在技术维度下,主要包括两个评估指标:研发支出占总支出比例和技术前沿性/颠覆性。

研发支出占总支出比例是指企业年度研发支出规模占企业年度总支出规模的比例,该指标可以衡量企业在技术研发方面的投入程度。这一指标反映了企业对创新的重视程度和投资力度,直接影响着企业的技术创新能力和竞争力。

技术前沿性/颠覆性重点评估技术的先进程度和对产业格局的影响力,具体来说指的是技术是否具备自主可控性以及是否具有领先于行业的前沿性和颠覆性。这种技术不仅能够引领行业发展方向,还能推动新一轮科技革命和产业变革,对产业发展具有重要的意义和作用。

在融合维度下,主要包括两个评估指标:理念认知与业务创新。

理念认知是指管理层对新产业的认知程度和参与意愿水平,这一指标反映了企业管理层对新产业发展趋势的理解程度以及对参与新产业发展的意愿和决心。管理层的认知意愿和高度参与度对于推动新产业的发展具有重要意义,能够为企业在新产业领域的布局和发展提供有力支持。

业务创新是评估企业对传统业务流程的重塑程度,以及所产生的新业态、新模式和新产品/服务。这涉及企业对传统业务模式的变革和创新,通过重塑业务流程和运营模式,实现对传统业务的更新、优化,从而开拓出新的市场空间和增长点。

在协同维度下,主要包括两个评估指标:协同水平和区域集群。

协同水平是衡量产业体系内部是否已经实现了上下游的协同解决方案,并成功地为客户提供服务。这一指标反映了企业内部协同合作的程度,以及其在产业链上下游环节之间的协同水平。实现解决方案的协同,不仅能够提高生产效率和产品质量,还能够为客户提供更加优质的服务和体验,增强企业和产业链的市场竞争力。

区域集群主要评估在一些地区或产业园已经形成的产业集群,并完成产业联盟的组建和推广。这涉及企业在地区间或产业园内的协同合作和资源共享,通过形成产业集群,实现规模化生产和市场开拓,从而推动整个区域产业的发展和壮大。

在效率维度下,主要评估指标是产品/服务迭代速度。

产品/服务迭代速度,即新产业推广后企业的产品/服务迭代开发速度或生产效率方面的提升比例。这一指标反映了企业在产品或服务研发、生产和交付过程中的效率提升程度。随着新技术的不断发展和应用,企业需要更加灵活地调整产品或服务,以适应市场的变化和客户需求的变化。因此,快速的产品/服务迭代不仅能够缩短产品上市周期,还能够提高产品的竞争力和市场占有率。评估效率维度下的产品/服务迭代速度,有助于了解企业在提升生产效率和产品质量方面所取得的成绩,为企业提供改进的方向和建议。

在数据维度下,重点考虑两个评估指标:年数据累积量与智能化水平。

年数据累积量是指企业在经营生产过程中所沉淀积累的数据资源量级。这一指标反映了企业在日常经营中积累的数据规模和数据质量,包括来自各个环节的数据采集、存储、处理和应用等。随着数据时代的到来,企业对数据的需求和应用日益增加,年数据累积量的增加不仅可以为企业提供更多的信息和洞察力,还可以为企业的决策提供更有力的支持和依据。

智能化水平是指企业使用人工智能技术和产品赋能日常工作的水平。这一指标衡量了企业在人工智能技术应用方面的成熟程度和智能化水平。随着人工智能技术的不断发展和应用,越来越多的企业开始将人工智能技术应用于日常工作中,以提高工作效率、降低成本、优化生产流程等。智能化水平的提升可以有效地改善企业的生产经营效率,提高企业的竞争力和创新能力。因此,评估数据维度下的智能化水平,有助于了解企业在人工智能技术应用方面的情况,为企业未来的智能化发展提供参考和支持。

在能源维度下,主要关注两个评估指标:能耗与能效比。

能耗,是指该产业中所属企业在日常生产经营中消耗的能源水平。这一指标反映了企业在生产过程中对能源的使用情况,包括电力、燃料、水等各种能源的消耗情况。企业的能耗水平直接影响着生产成本和资源利用效率,因此评估能耗有助于了解企业在能源利用方面的情况,为企业节能减排提供指导和支持。

能效比,是指该产业中所属企业在日常生产经营中能源利用效率的水平。这一指标衡量了企业在生产过程中所消耗的能源与所生产的产品或提供的服务之间的关系,反映了企业能源利用的经济性和效益性。高能效比意味着企业在生产过程中能够以更少的能源投入获得更多的产出,提高了资源利用效率和经济效益。因此,评估能效比有助于了解企业能源利用效率的水平,为企业优化生产过程、降低能源成本提供指导和支持。

通过将六大维度拆分成十一个指标,搭建出新质生产力的完整产业评估指标体系。确定评估指标体系后,需要制定每个评估指标的评分标准和最终评分结果的判断依据,以确定一个产业是否符合新质生产力产业的标准。针对每个评估指标,需要设定相应的评分标准,以确保评估的客观性和准确性。

在设定评分标准后,还需确定多少分数条件下一个产业可以判断其为新质生产力产业。这一判断依据需要综合考虑各个评估指标的权重以及产业的整体表现,可以通过专家评审、统计分析等方法来确定。一般来说,只有当产业在各个评估指标上表现良好且得分达到一定水平时,才能被认定为新质生产力产业。

(三)新型产业评分标准与判断依据

在确定六大评估维度和十一个具体评估指标后,下一步是为这些指标制定评分标准。本书中评估指标的评分标准采用了李克特量表法,这是一种常用的赋值评分方法,通常用于确定被测试者对某一特定现象或水平的主观评判结果。在本书的应用中,李克特量表被用来对一个产业的各项指标进行评价,以便量化地分析该产业的发展水平,评估是否可以判断其为新质生产力产业。

李克特量表法采用了五级评分制度,即从 1 分到 5 分,分别代表着不同的评价等级。在这个五级评分制度中,1 分通常表示最低水平或最不利的情况,而 5 分则代表最高水平或最有利的情况。因此,通过对每个指标的评分,可以直观地了解到该产业在不同方面的发展水平,以及存在的优势和不足之处。

为了更加准确地评估产业的各项指标,本书将每个评估维度划分为五个等级,以便对产业的不同方面进行更加精细的评价。这样的划分有助于更全面地了解产业的发展状态,并为制定改进策略提供有力支持。通过这种细致的评分标准,可以有效地识别出产业的优势和劣势,为进一步发展提供重要参考。

采用李克特量表法的另一个优点是其操作简便且易于理解。被调查者只需根据特定的标准或准则,选择最符合其观点或态度的评分,无需复杂的计算或推理过程。这种简单直观的评分方式,不仅减轻了被调查者的负担,也使得数据的收集和分析变得更加高效和可靠。

采用李克特量表法对新质生产力产业的评估指标进行赋值，是一种有效的评价方法。通过这种方法，可以清晰地了解产业在各个方面的发展水平，为制定相应的发展策略和措施提供科学依据，进一步推动新质生产力产业的高质量发展。

技术维度下两个评估指标的评分标准：

研发支出占总支出比例的评分标准：采用1—5分的打分形式，将企业年度研发支出规模占企业年度总支出规模的比例划分为不同范围：0.2%以内为1分，0.2%~<0.5%为2分，0.5%~<1%为3分，1%~<3%为4分，3%及以上为5分。

技术前沿性/颠覆性的评分标准：

评分标准为技术是否属于自主可控，具有前沿性、颠覆性，并且对推动新一轮科技革命和产业变革具有重要意义和作用。根据这一标准，技术如果满足上述条件，则评分较高，反之则评分较低。

融合维度下两个评估指标的评分标准：

理念认知的评分标准：采用1—5分打分形式，1分代表管理层无转型意识，5分代表管理层对新技术带来的变革认知充分理解并全力推动企业转型升级，积极布局新产业方向。

业务创新的评分标准：采用1—5分打分形式，实现业务流程重塑的为1分，实现业务流程重塑并大幅提升效率的为2分，实现业务流程重塑并有业务创新产生新业务的为3分，实现业务创新并产生新业务、新模式的为4分，实现业务的全面重塑并基于新业务衍生出新业态、新模式的为5分。

协同维度下两个评估指标的评分标准：

协同水平的评分标准：采用1—5分打分形式，实现产业链上下游协同的为1分，实现产业链上下游协同并已经推出联合解决方案/产品/服务的为2分，已经推出联合解决方案/产品/服务并已经成功服务客户或取得订单的为3分，联合解决方案/产品/服务已经成为产业中常态化模式的为4分，实现联合解决方案/产品/服务为产业主要收入来源的为5分。

区域集群的评分标准：采用1—5分打分形式，1分代表暂未形成产业集群，没有产业园的成功经验，5分代表已经有多个地方区域形成产业集群且布局落地大量特色产业园。

效率维度下评估指标的评分标准：

产品/服务迭代开发速度的评分标准：采用1—5分打分形式，提升10%以内为1分，提升10%～<30%为2分，提升30%～<50%为3分，提升50%～<100%为4分，提升100%及以上为5分。

数据维度两个评估指标的评分标准：

年数据累积量的评分标准：采用1~5分打分形式，5T以内为1分，5~<10T为2分，10~<100T为3分，100~<1024T(1P)为4分，1P及以上为5分。

智能化水平的评分标准：采用1—5分打分形式，数字化产品中未采用AI技术的为1分，数字化产品中采用AI技术但使用率不高的为2分，数字化产品中采用AI技术且经常使用的为3分，采用以AI技术为主的数字化产品的为4分，以AI类数字化产品作为主要生产工具的为5分。

能源维度下两个评估指标的评分标准：

能耗的评分标准：采用1—5分打分形式，1分代表新产业生产经营过程中能耗特别高，5分代表新产业生产经营过程中能耗较低，且可以实现大规模生产应用。

能效比的评分标准：采用1—5分打分形式，1分代表新产业生产经营过程中能效比特别低，需要消耗大量能源才能带来一定收益，5分代表新产业生产经营过程中能效比特别高，只需要消耗少量能源即可实现较高的收益率。

在确定了六大维度和十一个评估指标的评分标准之后，对最终得分进行核算是评估新质生产力产业的重要步骤。每个维度的得分采用对应评估指标得分的加权平均值作为该维度的最终得分。这样能够综合考量每个维度的重要性，使得评估结果更加客观和准确。

针对每个评估指标，根据其具体的评分标准进行评分，得到各个指标的得分。然后,对于每个维度,将其下属的评估指标得分进行加权平均,以确定该维度的最终得分。权重的分配根据各个指标的重要性来确定,通常是根据业务需求和专业知识进行权衡和调整。

一旦每个维度都获得了最终得分,就需要进行综合判断。根据预先设定的判断分界线,通常以 3 分为界限,当一个产业的六个维度中有四个以上维度的最终得分达到或超过 3 分时,则可判断该产业为新质生产力产业。这样的设定旨在确保产业在各个关键维度上都具备一定的优势和特色,从而更有可能成为新质生产力的代表。

综合评估的过程需要结合数据分析和专业判断,以全面客观的角度评价产业的发展情况。需要说明的是,现有的新质生产力评估指标和对应评分标准在具体得分的赋值方面还需要经过大量的实践样本进行验证,在验证后有可能需要对具体评分标准进行适当的优化调整,以确保评分标准更为客观、有效。通过这样的评估方法,可以帮助决策者更好地把握产业发展的方向和趋势,推动新质生产力的形成和发展,为经济持续健康增长提供有力支撑。

第五章
新制度：新质生产力的制度创新体系

发展新质生产力,必须进一步全面深化改革,形成与之相适应的新型生产关系。要深化经济体制、科技体制等改革,着力打通束缚新质生产力发展的堵点卡点,建立高标准市场体系,创新生产要素配置方式,让各类先进优质生产要素向发展新质生产力顺畅流动。同时,要扩大高水平对外开放,为发展新质生产力营造良好国际环境。

——习近平总书记在中共中央政治局第十一次集体学习时的讲话(2024年1月31日)

一、深化改革,激活新质生产力发展潜能

(一)明确新质生产力战略性改革方向

1.顶层规划引领,为新质生产力发展提供战略指引

顶层规划是引领经济社会发展的重要手段,即前瞻性制定国家级战略发展规划,为新质生产力发展提供战略指引和政策支持。比如,制定符合新时代发展要求的科技创新规划和产业扶持政策体系,加强对关键领域、重点行业的引导支持,推动产业结构优化升级,培育壮大新兴产业,加强政策引导,为新兴产业提供更加良好的发展环境和政策支持,促进新质生产力的快速发展。

将大力发展数字经济作为主攻方向,促进数字经济和实体经济深度融

合。首先，从国家层面出台宏观指导性政策和纲领，加大对数字经济基础设施建设的投入，包括网络基础设施、数据中心、人工智能等方面的建设，以夯实国家数字经济的发展根基。其次，要加强数字技术在传统产业中的应用和创新，推动实体经济向数字化、智能化转型，实现降本增效。此外，还需健全数字经济相关法律法规和政策体系，加强数据安全和隐私保护，营造良好的发展环境和市场秩序，促进数字经济健康发展。

在顶层规划明确主要方向后，还需注重制度体系、金融体系、支付体系等方面的协同建设。在实施路径方面，重点关注顶层设计、政策配套和市场培育三个环节的一致性和贯通性。在产业链布局方面，加大对新兴产业的扶持力度，加强政策引导，为新兴产业提供更加良好的发展环境和政策支持，提升其发展质量和水平。对重点应用场景和实体经济赋能领域进行细化指导，以推动市场进入培育期，确保各地方政府开始跟进推动新质生产力各产业的培育与发展。鼓励各地方政府和区域出台配套政策和发展规划，并明确落地措施，制定促进新质生产力发展的执行计划和行动指南。

全面深化改革是推动新型生产关系形成的关键。改革是推动社会进步和发展的强大动力，只有全面深化改革，破除束缚生产力发展的各种体制机制障碍，才能畅通各优质先进要素的流动，促进新型生产关系的不断优化和完善，激发创新动力和活力，促进新质生产力的发展。

2. 创新生产要素配置方式，让各类先进优质生产要素向发展新质生产力顺畅流动

创新生产要素配置方式，让各类先进优质生产要素能够向发展新质生产力顺畅流动，需要从多方面发力。首先，加强对生产要素配置方式的创新和优化。加大对人才、技术、资金等生产要素的支持力度，鼓励各类创新主体开展深度合作，推动要素之间的有效融合和共享，为新质生产力的发展提供更加充足的要素保障和支持。

同时，建立健全要素参与收入分配机制。要素参与收入分配可以激发劳动、知识、技术、管理、资本和数据等生产要素的活力，更好地体现它们在市场中的价值。人才是生产的基础要素之一，需要确保从业者在生产过程中获得合理的收入。这包括提高从业者的工资水平、改善劳动条件，激发其生产积极性和创造力。通过健全要素参与收入分配机制，可以更好地激发各类生产要素的活力，促使知识、技术、人才等生产要素在市场中充分彰显其价值。这不仅有助于推动新质生产力的培育和发展，也有利于实现经济社会的全面发展和进步。

知识和技术是推动生产力发展的重要动力，需要建立知识产权保护制度，保护知识产权的创造者和持有者的合法权益，鼓励知识产权的创造和创新，以促进技术的进步和应用。数据作为新时代生产的重要因素，也需要得到充分重视。建立健全的数据保护和共享机制，激发数据的生产和利用，为新质生产力的发展提供更加可靠的信息支持和数据基础。

3. 加快完善新型举国体制

当前，我国科技创新领域取得了很多创新性成就，从载人航天、探月探火、深海深地探测到超级计算机、卫星导航、大飞机制造、芯片技术突破等方面捷报频传，展现了中国在科技领域爆发式增长的实力。这一系列的成就凸显了举国体制在中国科技自主创新、自立自强中的巨大作用。

党的二十大报告明确提出"健全新型举国体制"的要求，这一决策表明了党和国家对于发挥新型举国体制在科技创新中的重要性和必要性的战略地位。新型举国体制被视为新时代科技创新和攻克关键核心技术的有力武器，是培育新质生产力的重要机制和有力保障。

新型举国体制要确保各类创新要素有序向企业聚集。人才、资金等是创新的关键要素，需要通过有效的机制引导其流向企业。政府应通过制定更加灵活的用人政策，鼓励高校与企业深度合作，为企业提供更多的用人和培训支持，建立更加便捷的人才流动渠道，鼓励高层次人才加盟企业，推动企业创新团队的建设。通过建立创新基金、风险投资等方式，政府引导资金向创新型企业倾斜,为企业提供更好的创新环境。这些措施将有助于确保创新要素的充分利用,促进创新型企业的发展。

新时代的举国体制必须真正成为推动新质生产力培育的助推器。正确处理政府和市场的关系,政府应当减少对市场的直接干预,更多地通过市场机制来引导创新创造。这包括深化科研机构的改革,鼓励科研人员更好地参与市场竞争,推动科研成果更好地转化为生产力。政府还应当通过市场化的科技评价和奖励机制激发企业和个人的创新动力,推动创新成果被更好地推广和应用。此外,通过加强对企业的产业培育和技术支持,政府能够为企业提供更好的生产和研发环境,助力企业更好地融入全球创新体系。

加快完善新型举国体制是中国经济高质量发展的迫切需要,在我国科技创新和新质生产力培育中具有不可替代的作用。政府应充分认识到其在科技发展和创新方面的重要性,通过明确战略方向、引导优质先进的创新要素向企业聚集、深化体制机制改革、全面对外开放等手段,不断完善和发挥新型举国体制的优势,为中国经济高质量发展注入新的动力。

4. 加快全国统一大市场建设

在新时代,建设全国统一大市场被确立为构建新发展格局的基础支撑和内在要求。这一战略举措旨在充分发挥我国市场经济体制的优势,为经济高质量发展提供坚实基础。党的二十大报告提出的"建设高标准市场体系""完善产权保护、市场准入、公平竞争、社会信用等市场经济基础制度""加强反垄断和反不正当竞争,破除地方保护和行政性垄断"[①]等重大决策部署,为新时代做好市场监管工作提供了根本遵循和行动指南。2024年政府工作报告强调,加快全国统一大市场建设,并要求出台建设全国统一大市场总体工作方案,清理一批妨碍公平竞争的政策规定。

---

① 习近平:《高举中国特色社会主义伟大旗帜 为全面建设社会主义现代化国家而团结奋斗——在中国共产党第二十次全国代表大会上的报告》,《人民日报》2022年10月26日,第1版。

建设全国统一大市场是新质生产力发展的空间保障。政府需要更加注重政策的协同配套，各部门之间要形成合力，推动相关政策的有机衔接，确保科技创新和产业升级能够得到全方位的支持。政府在制定政策时要充分考虑市场需求、企业创新动力和全球科技发展趋势，作出科学、合理的政策安排。通过强化市场基础制度规则统一，打破地域壁垒，促进要素自由流动，形成全国一体化的市场格局。

构建全国统一大市场，首先要注重标准指引，着力推动产权保护、市场准入、公平竞争、社会信用等方面制度规则统一。同时，还要"深化要素市场化配置综合改革试点。出台公平竞争审查行政法规，完善重点领域、新兴领域、涉外领域监管规则"①。另外，全国统一大市场的构建不仅涉及市场基础制度规则的统一，更需要在要素和资源市场、市场监管等方面实现全面统一，促进发挥超大规模市场的独特优势。

5. 全面扩大高水平对外开放

习近平总书记强调，"对外开放是我国的基本国策，任何时候都不能动摇"②。2023 年 12 月举行的中央经济工作会议中，系统部署做好 2024 年经济工作的重点任务，"扩大高水平对外开放"是其中之一。

扩大高水平对外开放，为发展新质生产力营造良好国际环境。要实现高水平对外开放，必须不断改善营商环境，吸引外资投资中国市场，这是推动新质生产力发展的重要保障。在新发展格局下，我国需要为外资提供更加便利、透明、公平的投资环境。这涉及简化投资手续、提高审批效率、优化税收政策等一系列改革措施，以确保外资在中国市场能够得到更好的发展。

同时，加强知识产权保护是扩大高水平对外开放的关键一环。在全球化竞争中，知识产权是企业创新的重要保障。我国需要建立更加健全的知

---

① 《加快全国统一大市场建设》，2024 年 3 月 5 日，http://www.news.cn/20240305/dba48fa06fc64b28890ffc622dd9e130/c.html。

② 《中央经济工作会议在北京举行　习近平发表重要讲话》，2023 年 12 月 12 日，http://www.news.cn/politics/leaders/2023-12/12/c_1130022917.htm。

识产权法律体系,提高知识产权保护的力度,为企业提供更好的创新环境,吸引更多创新要素汇聚到中国。扩大高水平对外开放既要引进来,也要走出去。这意味着将外资企业在中国内循环市场取得的成功模式和范式向世界输出,形成对外开放和对外输出中国式现代化范式的双向循环。通过积极参与国际竞争,我国企业可以更好地适应全球市场的需求,提升自身核心竞争力。

培育具有全球竞争力的开放创新生态。这包括建设更加开放、自由的科研环境,加强与国际科研机构的合作,吸引全球顶尖的科学家和创新人才。同时,还要加大对创新企业的支持力度,推动企业在技术创新方面取得更大突破。在扩大高水平对外开放的过程中,与全球企业和人才共享中国的发展红利是至关重要的。通过深化合作,可以推动知识、技术、人才的跨境流动,实现优势互补,促进全球共同繁荣。这种合作不仅有助于巩固我国在全球产业链中的地位,也为全球经济的稳定和可持续发展作出了积极贡献。

扩大高水平对外开放的战略部署,为全球经济发展提供了新的机遇。不断拓展开放领域,提高对外开放水平,不仅能够促进我国经济的高质量发展,也将为构建开放、包容、共赢的国际合作格局作出积极贡献。

(二)面向新质生产力的科技体制改革重点

新质生产力科技体制改革的核心在于通过一系列精心设计的改革措施,推动科技创新与生产力发展的深度融合,进而驱动新质生产力的发展。这一改革的核心目标是打破传统体制机制的束缚,释放科技创新的巨大潜能,使科技创新成为推动经济社会持续健康发展的强大动力。

1. 推进科研范式变革,加速底层技术创新

科研范式变革致力于打破传统模式束缚,推动科研范式向更加开放、协同、创新的方向转变。通过加强跨学科、跨领域的合作与交流,鼓励科研人员敢于挑战传统思维,勇于探索未知领域,以全新的视角和方法解决科学难

题。同时,聚焦底层技术的创新突破,加大对基础研究和应用基础研究的投入力度,集中优势资源攻克关键核心技术,可为产业升级和经济社会发展提供强大支撑。科研范式变革与底层技术创新的加速推进,将有力推动科技创新体系不断完善,为新质生产力的发展注入强大动力。

2. 优化科技资源配置

优化科技资源配置,目的是提升其利用效率和质量,从而支撑经济结构的升级及产业转型。一方面,要建立智能化的资源配置机制,加强资源整合力度,尤其要加强关键领域的科技创新,推动科技成果快速向新质生产力转化。另一方面,简化管理程序有助于保证资源配置的合理性。此外,国际合作也是不可或缺的,通过吸引国际优质科技资源,加速技术迭代和创新应用,推动新质生产力的跨国合作与发展,从而为经济结构的升级和产业的转型提供有力支持。

3. 为科研人员"减负松绑"

科研人员是科技创新的核心力量,他们的创新活力和创造力直接影响到科技创新的成果。通过减轻科研人员的行政负担,让他们有更多的时间和精力投入科研创新中。除了"减负松绑"外,还需配套评价体系及加强诚信体系建设。在优化科研评价体系方面,可通过减少不必要的考核和指标压力,让科研人员能够专注于研究本身,追求真正有价值的科学发现。在加强科研诚信体系建设方面,要营造风清气正的科研环境,为科研人员提供公平、公正的竞争平台。通过这些措施,释放科研人员的创新活力和创造力,激发他们在新质生产力发展中的创新作用。

4. 破除科技成果转化的堵点

消除科技成果转化的障碍,可打通科研与产业之间的壁垒,从而推动科技成果更快更好地转化为现实生产力。一方面,优化科技成果转化机制,加强产学研用深度融合,促进科技成果与市场需求的有效对接。另一方面,要建立健全科技成果评价体系和交易市场,推动科技成果的公平、高效交易和转化。破除科技成果转化的堵点，将有力推动科技创新与经济社会发展的紧密结合，为新质生产力的发展注入强大动力。

5. 加强产学研深度融合

产学研融合的目的是打破产业、学术、研究之间的壁垒，促进科技创新与产业需求的无缝对接。通过深化产学研合作，推动高校、科研机构与企业的紧密联结，不仅可实现资源共享、优势互补，还可共同攻克关键技术难题，加速科技成果的转化和应用。建立产学研合作的长效机制，要鼓励跨界合作与交流，培养跨学科、跨领域的创新团队，从而推动形成创新合力，为经济社会发展注入新动能。

6. 强化科技政策引导，加大科技研发投入

推进技术突破和成果转化，促进未来产业与传统产业深度融合。布局未来产业核心目的是抢占先机、赢得主动。在这个前提下，要积极培育新兴产业链和产业集群，推动形成以创新为主导的产业生态。针对新兴技术产业要摒弃先监管再扶持的思维，避免政策执行层层加码现象。政策出台前要多了解产业实际情况，政策制定应注重帮扶，而不是监管。尤其是对于新兴技术领域，应首先按实际情况出台帮扶政策，而不是先监管，待产业发展到一定阶段后再根据实际需求进行合理有效监管。在政策落地执行过程中，要避免出现政策层层加码、传递不到位、政策模糊等问题。通过布局未来产业、开辟新赛道，将有效激发新质生产力的发展潜能，为经济社会发展注入源源不断的创新活力，助力我国在全球科技和产业竞争中占据领先地位。

新质生产力科技体制改革是一项系统工程，需要从多个方面入手进行深化改革。通过推进科研范式变革、优化科技资源配置、为科研人员"减负松绑"、破除科技成果转化的堵点、加强产学研深度融合以及强化科技政策引导等措施的实施，将推动科技创新与生产力发展的深度融合，驱动新质生产力的发展。这将有助于提升我国在全球科技竞争中的地位和影响力，为

经济社会的高质量发展提供有力支撑。

（三）面向新质生产力的经济体制改革重点

1. 进一步理顺政府与市场的关系

通过深化改革，打通阻碍经济循环的卡点堵点，有效提升资源配置效率，这是加快形成新质生产力的题中之义。

经济体制改革的本质就是处理好政府和市场的关系。对新质生产力而言，特别需要微观主体的科技创新。只有通过深化改革，激发企业的创新活力，协调好政府与企业的关系，协调好政府管理者与企业家之间的关系，才能解放并释放新质生产力的潜能。

新质生产力的持续发展，必须确保企业真正成为创新主体。在推动新质生产力培育的过程中，发挥政府的战略导向作用至关重要，确保企业真正成为创新主体。政府在科技发展的战略中应明确发展方向和重点领域，通过明晰政策、资金支持等手段，为企业提供清晰的发展路径和支持。政府可以通过税收政策、财政支持等手段，为创新型企业提供更多的支持和奖励，激发其投入创新的积极性。此外，要加强对知识产权的保护，鼓励企业加大研发力度，提高自主创新能力。政府还可以通过建立创新奖励制度，对取得重大科技成果的企业和个人进行奖励，推动创新成果更好地应用到实际生产中。政府的引导作用应注重长远发展目标，使得企业在创新时能够更好地契合国家的科技发展战略。

2. 创造公平竞争的制度环境

公平竞争是市场经济的基本原则，是市场机制高效运行的重要基础。建立公平竞争的审查制度，有助于规范政府相关行为，防止出台排除、限制市场竞争的措施，保障市场在资源配置中起决定性作用和更好地发挥政府作用，充分激发市场主体活力，推动市场竞争形成市场价格，由市场价格配置市场资源，实现效益最大化和效率最优化。"保护和促进市场公平竞争，有利于持续激发各类市场主体的创新和发展活力，有利于维护各类市场主体的合法权益,有利于构建市场化、法治化、国际化营商环境。"①

2024 年《政府工作报告》中指出,制定全国统一大市场建设标准指引。着力推动产权保护、市场准入、公平竞争、社会信用等方面制度规则统一。深化要素市场化配置综合改革试点。出台公平竞争审查行政法规,完善重点领域、新兴领域、涉外领域监管规则。专项治理地方保护、市场分割、招商引资不当竞争等突出问题,加强对招投标市场的规范和管理。在市场监管方面,全国统一大市场的建设要推进市场监管的公平统一。这包括健全统一市场监管规则,强化统一市场监管执法,全面提升市场监管能力。通过加强监管,可以有效维护市场秩序,保障各方合法权益,促进市场的健康有序发展。"坚持依法监管,严格落实监管责任,提升监管精准性和有效性,坚决维护公平竞争的市场秩序。"②

3.激发不同类型企业的创新活力

国有企业与民营企业都是新质生产力发展的重要力量。要不断完善落实"两个毫不动摇"的体制机制,为各类所有制企业创造公平竞争、竞相发展的良好环境。完善中国特色现代企业制度,打造更多世界一流企业。

深入实施国有企业改革深化提升行动,做强做优主业,增强核心功能,提高核心竞争力。建立国有经济布局优化和结构调整指引制度。全面落实促进民营经济发展壮大的意见及配套举措,进一步解决市场准入、要素获取、公平执法、权益保护等方面存在的突出问题。在这一过程中,应持续优化民营企业发展环境。尤其是在改善营商环境层面,为民营科创企业提供更为公平公正的竞争市场环境,目的是进一步规范不当市场竞争和市场干预行为,确保市场竞争的公平性和透明度,为各类企业提供公正的竞争机会。

---

① 赵元祥:《从公平竞争审查制度建设到打造一流营商环境》,《质量与标准化》2023 年第 7 期。

② 《最全! 50 个动态场景看 2024〈政府工作报告〉全文》,2024 年 3 月 5 日,https://www.gov.cn/yaowen/liebiao/202403/content_6936260.htm。

通过深化重点领域、关键环节改革,营造公平竞争、宽松宽容、充满活力的创新环境,可以让企业家与技术人员自由创新,让企业的创新动力不断涌流,进而为加快形成新质生产力提供重要支撑。

4.完善产权保护体系

注重加强对先进优质要素的开发与保护。知识、数据和技术是推动生产力发展的重要动力,因此,需要建立知识产权保护制度,保护知识产权的创造者和持有者的合法权益。数据作为新时代生产的先进优质要素,也需要得到充分重视。要进一步建立健全数据保护和共享机制,释放数据要素的生产力,为新质生产力的发展提供更加可靠的信息支持和数据基础。

产权制度是现代市场经济的基石,对产权的公平保护是保障市场治理有效运行的关键。对新质生产力而言,深化要素市场化改革,构建高效的市场体系,需要推动生产要素的公平竞争和多元化市场主体的同等保护,而这一切的前提就在于对产权的全面保护。完善知识产权服务体系,可以更好地体现知识、技术的市场价值,营造鼓励科技创新的良好制度氛围。[①]

通过以上举措,持续深化改革,推动土地、资本、技术、数据等各类生产要素高效配置,从而推动中国经济发展质量的有效提升,持久释放新质生产力的活力与潜力。

二、科学谋划,促进技术革命性突破

(一)以科技创新引领产业创新

习近平总书记指出,"科技创新能够催生新产业、新模式、新动能,是发展新质生产力的核心要素。必须加强科技创新特别是原创性、颠覆性科技创新,加快实现高水平科技自立自强,打好关键核心技术攻坚战,使原创性、

---

① 廖伟伟:《论新质生产力的生成:高深知识生产、技术元素整合与产业技术突破》,《重庆高教研究》2024年第2期。

颠覆性科技创新成果竞相涌现,培育发展新质生产力的新动能"①。

全力加强科技创新。集中优势资源,加大对关键技术领域的研发投入,推动相关领域的科技突破和创新成果的孵化。这些重点方向涵盖了未来社会发展的核心领域,对于提升国家科技创新能力、引领产业发展具有重要意义。

在推动前沿技术产业化的过程中,国家实验室、全国重点实验室等创新载体的作用至关重要。这些实验室拥有丰富的科研资源和领先的技术平台,可以为前沿技术的研发提供良好的科研环境和平台。政府通过加大对实验室的支持力度,提升其在前沿技术领域的科研水平和创新能力,可以有效推动前沿技术的产业化进程。同时,政府可以鼓励龙头企业牵头成立创新联合体,以集聚产业链上下游的资源和力量,共同开展前沿技术的研发和应用探索。这种联合体模式有助于整合各方优势,避免资源分散和重复投入,提高技术攻关的效率和成果转化的可能性。政府可以为这些联合体提供政策支持和财政补贴,鼓励企业加大在前沿技术领域的投入和创新实践,推动产业技术的快速升级和产业结构的优化升级。

科研投入与科技创新是推动技术发展、发挥人才优势的根本动力。加大对科研投入和创新的支持,准确把握全球科技创新和产业发展趋势,重点推进前沿性、颠覆性技术,孵化未来产业,鼓励引进国外科研技术进入中国市场,鼓励开展国内外联合攻关,用好全球科创人才资源,是做好科技创新的关键任务。② 紧紧围绕推进新型工业化和加快建设制造强国、质量强国、网络强国、数字中国和农业强国等战略任务,科学布局科技创新、产业创新,需要在政府引导下,形成全社会对科技创新和产业创新的共识和行动。

加大对科研创新和产业创新投入的支持。随着科技的迅速发展和全球

① 《习近平在中共中央政治局第十一次集体学习时强调 加快发展新质生产力扎实推进高质量发展》,《人民日报》2024 年 2 月 2 日,第 1 版。

② 朱松纯:《促进教育科技人才融合发展 培育人工智能人才梯队》,《中国科技人才》2023 年第 4 期。

竞争的加剧,政府需要增加对科研机构和企业的资金支持,以提高其科研和创新能力。在投入方面,政府可以通过增加科研经费预算、设立专项基金等方式,为科技创新提供更加充足的资金保障。① 政府可以制定科技奖励政策,鼓励企业和科研人员开展技术创新活动,提高科技成果的转化效率和市场竞争力。

完善科技创新政策体系。政策体系是激发创新活力、推动科技成果转化的关键所在。改革应围绕优化创新环境、加大创新投入、强化创新激励等方面展开。具体措施包括制定更加精准的税收优惠政策,降低企业创新成本;完善知识产权保护制度;建立多元化科技投入机制,引导社会资本参与科技创新;加强政策之间的协调与衔接等。完善科技创新政策体系,根本目的是构建一个更加开放、包容、协同的创新生态系统,为科技创新提供坚实的政策支撑,推动新质生产力的发展。

鼓励引进国外科学技术进入中国市场,鼓励开展国内外联合攻关,用好全球科创人才资源。引进国外科学技术是为了弥补我国在某些领域的科技短板,可以借鉴和吸收国外先进科技成果和技术经验,为我国科技创新提供新的思路和路径,加速科技创新和产业升级的进程。开展国内外联合攻关可以集聚全球优秀科研力量,共同攻克科技难题,推动关键技术的突破和创新,为我国科技创新注入新的活力和动力。

(二)提高科技成果的转化效率

中共中央政治局在 2024 年 1 月 31 日下午就扎实推进高质量发展进行第十一次集体学习。习近平总书记强调,"要及时将科技创新成果应用到具体产业和产业链上,改造提升传统产业,培育壮大新兴产业,布局建设未来

---

① 尹西明、陈劲、王华峰、刘冬梅:《强化科技创新引领加快发展新质生产力》,《科学学与科学技术管理》,2024 年 2 月 21 日,https://kns.cnki.net/kcms/detail/12.1117. G3.20240221.1012.002.html。

产业,完善现代化产业体系"①。因此,若仅仅加强科研投入和科技创新,无法及时将科技创新成果应用到具体产业和产业链上,就无法有效促进和发展新质生产力。所以,技术应用与转化是推动新质生产力的关键一环,需要提高技术转移转化的效率,强化产学研用的融合。

技术转移服务业是促进中国科技与经济深度融合的重要纽带。技术转移服务的主要服务模式,按照参与者不同可分为三类。第一类是高校、科研单位自设的机构;第二类是政府引导成立的机构,包括地方技术市场、技术交易所等;第三类是第三方服务机构,以上机构提供技术开发、技术服务与技术咨询、技术评价、信息网络平台服务等。其核心价值在于促进供需双方的需求高效对接,提高科技成果转化率。技术转移内容包括科学知识、技术成果、科技信息和科技能力等。它的形式有转让、许可、合作等多种方式,其中许可和合作又可再细分为多种形式。

技术转移服务与产业融合发展,实现协同创新。技术转移领域军民融合、产学研金政服协同创新发展迅速,相关平台建设、网络建设和运营模式创新活跃,区域性、地区性、高校院所以及全国性技术转移联盟纷纷创建。打通转化服务的堵点,技术转移线上化。专业化的科技成果转化中介机构逐渐形成线上线下相结合的技术交易平台,打造区域性创新资源交易市场。

完善并强化产学研用的合作体系。合作体系作为产、学之间连通的关键环节,发挥引导作用。高校、科研院所作为技术源头,大部分科研技术成果无法产业化,首先,技术转移服务机构应当给予更多的方向性参考,引导相关人员更多地参与产业应用相关的技术研发,对于下游产业方,积极挖掘技术需求,引导产业方在科研成果转化方面投入更多精力。② 其次,随着科技成果转化的深入对接和交流服务的线上趋势,线上展示、交流和互动的技

---

① 《习近平在中共中央政治局第十一次集体学习时强调　加快发展新质生产力扎实推进高质量发展》,《人民日报》2024 年 2 月 2 日,第 1 版。

② 余东华、马路萌:《新质生产力与新型工业化:理论阐释和互动路径》,《天津社会科学》2023 年第 6 期。

术越来越成熟,通过线上开展技术成果展示,深度体验和交流,也将越来越适合高校科技成果的特色展示。最后,加快技术开发国际化的步伐,积极开辟国际技术合作渠道。建立和完善国内技术市场,使之与国际技术市场接轨,实现国内技术市场与国际技术市场的有机结合。

探索建立技术供给与应用需求的对接机制。发布前沿技术应用推广目录,建设未来产业成果"线上发布大厅",打造产品交易平台,举办成果对接展会,推动供需精准对接。构建科技服务和技术市场新模式,遴选科技成果评价和转移转化专业机构,开拓应用场景和商业模式。落实首台(套)重大技术装备和首批次材料激励政策,加快新技术新产品应用推广。[①]

(三)做好共性技术支持与服务

共性技术服务是以企业需求为核心,通过提供研究开发、技术推广、设备共享、产品检测、信息服务、技术服务、管理咨询、人员培训等多方面服务,为产业发展提供共性技术支持与服务的产业研发基地和技术服务平台。主要开展基础研究、应用基础研究、产业共性关键技术研发、科技成果转移转化以及研发服务等。[②]

现阶段共性技术联合攻关和服务平台建设仍然存在很多问题。首先,共性技术供给体系不完善,总量不足,质量不高。以共性服务提供主体国家重点实验室为例,根据 2019 年国民经济和社会发展统计公报,截至 2019 年年底,正在运行的国家重点实验室达 515 个。但由于数量多,又是依托单一机构,均没有足够经费支持,无法集中力量满足重大产业共性技术创新需要,而政府支持的共性技术研究项目和承担主体处于发散状态,没有主体地位明确的机构。其次,高水平人才匮乏。共性技术服务平台的建设是多学科交叉,属于复杂性、根本性和集成性的创新,需要长期跟踪和培育。该平

---

① 《工信部等七部门联合印发〈关于推动未来产业创新发展的实施意见〉》,《中国信息化周报》2024 年 2 月 5 日,第 5 版。
② 《工信部等七部门联合印发〈关于推动未来产业创新发展的实施意见〉》,《中国信息化周报》2024 年 2 月 5 日,第 5 版。

台多数由专业研发人员和专业服务人员构成,但是由于市场竞争中趋利性的弊端,许多专业研发人员容易受社会强势产业和城市产业分工布局的影响而不够稳定,需要为之制定较为特殊的激励政策。

未来,共性技术服务将成为突破关键核心技术过程中的重要环节。共性技术是指在多个领域通用、具有广泛应用前景的关键技术,其突破能够促进多个产业的发展和升级。加强共性技术的研发和应用,将对推动科技创新和产业升级起到关键作用。共性技术服务机构将架设起产学研深度融合的桥梁和纽带,盘活各类创新资源。为做好共性技术的联合攻关和服务平台建设,应该从以下几个方面进行改进。

一是鼓励涌现更多跨区域共性技术服务平台。跨区域的合作和资源整合可以加速共性技术的研发和推广应用,促进各地区科技创新能力的互补和提升,推动科技成果的共享和转化。

二是加强对共性技术服务机构的政策支持和资金投入,鼓励市场和企业加大科研投入,积极布局共性技术和底层技术的研发。企业是科技创新的主体,加大科研投入可以提升企业的创新能力和竞争优势,推动共性技术的突破和应用,促进产业升级和经济转型。国家"十四五"期间,科技部将加快推动国家实验室建设,对国家重点实验室的体系进行重组,围绕原始创新和关键核心技术领域突破,建设一批国家重点实验室,使国家实验室和国家重点实验室形成基础研究的梯次布局。

三是以共性技术服务为抓手,构建"产学研用"科技成果转化平台,强化产学研融合服务模式。① 通过加强产业界、学术界和研究机构之间的合作与交流,将科技成果有效转化为生产力,推动科技创新与产业发展深度融合,实现科技创新成果的最大化利用和社会经济效益的最大化。

通过以上措施,可以真正做好共性技术的联合攻关和服务平台建设,为加大科研投入和科技创新提供底层技术支持。共性技术的联合攻

---

① 戴翔:《以发展新质生产力推动高质量发展》,《天津社会科学》2023 年第 6 期。

关能够集聚各方力量,共同破解技术难题,推动关键技术的突破和创新。通过建立联合攻关机制,可以充分发挥各方的优势资源,提高科研效率和成果转化能力。建设服务平台能够为科研人员和企业提供全方位的技术支持和服务,包括技术咨询、人才培训、技术转移等,进一步促进科技成果的转化和应用。通过共性技术的联合攻关和服务平台建设,可以为加大科研投入和科技创新提供稳定可靠的底层技术支持,推动科技创新和产业发展迈上新台阶。

三、理顺机制,积极推动新型产业发展

(一)培育新兴产业与未来产业

为实现产业转型升级,培育新质生产力产业集群的完整生态体系需要重点关注三个方面:部署前沿技术以催生未来产业;明确不同主体在新兴产业体系中的角色定位;构建未来产业体系和发展生态。

1. 部署前沿技术以催生未来产业

2024年1月,工业和信息化部、教育部、科技部、交通运输部、文化和旅游部、国务院国资委、中国科学院七部门联合印发《关于推动未来产业创新发展的实施意见》,提出到2025年,我国未来产业技术创新、产业培育、安全治理等全面发展,部分领域达到国际先进水平,产业规模稳步提升。建设一批未来产业孵化器和先导区,突破百项前沿关键核心技术,形成百项标志性产品,初步形成符合我国实际的未来产业发展模式。到2027年,未来产业综合实力显著提升,部分领域实现全球引领。关键核心技术取得重大突破,一批新技术、新产品、新业态、新模式得到普遍应用,形成可持续发展的长效机制,成为世界未来产业重要策源地。[①]

精准识别技术前沿的发展趋势和动态。为了实现前沿技术产业化,持

---

① 《工信部等七部门联合印发〈关于推动未来产业创新发展的实施意见〉》,《中国信息化周报》2024年2月5日,第5版。

续培育新兴产业和未来产业,具备精准识别技术前沿的能力,及时跟踪科技创新趋势和动态至关重要,这需要建立起一套完善的瞭望机制和跟踪体系。

首先,打造未来产业瞭望站是实现精准识别技术前沿的重要方式。瞭望站集成各类信息资源,包括但不限于学术论文、专利数据、行业报告、科技新闻等,通过人工智能、大数据分析等先进技术手段,对这些信息进行深度挖掘和分析,从中提炼出重点领域科技发展的前沿动向和热点问题。

其次,及时跟踪重点领域科技发展动向,制定未来产业发展规划。跟踪科技前沿发展动向是保持未来产业瞭望站敏锐性和有效性的关键。例如,开辟量子技术、生命科学等新赛道,并以此创建一批未来产业先导区。针对不同的行业和领域,可以设立专门的跟踪团队,及时收集整理相关信息,定期发布技术报告和分析,为政府决策、市场和企业提供战略参考依据。

同时,还可以利用先进计算技术建立起模型和算法,对技术发展趋势进行预测和评估,提前发现潜在的突破点和机遇。利用人工智能、先进计算等技术,精准识别具备高水平技术突破、高潜能产业化前景的技术创新。通过构建知识图谱、建立智能推荐系统等方式,将海量的技术信息和市场需求进行匹配和分析,发现技术与市场之间的契合点,为技术转化和产业化提供支持和指导。另外,还可以借助先进的数据挖掘技术,对技术创新进行评估和筛选,确保资源的有效配置和利用。

实施产业创新工程,促进战略性新兴产业融合集群发展。建立科技成果转化平台,包括定期发布前沿技术推广目录、建设未来产业成果"线上发布大厅"以及搭建产业创新技术交流平台等。这类平台可以为技术开发者、投资者、企业提供一个信息共享和交流的平台,促进科技需求与供给的对接,提供精准对接服务,通过专业的技术评估和需求匹配,帮助技术开发者和需求方找到最合适的合作伙伴,加速科技成果的转化和产业化进程,为实施产业创新工程夯实基础。

高效整合创新优势资源,建设未来产业先导区。巩固扩大智能网联新能源汽车等产业领先优势,加快前沿新兴氢能、新材料、创新药等产业发展,积极打造生物制造、商业航天、低空经济等新增长引擎。制定未来产业发展规划,开辟量子技术、生命科学等新赛道,促进战略性新兴产业融合集群发展。高效整合创新优势资源,包括人才、资金、技术、市场等资源,促进科技成果的落地和转化。通过建立产学研合作机制、设立科技转化基金、支持科技创业等方式,为前沿技术布局新兴产业和未来产业提供有力支持。

2. 明确不同主体在新兴产业体系中的角色定位

在明确前沿技术所能催生的未来产业方向后,培育新质生产力的产业集群,需要首先明确新质生产力产业集群中的关键核心主体及其对应的职责定位。新质生产力产业集群的构建共有五个核心主体:供给方、需求方、学研方、投资方和政府方。(图5-1)

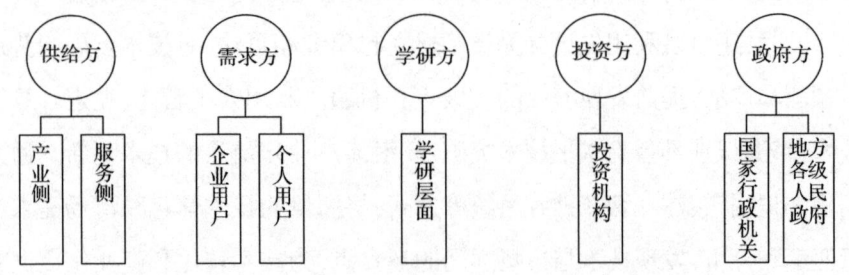

图 5-1　新质生产力产业集群的五大关键核心主体

第一个主体是供给方,实际上指的是产业侧,以及为新质生产力相关技术、产品和服务提供支持的服务侧,主要包括技术厂商、信贷机构、提供相关服务的产业协会和产业联盟,以及地方园区等服务提供者。

第二个主体是需求方,可以分为两类:B端(即企业用户)和C端(即个人用户)。明确这些需求方非常关键。培育新质生产力的产业集群,需要确定哪些面向企业使用的场景可以实现商业化落地,以及哪些面向个人使用的场景可以实现商业化落地。寻找具有商业化落地潜力的场景作为引领,将可以实现商业化落地的新质生产力厂商引进到地方政府进行落地合作,因为这些场景可以提供商业落地的实践案例,为他们提供订单和迁移需求的动力。

第三个主体是学研方,包括学术研究机构和大学研究机构,以及企业内部的研究机构、事业单位性质的科研机构等。这些机构与厂商通常会有紧密的合作。在学术研究层面,也需要对相关角色进行梳理和布局。

第四个主体是投资方,投资方在新质生产力产业集群培育方面具有资金牵引的重要作用。前面已经分析过产业链,许多细分领域需要高成本的投入,从技术研发到规模化应用是一个很长的链条,需要大量资金投入支持。如果仅依赖产业引导基金或政府的投资基金,往往难以充分满足需求。因此,如何吸引民营资本、科创投资基金等参与地方、区域乃至产业园的建设,成为一个至关重要的问题。

第五个主体是政府方,政府方也是一个重要的参与者,包括国家行政机关及地方各级人民政府。国家行政机关要注重顶层设计、政策配套、市场培育的宏观规划和政策支持,地方各级人民政府则需要做好区域产业集群的培育和区域政策制定与统筹落地执行工作。

新质生产力产业集群中的五个主体关键角色在新质方法论的实施路径中,各自职责环节具有明显的不同和侧重点,不同角色发挥不同作用。(图5-2)

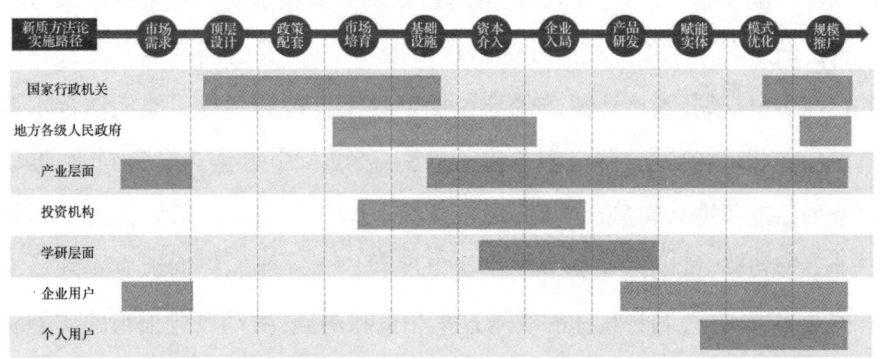

图5-2　新质生产力产业集群的关键主体的职责划分

国家行政机关需注重顶层设计、政策配套、市场培育、基础设施建设统筹等几个关键环节步骤,强调宏观规划和政策支持,明确产业发展方向和规划纲领。国家行政机关致力于进行产业发展的顶层设计，通过制定产业发展的总体规划和方向，明确确定产业发展的重点领域和重点任务。在此基础上，国家行政机关负责制定政策和措施，配套产业发展规划，为产业集群的建设提供政策支持和制度保障，包括财政、税收、金融等方面的政策支持，以及创新、人才、知识产权等方面的政策引导。另外，国家行政机关通过市场调研和需求分析，促进市场的形成和发展，创造良好的市场环境和氛围，推动产业集群的市场化运作和发展。此外，国家行政机关还负责统筹规划和推动基础设施建设，包括交通、能源、通信等方面的基础设施建设，为产业集群的发展提供良好的基础条件和支持。

地方政府部门作为产业集群建设的主体之一，承担着市场培育、基础设施建设和资本介入、鼓励企业入局等多项重要职责。首先，地方各级人民政府从市场培育环节开始，致力于促进本地区市场的形成和发展。通过深入市场调研和需求分析，地方政府能够准确把握本地区市场的需求和潜力，制定相应的市场培育策略，为产业集群的建设提供市场支持和引导。其次，地方各级人民政府通过基础设施建设和资本介入，为产业集群的发展提供必要的物质条件和资金支持。他们积极投入资金和资源，建设产业园区、科技园区等基础设施，吸引企业入驻和投资，推动产业集群的快速发展。地方各级人民政府尤其注重区域产业的落地与市场培育，通过制定地方配套政策和招商引资规划，为产业集群的建设提供政策支持和引导。他们结合本地资源优势和市场需求，制定相关政策措施，鼓励和引导企业投资兴业，推动产业项目的落地和实施。同时，地方各级人民政府还制订落地执行计划和产业发展策略，推动产业集群的快速发展和壮大。他们根据地方实际情况和产业发展需求，制订具体的实施方案和策略措施，推动产业项目的实施和产业集群的发展。

产业层面是指新质生产力产业集群的组成主体，如处于市场中的企业等，重点注重产业落地、关键核心技术攻关、产品研发和实际应用赋能。首先，产业层面注重前期的市场需求导向，通过深入市场调研和需求分析，全面了解市场的需求和趋势,从而明确产业发展的方向和重点。其次,产业层面从基础设施建设开始,通过投入资金和资源,建设产业园区、科技园区等基础设施,为产业集群的发展提供物质基础和支持。

产业层面还关注关键核心技术攻关,致力于解决技术上的瓶颈和难题,提升产业的核心竞争力。同时,产业层面也进行产品研发,推动新产品的开发和创新,不断满足市场需求,促进产业的升级和转型。最后,产业层面注重实际应用赋能,将先进技术与实体经济相结合,推动产业的实际应用和落地,促进产业的规模化推广和持续发展。

投资机构的主要职责环节以市场培育、基础设施建设、资本介入和企业入局等为主,注重对科创企业的孵化支持,发挥风投基金对技术成果转化的资金支持作用,加速技术成果到企业的转化。首先,投资机构注重市场培育,通过深入了解市场需求和趋势,为产业集群的发展提供市场分析和预测,为投资决策提供依据。其次,投资机构参与基础设施建设,通过投入资金和资源,支持产业园区、科技园区等基础设施建设,为产业集群的形成和发展提供物质条件。同时,投资机构进行资本介入,通过风险投资、股权投资等方式,为科创企业提供资金支持,加速其技术成果转化和商业化落地。此外,投资机构还注重企业入局,积极参与产业项目投资,推动企业的创新发展和产业集群的壮大。风投基金在技术成果转化中发挥着重要作用,通过提供资金支持,加速技术成果从科研阶段到商业化阶段的转化,推动科创企业的成长和产业集群的健康发展。投资机构层面在新质生产力产业集群建设中承担着重要责任,通过市场培育、基础设施建设、资本介入和企业入局等关键环节,支持科创企业的孵化发展,促进产业技术成果的转化和产业集群的快速发展。

学研方则更多聚焦企业入局和产品研发环节,注重前沿性、颠覆性技术的攻关与研发、共性技术的研发、底层技术的研发和成果转化。学研层面致力于孵化企业入局,通过技术支持和合作引导,吸引企业参与产业集群建设,推动产学研合作,实现科研成果的转化和应用。产品研发环节,学研层面注重前沿性、颠覆性技术的攻关与研发,积极探索新技术的应用前景和商业化路径。共性技术的研发方面,学研方通过合作研究和技术创新,提升产业的整体竞争力和创新能力。另外,学研方还注重底层技术的研发,致力于解决关键技术难题,推动产业技术水平的提升和创新能力的增强。在技术攻关取得成果后,还会注重技术成果转化,将科研成果转化为实际产品和服务,推动科技创新与产业发展相结合,为新质生产力产业集群的建设和发展注入强劲动力。

需求方,从企业用户层面看,企业或组织作为真正的技术需求方和购买者,在产业集群形成后起着重要作用,其关注重点主要集中在产业研发和实体经济应用环节。需求方积极参与产业研发工作,以提升产品质量和技术创新,实现产业的持续发展并保持竞争优势。同时,注重应用场景的实际使用,希望通过新产品的应用来解决实际生产中的问题,并关注配套产品的联合研发环节,以确保产品的完整性和系统性,提高产业的整体效益和竞争力,推动企业所在产业整体进行升级改革。个人用户层面主要关注实际应用,特别是消费品的落地与使用。个人用户关注产品的实际功能和性能,追求产品的便捷性和实用性,希望通过新技术和新产品改善生活品质。个人用户注重消费品的实际应用场景和体验,对产品的易用性和用户体验提出要求,能够促进消费市场的扩大和产业集群的健康发展。企业用户层面和个人用户层面在新质生产力产业集群中各自发挥着重要作用,通过产业研发和实际应用、消费品的落地与使用等环节,共同推动产业集群的发展和创新,实现经济增长和社会进步的目标。

综上来看,国家级政府部门在顶层设计、政策配套、市场培育等方面发挥主导作用,明确产业发展方向和规划纲领,为产业集群的形成和发展提供宏观指导和政策支持;地方政府部门则在市场培育、基础设施建设、招商引资等方面着力,通过出台配套政策和制订落地执行计划,推动产业集群在区域内的落地和发展;产业层面注重产业研发、关键技术攻关、产品研发和实际应用赋能等环节,促进产业的创新和转型升级;投资机构则通过市场培育、资本介入、企业入局等方式,支持科创企业的孵化和成长,推动技术成果的转化和产业的快速发展;学研层面则聚焦于企业入局和产品研发,注重前沿性、颠覆性技术的攻关和成果转化,为产业集群的技术创新提供支撑;而企业用户和个人用户作为需求方和购买者,则通过产业研发和实际应用、消费品的落地与使用等环节,推动产业的应用落地和市场的扩大。通过不同关键角色在各自责任环节的布局与发力,可以真正落实新质生产力产业集群的培育实施路径,构建完整的具有中国特色的新质生产力产业集群生态体系,从而推动中国经济走向高质量发展。

3. 构建未来产业体系和发展生态

在明确培育产业方向和产业集群中的关键核心角色及其职责分工之后,将围绕技术供给、产品打造、主体培育、丰富场景、支撑体系等方面,构建未来产业的发展生态体系。具体措施主要从强化技术供给、打造标志性产品、壮大产业主体、丰富应用场景、优化产业支撑体系五个方面展开。

(1)强化技术供给。发挥国家战略科技力量和领军企业作用,加快前沿技术和颠覆性技术突破,打造原创技术策源地。

(2)打造标志性产品。突破下一代智能终端,发展适应通用智能趋势的工业终端、面向数字生活新需求的消费级终端、智能适老的医疗健康终端和具备爆发潜能的超级终端。做优信息服务产品,发展下一代操作系统,推广开源技术。做强未来高端装备,突破人形机器人、量子计算机等产品。

(3)壮大产业主体。引导领军企业前瞻谋划新赛道,实施中央企业未来产业启航行动计划。建设未来产业创新型中小企业孵化基地,梯度培育专精特新中小企业、高新技术企业和"小巨人"企业。依托龙头企业培育未来产业产业链,建设先进技术体系。创建未来产业先导区,推动产业特色化集聚发展。加强产学研用协作,促进大中小企业融通发展、产业链上下游协同创新的生态体系。①

（4）丰富应用场景。围绕装备、原材料、消费品等重点领域，面向设计、生产、检测、运维等环节打造应用试验场。加快工业元宇宙、生物制造等新兴场景推广。依托载人航天、深海深地等重大工程和项目场景，加速探索未来空间方向的成果创新应用。定期遴选发布典型应用场景清单和推荐目录，通过标杆示范、供需对接等方式建设标志性场景。

（5）优化产业支撑体系。实施新产业标准化领航工程，统筹布局未来产业标准化发展路线，加快重点标准研制。同步构筑中试能力，为关键技术验证提供试用环境，加快推进新技术向现实生产力转化。大力培育未来产业领军企业家和科学家，优化鼓励原创、宽容失败的创新创业环境。深入推进5G、算力基础设施、工业互联网、物联网、车联网、千兆光网等建设，构建高速泛在、集成互联、智能绿色、安全可靠的新型数字基础设施。

围绕发展新质生产力布局产业链，提升产业链供应链韧性和安全水平，保证产业体系自主可控、安全可靠。为实现这一目标，首先需要加强对产业链关键环节的把控和管理。这包括建立供应链风险评估机制和预警系统，及时发现并应对潜在的风险因素。其次，要加强国内生产和供应能力，减少对外部资源的依赖，提高产业链的自主控制能力。同时，还应加强国际合作，构建多元化的供应链体系，降低对特定国家或地区的依赖程度，提高整个产业链的抗风险能力和安全水平。最后，政府应出台相关政策措施，鼓励企业加大对产业链的投入，促进产业链的优化和升级，从而提升整个产业体系的安全性和可靠性。

要及时将科技创新成果应用到具体产业和产业链上，改造提升传统产业，优先布局需要补链强链的关键环节，提高技术的自主可控能力，建立从技术到产业应用的内循环产业链体系是实现产业链可持续发展的关键之

---

① 李娅、侯建翔：《现代化产业体系：从政策概念到理论建构》，《云南社会科学》2023年第5期。

一。这需要政府加大对科技创新的支持力度,提升科研人员的创新能力,促进科技成果的转化和应用。同时,鼓励企业加大对技术研发和产业升级的投入,推动传统产业向智能化、绿色化、高端化方向发展。此外,建立健全产学研用结合机制,促进科技成果向产业转移,推动科技创新与产业发展深度融合,从而实现产业链的持续发展。

(二)培育新质生产力产业集群

新质生产力的产业集群是构建在科技产业化、产业科技化和科技服务共同体三大环节之上的生态体系,它们相互依存、相互促进,是推动产业发展和经济增长的重要支撑。在中国这样一个拥有独特市场特点和产业优势的国家,要建立完整的新质生产力产业集群,需要创新的方法论来支持,并根据实际情况提出相应的实施策略。①

针对中国市场的特点和产业优势,需要基于科技产业化、产业科技化和科技服务共同体的基础,构建中国式的新质生产力产业集群。这意味着要充分发挥中国在人才、技术和市场等方面的优势,形成与国际接轨但又具有中国特色的产业发展模式。为了有效地推动新质生产力产业集群的建设,需要建立一套方法论,包括产业定位、技术创新、服务支持等方面的方法和理论。这套方法论应注重创新和实践,能够灵活适用于不同行业和领域,确保产业集群的健康发展。(图5-3)

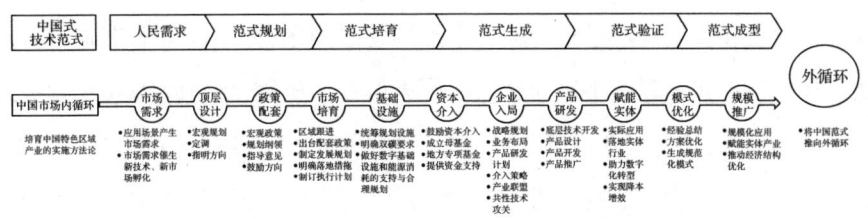

图5-3　新质生产力产业集群培育的新质方法论

---

①　周文、许凌云:《论新质生产力:内涵特征与重要着力点》,《改革》2023年第10期。

根据中国市场与西方市场的特点,提出培育新质生产力产业集群的实施策略,包括市场需求、顶层设计、政策配套、市场培育、基础设施、资本介入、企业入局、产品研发、赋能实体、模式优化、规模推广 11 个步骤。

第一步,市场需求:产业集群发展的起点。企业在日常生产过程中,时时面对市场需求的变化和新的应用场景,从中孕育出新的需求。这些新需求源自市场的变化、技术的更新、消费者的需求升级等,需要新技术的支持来实现。因此,企业需要不断创新,寻找新的技术和解决方案,从而催生并孵化出新的产业方向和发展机会。

第二步,顶层设计:国家层面为产业集群发展作出的宏观规划和指导。在市场需求的基础上,国家需要从宏观角度对产业的发展进行顶层设计,明确产业定位、发展方向和目标,为产业的健康发展提供指导。这一过程需要政府部门、专家学者、企业代表等各方参与,形成共识,制定出符合国家发展战略的产业发展规划。

第三步,政策配套:顶层设计的具体实施。顶层设计出台之后,需要进一步出台国家级的宏观指导性政策和纲领,对产业发展方向、重点领域、支持政策等进行明确和规范,为市场进入培育期奠定基础。这些政策包括财税优惠、土地供应、人才引进、科研项目支持等方面,为产业的健康发展提供政策保障和环境支持。

第四步,市场培育:政策配套的具体落实。在国家宏观政策出台之后,各地方政府和区域需跟进出台配套政策和发展规划,并明确落地措施,制订执行计划。这包括建立市场导向的产业集群发展机制,促进供需双方对接,引导市场需求,推动产业链条的形成和完善。同时,需要加大对产业链上下游企业的支持力度,鼓励企业创新和投资,推动产业集群的健康发展和壮大。

第五步,基础设施:在科技产业发展中扮演着至关重要的角色。国家和地方政府应该统筹规划支持科技产业发展所需的新型数字基础设施建设,以满足日益增长的科技需求和促进产业发展的要求。新型数字基础设施包括 5G 网络、工业互联网、物联网、车联网、千兆光网等,这些基础设施的建设将为科技产业提供更加高效、智能、安全的数字化环境。此外,为了应对气候变化和推动绿色发展,国家还应明确提出相关的碳中和实施路径和要求,以确保科技产业发展的底层基础设施和能效比达到要求,实现经济发展与环境保护的双赢。

第六步,资本介入:推动科技产业发展的重要驱动力之一。为了鼓励资本市场介入相关科技产业赛道,国家可以采取一系列措施,包括优化资本市场环境、加大对科技产业的扶持力度、鼓励创新型企业上市融资等。同时,地方政府也可以成立扶持科技产业发展的产业母基金或专项基金,为培育和发展科技产业的新兴科创企业提供资金支持和保障。这些资本的介入将为科技产业的创新和发展提供重要的金融支持,助力科技产业实现高质量发展。

第七步,企业入局:科技产业集群发展的重要环节之一。随着新型基础设施的建设和资本的介入,传统企业和科创企业纷纷布局所培育的产业,制订战略规划、进行业务布局和拟定产品研发计划,开始介入市场培育和开发。同时,企业还逐步建立产业联盟,进行共性技术攻关,加强合作与创新,实现资源共享和优势互补,推动科技产业集群的协同发展。这些企业的入局将为科技产业的繁荣发展提供强大的动力和支持,推动科技产业向着更高水平迈进。

第八步,产品研发:产品研发在科技产业发展中具有至关重要的地位和作用,是科技企业将创新成果转化为实际产品的关键环节,直接影响着企业的竞争力和市场地位。在产业集群培育实施策略中,产品研发涉及多个环节,包括底层技术攻关与研发、产品设计、产品开发和产品销售等,需要全面考虑市场需求、技术水平和竞争态势。

根据产品研发计划,科技企业需要开展底层技术攻关与研发工作。这包括对新技术、新材料、新工艺等方面进行深入研究和探索,以满足市场需求和产品设计的要求。企业需要投入大量资源和精力,进行前沿技术的探索和创新,保持在行业内的领先地位。产品设计是产品研发的关键环节之一。科技企业需要根据市场需求和技术进展,设计出符合用户需求的产品方案。产品设计包括产品功能、外观设计、用户体验等方面,需要充分了解市场和用户的需求,进行市场调研和用户调查,确保产品设计的合理性和可行性。科技企业进行产品开发,将设计方案转化为具体的产品。产品开发包括生产制造、工艺流程优化、质量控制等环节,需要全面考虑生产成本、生产效率和产品质量,保证产品的稳定性和可靠性。科技企业进行产品销售,将研发生产的产品推向市场,实现销售目标和市场份额的提升。产品销售需要建立完善的销售渠道和营销体系,进行市场推广和品牌宣传,吸引客户和用户,提高产品的知名度和美誉度。

第九步,赋能实体:科技企业的重要使命和责任。科技企业将研发出的相关产品和解决方案实际应用到赋能实体经济的发展转型中来,可以提高实体经济的效率,助力企业实现降本增效和数字化转型升级。通过引入先进的科技成果和创新产品,实现实体经济的数字化、智能化和高效化,推动企业实现技术创新和管理创新,提高企业竞争力和市场地位。这对于推动产业结构调整、促进经济增长和实现可持续发展具有重要意义。

第十步,模式优化:赋能实体经济的关键环节之一。在实践过程中,科技企业需要不断总结经验、优化方案,推动模式不断创新和提升。这种模式优化不仅包括对技术和产品的改进,更要关注商业模式、运营方式和服务体系的完善和提升。

科技企业需要对实践过程进行经验总结。这包括对项目进展、技术应用、市场反馈等方面进行系统梳理和总结,发现问题和不足之处,为后续的优化提供依据和支撑。科技企业进行方案优化,不断推陈出新。在经验总结的基础上,科技企业需要根据实际情况和市场需求,对技术方案、产品设计和服务模式进行调整和优化,提高产品性能和服务质量,提升用户体验和满意度。科技企业将新技术范式进行规范化,并形成可规模化推广的经验。通过对成功案例进行归纳和总结,科技企业可以提炼出一套可操作的技术规范和实践经验,为后续的推广应用提供指导和支持。

第十一步,规模推广:科技企业开展大规模推广应用,赋能千行百业升级转型。在范式验证完成的基础上,科技企业可以将新技术范式推向更广泛的行业和领域,为实体经济的升级转型提供更多选择和支持,推动产业结构的优化和经济效益的提升。此外,科技企业也可将验证完成的中国技术范式推向全球市场,服务"一带一路"共建国家,助力构建内外双循环体系。通过开展国际合作和交流,科技企业可以将中国的技术成果和经验推广到全球范围,为"一带一路"共建国家的经济发展和产业升级提供支持和帮助,促进全球产业链的优化和协调发展。

(三) 实现科技产业化与产业科技化双向融合

科技产业的内生属性决定了产业集群的构建才是真正的成功。这种成功并非单个企业或产业的成功,而是整个产业生态系统的繁荣和持续发展。只有建立科技产业的内循环集群,才能够实现产业自主发展与共赢局面。这种内循环集群不仅能够提高产业的竞争力,还能够有效地应对外部环境的变化,从而确保产业的持续健康发展。

新质生产力的产业集群是在顶层设计的指导下形成的。政府通过制定明确的产业发展方向和提供配套政策来推动产业集群的发展。地方政府在产业集群发展过程中扮演着重要的角色,可根据地区的产业基础和特点制定相应的支持政策,为产业集群的形成和壮大提供必要的条件和环境。各个细分领域的"小巨人"企业则是产业集群中的重要组成部分,它们可能在某个领域具有突出的技术优势和市场地位,成为产业集群中的核心竞争力量。这些企业通过生态互通结盟,形成合作共赢的关系,共同推动了整个产业集群的发展。在科技产业的发展过程中,产业集群的形成是一种必然趋势。只有建立科技产业的内循环集群,才能够形成完整的产业链条和生态系统。这种内循环集群能够不断地进行技术创新和市场拓展,从而保持产业的竞争力和持续发展能力。同时,产业集群的形成也能够促进技术和经验的共享,加快产业的发展步伐,为科技产业的壮大提供有力支撑。

新质生产力的产业集群是完整的生态体系,需要覆盖科技产业化、产业科技化和科技服务共同体三大产业环节。这三个环节相辅相成,缺一不可。科技产业化为产业集群提供了科技支撑和产品基础,产业科技化为产业集群提供了技术创新和产业升级的动力,而科技服务共同体为产业集群提供了服务支持和保障。只有这三者相互配合、相互促进,才能构建起完整的生态体系,推动新质生产力的持续发展和壮大。(图5-4)

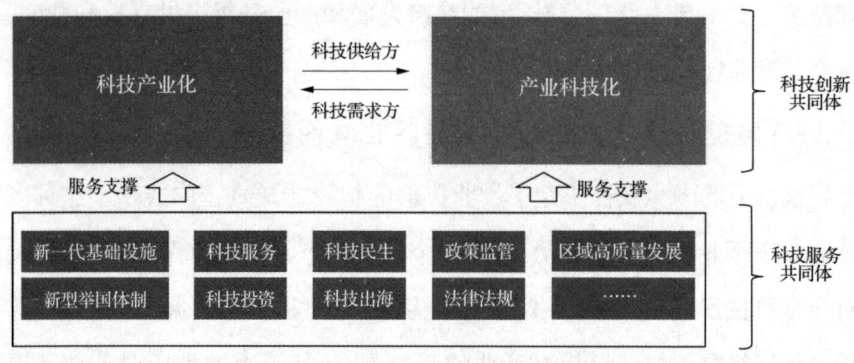

图 5-4　新质生产力的现代化科技产业共同体

科技产业化和产业科技化是科技发展的两个重要方向,它们各自以不同的方式推动着科技成果向市场转化和产业升级,而科技服务共同体则是在这两者之间发挥着重要的连接和支撑作用,为科技产业化和产业科技化提供基础服务支撑,促进生态体系的稳定发展和产业链的持续升级。

科技产业化是一种以技术驱动为主导的过程,它将科学研究成果转化为可商业化的产品或服务。这一过程通常经历着科学进展、技术研发、应用和产业化等环节。科技产业化的链路可以描述为从科学进展开始,研究人员通过不断地科学研究和技术研发,探索和发现新的科技成果。随后,这些科技成果被应用到实际生产和生活中,形成具有商业价值的产品或服务。最终,通过市场推广和产业化,这些产品或服务被广泛应用于社会各个领域,从而实现了科技成果的商业化和产业化。产业科技化是一种以需求驱

动为核心的过程,它致力于满足产业发展和市场需求,推动产业的升级和
转型。

产业科技化的链路通常是从产业的第一曲线到第二曲线的升级过程。
首先,产业的发展和市场需求会促使企业寻找解决方案,以解决当前面临的
问题或挑战。接着,企业会进行技术转型,选择适合自身需求的技术方案,
并进行相应的技术引进和应用。最终,通过技术的转型升级,企业得以实现
从传统产业向高科技产业的转变,从而提升竞争力和盈利能力,实现产业的
升级迭代。科技服务共同体则是整个生态体系中的底层支撑体系,其作用
主要是为科技产业化和产业科技化进程提供基础服务支撑。科技服务共同
体通过建设服务平台、提供技术支持和咨询服务等方式,为科技企业和产业
提供必要的支持和帮助。它确保了科技成果能够顺利转化为实际应用,并
促进了产业的稳定发展和持续升级。在整个生态体系中,科技服务共同体
扮演着重要的角色,可以起到加速剂的作用,推动科技产业化和产业科技化
的进程,促进产业链的不断优化和完善。①

科技产业化和产业科技化共同构成了科技创新共同体,它们相互依存、
相辅相成,推动着科技进步和产业发展。科技产业化注重将科学研究成果
转化为商业产品或服务,而产业科技化则致力于满足产业发展需求,推动产
业升级和转型。两者共同构成了科技创新的链条,实现了科技成果的转化
和应用,推动了产业的发展和经济的增长。科技服务共同体则在这两者之
间发挥着重要的连接和支撑作用。作为整个生态体系的底层支撑体系,科
技服务共同体为科技产业化和产业科技化提供了必要的基础服务支持。通
过建设服务平台、提供技术支持和咨询服务等方式,科技服务共同体促进了
科技成果的顺利转化和产业的稳定发展。它与科技产业化和产业科技化共
同构成了现代化科技产业共同体,推动了新质生产力的不断涌现和发展。

---

① 吉亚辉、羊洋:《产业升级对全要素生产率和劳均资本积累的影响:"红利"还是
"减速"》,《产经评论》2021 年第 3 期。

四、打通链条，创新科技服务共同体机制

（一）科技服务共同体的内涵和演变

随着国际战略环境的不断变化，科技水平已经成为国际竞争的核心要素。世界科技领域的竞争日趋激烈，关注焦点已逐步从下游的终端产品向上游的技术、知识产权方面过渡。在百年未有之大变局下，科技服务作为支持科技水平发展的基础，开始显得日益重要。

科技服务的概念在 19 世纪中期诞生，直到 20 世纪 90 年代才开始在中国市场出现。在这三十年中，科技服务经历了萌芽期、起步期和发展期，服务范围不断拓展与细化，而今伴随中国社会步入新时代，科技服务领域也迈入第四个发展阶段，即扩张期。在新发展阶段，科技服务开始向垂直化、专业化、高质量方向发展，科技服务告别过去粗放增长的模式，开始走向优质高效的高质量发展。

科技服务业是围绕技术创新发展的新兴业态。国家对科技服务业统计的范围和业态尚未形成统一的规定。国务院、科技部及国家发展改革委从不同角度对科技服务进行分类。国务院及科技部从科技服务业的服务流程角度，划分科技服务业业态范围。2012 年科技部制定的《现代服务业科技发展"十二五"专项规划》中，将科技服务业分为研发设计服务、技术转移转化服务、创新创业服务、科技金融服务、科技咨询服务五大类；2014 年国务院发布的《关于加快科技服务业发展的若干意见》（国发〔2014〕49 号），明确了"研究开发、技术转移、检验检测认证、创业孵化、知识产权、科技咨询、科技金融、科学技术普及等专业科技服务和综合科技服务"九大类服务业态。国家发展改革委从科技服务业服务内容的角度划分科技服务业业态范围。2011 年国家发展改革委发布的《产业结构调整指导目录（2011 年本）》新增科技服务业类别，服务领域涵盖十一项重点内容。2019 年国家发展改革委在 2011 年版本的基础上，新增智能制造、工业服务、网络安全集成、云计算、

信息及系统集成等相关服务五项内容。随着社会经济和技术水平的不断进步,科技服务的涵盖范围、服务内容、服务业态不断丰富。科技服务与产业融合程度不断加深,业态走向综合发展。

综合各政府职能部门对于科技服务业的划分,结合科技自立自强国家发展战略,科技服务体系应满足创新发展需要,聚焦服务核心技术研发、提供关键服务要素,实现整体创新链赋能。1992 年,原国家科委在《关于加速发展科技咨询、科技信息和技术服务业意见》中首次提出科技服务业的概念。1999 年,中共中央、国务院发布了《关于加强技术创新,发展高科技,实现产业化的决定》,加速科技成果产业化成为这一时期的主要政策走向。该阶段科技服务的范围较窄,服务能力较为单一,其意在促进第三产业与整个国民经济的融合发展,调动科技力量为经济建设服务,强化科技体制改革。2006 年,《国家中长期科学和技术发展规划纲要》进一步明确了中国科技体制改革与建设创新型国家的要求,对科技中介机构也提出了政策支持;2007年,国务院提出大力发挥科技服务业的支撑和引领作用。该阶段科技服务业涵盖的环节越来越多,从研发服务到成果转化,到技术服务化,到提供综合服务,内容日趋综合;科技金融、知识产权、技术标准以及公共科技等服务平台不断涌现,服务的内容和模式不断深化。2014 年,国务院在《关于加快科技服务业发展的若干意见》中,首次对科技服务业发展作出全面部署。2020 年 4 月,中央全面深化改革委员会第十三次会议强调了要从体制机制上增强科技创新和应急应变能力,要创新科技成果转化机制,打通产学研创新链、产业链、价值链。① 该阶段,科技服务业走向快速发展阶段,行业向着规模化、专业化、体系化方向前进。2021 年,《2035 年远景目标纲要》指出科技产业发展的着重点在于:优先改造传统行业、发展战略性新兴产业、加快发展现代服务业。2021 年 9 月在京举办的中关村论坛提出:搭建链接政府、

---

① 《习近平主持召开中央全面深化改革委员会第十三次会议强调:深化改革健全制度完善治理体系　善于运用制度优势应对风险挑战冲击》,2020 年 4 月 27 日,https://www.gov.cn/xinwen/2020-04/27/content_5506777.htm。

市场和创新服务的科技成果转化平台，服务面向中小微、专精特新企业。在发展硬科技、强链、补链的背景下，国家推动科技服务业朝着规范化、专业化方向发展，并且对为科技产业提供服务的从业者提出了更高的要求。

在新时代的浪潮下，关键核心技术的重大突破成为推动未来产业发展的重要引擎。这些突破性进展不仅为新时代的产业转型升级提供了坚实基础，更为全球经济注入了新的活力和动力。随着新技术、新产品、新业态、新模式的涌现和广泛应用，我国将逐步成为世界未来产业重要的策源地。然而，随着科技的飞速发展，传统的科技服务概念已经无法支持新质生产力的发展。面对新形势下的挑战，迫切需要构建更为完善的科技服务共同体，以应对新技术、新产业带来的新需求和新挑战。这个共同体将整合服务支撑体系和各类保障体系，形成一个有机的系统，为新质生产力的发展提供全方位的支持和保障。

首先，科技服务共同体需要建立一个完备的服务支撑体系。这意味着需要加强科技资源的整合与共享，打破各种壁垒，促进各方资源的有机结合和互补，形成全方位、多层次、立体化的服务网络。只有通过整合各方资源，才能够更好地满足不同产业的需求，推动新技术、新产品的创新和应用。其次，科技服务共同体需要建立健全的保障体系。这包括加强科技法律法规的建设，完善知识产权保护机制，以及建立科技人才培养和引进机制等。只有通过建立健全的保障体系，才能够确保科技创新的顺利进行，吸引更多的人才投入科技研发和创新中，从而推动产业的高质量发展。

科技服务共同体的建设是一个系统工程，需要政府、企业、科研院所、高校等各方的共同参与和努力。只有通过建立这样一个共同体，才能够更好地应对新时代的挑战，推动新质生产力的发展，实现经济的高质量发展，从而为构建科技强国、经济强国作出更大的贡献。科技服务共同体已不再是简单的科技服务行业，而是演变成一个综合生态体系，涵盖了广泛而多元的支撑体系。其中包括新一代基础设施的建设，这涉及数字化基础设施、通信网络、云计算平台等，这些基础设施的完善为科技创新和产业发展提供了必要的支持。与此同时,科技服务共同体还涵盖了新型举国体制的建立。这种体制的建立需要政府、企业、高校、科研院所等各方的密切合作,形成一个开放、包容、合作的创新生态系统。这种新型体制的建立将有助于促进科技成果向产业转化,推动产业向高端发展。

此外,科技服务共同体还包括科技服务的提供。这包括技术咨询、技术转移、技术培训等多种形式的服务,为企业提供定制化、专业化的科技支持,帮助企业解决技术难题,提升技术水平,推动产业升级和转型。科技服务共同体还涉及科技投资的引导和推动。这包括引导社会资本向科技领域投资,支持创新型企业的发展,推动科技成果向市场转化。同时,科技服务共同体还包括推动科技出海。这包括促进科技成果的国际合作与交流,扩大科技合作的广度和深度,加强国际科技创新合作,推动科技成果在国际市场的应用和推广。在科技服务共同体的建设中,政策监管和法律法规的建设也至关重要。完善科技创新政策体系,加强知识产权保护,推动科技创新和产业发展的良性循环。

科技服务共同体是一个综合生态体系,不再是单一的科技服务行业,而是一个涵盖了新一代基础设施、新型举国体制、科技服务、科技投资、科技出海、政策监管、法律法规、区域高质量发展等多元支撑体系的完整生态,其核心目标在于推动科技产业化和产业科技化进程,以实现经济高质量发展。

发展新质生产力是当今时代的迫切需求,其实现既需要科技产业化,也需要产业科技化的推动,但更加重要的是科技服务共同体完善的支撑体系与保障措施。科技服务共同体作为一个综合生态体系,承担着整合新一代基础设施、建立新型举国体制、提供科技服务、引导科技投资、促进科技出海、加强政策监管和法律法规建设、推动区域高质量发展等多元方向的重要使命。只有通过建立健全的科技服务共同体,才能为新质生产力的培育和发展提供全方位的支持和保障,促进科技成果向产业转化,推动产业升级和转型,从而实现经济的可持续发展和繁荣。

（二）发展科技服务共同体的全链条

按照科技服务链，科技服务共同体可以分为六个关键环节，分别是人才、技术、产品、资金、组织和运营。这六个环节相互交织、相辅相成，共同构成了科技服务共同体的重要组成部分，推动着科技创新和产业发展的不断进步。（图5-5）

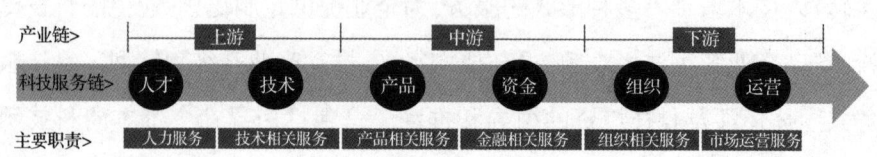

图5-5　科技服务共同体的全链条

人才环节，主要聚焦于人力资源的引进、培育、教育等多元化领域。其中，高端人才的引进和培育是重中之重。通过引进国内外顶尖人才，可以补充国内科技创新队伍的不足，引入新的思维和技术，推动科技领域的创新和发展。同时，通过培育本土高端人才，可以为国家产业发展提供持续的人才支持。高校课程设置也是人才培养的重要环节，通过优化课程设置，使之符合当前产业发展的需求，培养出更加适应市场需求的人才。教育的重要性也不可忽视，通过提供高质量的教育资源，为人才的成长提供良好的环境和条件。综合来看，人才服务的多元化努力旨在培养更多高端人才，为经济创新和发展提供强有力的支撑。

技术环节，主要聚焦于自主可控的前沿性、颠覆性新技术的攻关。它注重关键核心技术的突破，特别是共性技术的攻关。共性技术的突破对于促进整个产业链的升级和发展至关重要。技术服务的核心任务之一就是为技术取得突破后的技术转移、成果转化、知识产权服务等方面提供支撑能力。这包括建立技术转移平台，促进科技成果的转化和商业化，推动科技创新成果从实验室走向市场。此外，加强知识产权服务也是技术服务的重要组成部分，为科技成果的保护和运用提供法律支持和保障。综合来看，技术服务致力于推动科技创新成果的转化和产业化，助力国家经济实现高质量发展。

产品环节，重点是将新技术转化为新产品，其中技术转移和知识成果共享是关键。技术转移是指将研发的技术成果从科研机构或企业转移到实际应用领域的过程，这需要建立有效的技术转移机制和平台，促进科技成果的转移和应用。同时，知识成果共享也是推动新产品开发的重要环节，通过共享科技成果，可以加速新产品的研发过程，避免重复研发，提高研发效率。此外，为了支持新产品的研发，需要提升研发投入强度，包括加大资金投入、加强人才培养等方面的支持。最终，侧重于产品化的实际服务能力，即确保新产品的质量、可靠性和市场适应性，以满足客户需求并实现商业化。

资金环节，重点是加强科技投资能力，以支持科创企业的发展。利用风险投资基金加快科创企业的孵化能力是重要手段之一，通过提供风险投资，可以帮助科创企业渡过初创阶段的资金难关，推动其快速发展。特别是针对具有新技术、新产品的科创企业，需要提供资本支撑能力，以支持其创新和成长。这包括通过风险投资、创业投资等形式，为这些企业提供资金支持，让其新技术、新产品尽快孵化出新企业、新组织来进行推广应用。最终，科技投资的目标是推动科技成果的转化和商业化，促进新技术、新产品的应用和推广，推动经济的创新和发展。

组织环节，重点是为新技术、新产品所催生的新企业、新物种提供企业管理的基础服务能力。这包括工商注册、审批流程、财务报税等基础服务，帮助新组织顺利开展业务并合法合规地运营。这些基础服务对于新企业的成立和发展至关重要，可以为其提供稳定的法律和财务支持，确保企业运作的正常进行。除了基础服务，还需要给这些新组织提供市场拓展服务，帮助企业快速找到客户，将新技术、新产品真正转化为新订单、新收入。这包括市场调研、营销策划、渠道建设等方面的支持，通过有效的市场推广和销售活动，帮助新企业拓展市场，实现业务的快速增长和持续发展。

运营环节，主要任务是帮助企业强化经营能力，加速市场拓展服务，并协助构建产业生态体系。首先，需要协助企业寻找新的合作伙伴，建立合作关系,拓展业务范围。其次,通过构建产业联盟等方式,促进产业间的协同发展,形成合作共赢的产业生态系统。此外,需要验证产业新范式,通过实践和经验积累,不断完善产业发展模式,推动产业向更加成熟和健康的方向发展。在此过程中,提供科技智库服务是至关重要的,帮助企业定义新技术、新理念、新方向,探索研究新的服务模式,开拓新的产业业态和应用场景。通过科技智库服务,可以为企业提供前瞻性的战略规划和科技创新方向,帮助企业加速实践落地,推动企业持续发展和壮大。运营方面的服务旨在帮助企业提升经营管理水平,拓展市场空间,促进产业创新和升级,助力企业实现长期可持续发展。

在科技服务共同体的全链条上,各个环节分别需要不同的服务业态,总结来看主要有九种服务业态,包括人力资源、成果转化、共性技术、技术转移、知识产权、科技智库、科技投资、企业基础、市场拓展服务。(图5-6)

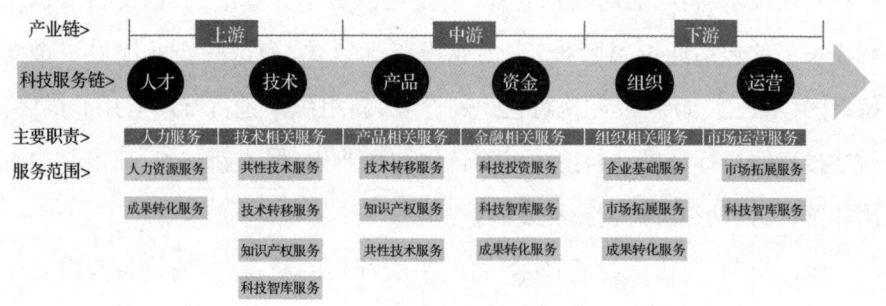

图5-6 科技服务共同体的重点服务业态

人力资源服务致力于为企业提供人才引进、培训发展、绩效管理等方面的支持,以满足科技人才需求。成果转化服务旨在将科技创新成果转化为实际应用或商业化产品,促进科技成果的商业化落地。共性技术服务关注攻关关键核心技术问题,推动产业发展和技术创新。技术转移服务则促进科技成果的转移和应用,加速技术推广和产业化进程。知识产权服务则为科技创新成果提供知识产权保护和运营管理支持,维护创新成果的合法权益。科技智库服务提供科技政策咨询、前瞻性研究和战略规划支持,为科技发展提供智力支持。科技投资服务则通过风险投资、股权投资等形式,为科技创新企业提供资金支持和投融资服务,促进科技成果的商业化转化。企业基础服务包括法律、财务、人力资源等基础管理服务,为企业的正常运营提供基础支持。最后,市场拓展服务致力于帮助企业拓展市场,实现产品的推广和销售,促进科技成果的更广泛应用和市场化。这九种服务业态共同构成了科技服务生态系统,为科技创新和产业发展提供了全方位的支持和保障。

人才、技术、产品、资金、组织和运营的六大环节以及人力资源、成果转化、共性技术、技术转移、知识产权、科技智库、科技投资、企业基础、市场拓展服务的九大业态,共同组成了科技服务共同体的全链条体系。在这个体系中,人才是推动科技创新和产业发展的核心动力,人力资源服务为企业提供人才引进、培训发展等支持;技术环节注重攻关关键核心技术问题,共性技术服务致力于促进产业技术创新和发展;产品环节着眼于将新技术转化为创新产品,成果转化服务推动科技成果的商业化落地;资金环节为科技创新提供资金支持和投融资服务,科技投资服务为科技企业的发展提供资本支持;组织环节为企业提供基础管理和市场拓展支持,企业基础服务为企业的正常运营提供基础保障;运营环节助力企业深化经营能力和产业拓展,市场拓展服务为企业产品推广和销售提供支持。这些环节和业态相互交织、相辅相成,构成了科技服务共同体的完整链条体系,为科技创新和产业发展提供了全方位的支持和保障。

(三)科技服务共同体的新制度逻辑

从各个环节与服务共同体的对应关系来看,新型举国体制、新一代基础设施、科技投资、科技服务、法律法规、政策监管、科技出海、区域高质量发展等服务内容都可以在科技服务共同体的全链条中找到对应的关键环节。

新型举国体制主要对应科技服务链的前两个环节,即人才和技术环节。在人才方面,该体制致力于培养和引进高水平的科技人才,为科技创新提供了人才保障和支持。通过组织人才参与技术攻关和成果转化的工作,该体制促进了科技成果的转化和应用,推动了科技创新的不断发展。在技术环节,新型举国攻关体制承担了技术的攻关和成果转化的重任。它致力于解决科技领域的关键问题,推动科技成果从实验室走向市场,加速技术的商业化和产业化进程,为经济发展提供了强大的技术支撑和保障。

新一代基础设施主要与科技服务链的技术与产品环节相对应。新一代基础设施的建设旨在为新技术的攻关研发和产品化落地提供必要的基础设施支持。它包括数字基础设施、能源基础设施、科研基础设施等多个方面,为科技创新提供了良好的技术平台和环境。通过建设新一代基础设施,可以更好地支撑科技创新的开展,加速新技术的应用和产业化,为经济的持续发展提供关键的技术支持和保障。

科技投资主要对应科技服务链的资金与组织环节。其核心职能是通过投资机构对科创企业进行孵化,早期提供资金支持,加速新技术的成果转化。科技投资的作用不仅在于提供资金,更在于为科创企业提供战略性的指导与支持,促进其规范化管理、市场拓展和商业化落地。通过投资机构的介入,科创企业得以更有效地获取资金,推动创新技术的应用和产业化进程,为经济的长期发展提供重要动力。

科技服务则贯穿科技服务链的人才、技术、产品、资金、组织五个环节,为科技企业提供各种关键支持。其服务范围包括但不限于共性技术服务、技术转移服务、知识产权服务、工商注册、行政审批、科技智库等多元化服务。通过这些服务,科技服务机构为科技企业搭建起全方位的服务平台,助力其克服技术难题、实现技术成果转移和商业化,保护知识产权,规范企业管理,拓展市场,推动新技术和新产品的商业化应用,从而加速科技创新成果的转化和产业发展的步伐。

法律法规和政策监管则对应人才、技术、产品、资金、组织、运营全部六个环节。其主要职责在于为企业提供国家层面的顶层规划、政策制定、监管制度的制定以及法律法规的完善等服务。通过这些服务,法律法规和政策监管机构确保为科技产业发展提供良好的宏观战略规划、政策支持和营商环境。他们致力于制定和实施相关法律法规,监督和管理科技产业的发展,维护公平竞争的市场秩序,保障科技企业的合法权益,促进科技创新和产业升级。

科技出海主要对应科技服务链的运营环节,主要负责为企业走向全球市场提供支持。其重点在于支持企业开拓"一带一路"共建国家的海外市场,为企业提供海外市场的开拓、合作伙伴的链接、海外合规辅导等服务。科技出海机构通过提供海外市场情报分析、市场推广策略制定、海外业务合作洽谈等支持,帮助企业拓展海外业务,增强国际竞争力,促进科技成果的国际化和全球化应用。这些举措有助于推动科技企业在国际市场上的影响力和竞争力,拓展科技合作的广度和深度,促进全球科技创新资源的共享与合作,为科技服务链的全面发展注入新的动力。

区域高质量发展主要对应科技服务链的资金、组织和运营三个环节。其核心任务是面向地方,促进科技产业的发展和优化,需要在产业引导资金、招商引资规划、招商落地后的运营支持等方面进行统筹安排和实施。在资金层面,需要统筹整合各类产业引导资金,支持科技产业的发展,为地方经济的高质量发展提供资金支持。同时,需要在组织层面规划和实施招商引资政策,吸引优质项目落户,推动地方经济结构的优化升级。在项目落地后,还需要提供运营支持,帮助企业解决经营管理中的各类问题,促进项目持续健康发展。(图5-7)

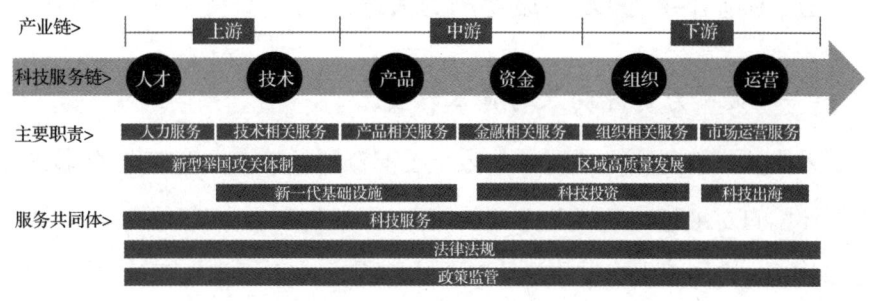

图5-7 科技服务共同体的新制度逻辑

在现阶段科技服务共同体的体系中,服务范围多数聚焦在组织层面和资金层面,对人才、技术、产品和运营等其他环节的服务布局相对不足。因此,需要进一步优化新质生产力的产业支撑体系,以构建更加完善的科技服务生态系统。首先,在人才方面,应当畅通教育、科技、人才的良性循环,完善人才培养、引进、使用和合理流动的工作机制。这包括加强教育培训、优化人才引进政策、推动跨界交叉人才流动等措施,以保障人才队伍的稳定和充实。其次,在技术和产品方面,应该加大对新技术研发和成果转化的支持力度,鼓励企业加强技术创新,推动科技成果向市场转化。此外,还应加强对运营层面的支持,为企业提供更加优质的管理咨询、市场拓展和运营支持服务,提升企业的竞争力和持续发展能力。

为了更好地促进新质生产力的发展,还需要健全要素参与收入分配机制,激发劳动、知识、技术、管理、资本和数据等生产要素的活力。这意味着要建立多元化的收入分配机制,鼓励各类生产要素的参与者分享创造价值的成果,推动知识、技术和人才等要素的市场价值得到更好体现。同时,还应营造鼓励创新、宽容失败的良好氛围,为创新创业者提供更广阔的发展空间和更好的创业环境,促进创新活动的持续蓬勃发展,为新质生产力的崛起提供更加有力的支持。通过以上措施的综合实施,才能更好地推动科技服务共同体的发展,为区域经济的高质量发展注入新的活力和动力。

五、多措并举,激发新质生产力人才活力

(一)从人力资源向人力资本转变

人才,是影响经济社会发展的最重要的资源。数字经济时代,随着国际发展环境的变化和国家战略方向的改变,产业发展开始走向科技化、数字化、绿色化,这些变化均促使企业对人才的需求发生根本性变革:从人力资源到人力资本理念的转变,释放人才活力、挖掘人才红利。由于全球贸易壁垒持续增大,各国对技术的自主可控性要求越来越高,从而促使各国对底层技术研发投入持续加大,对自主知识产权的保护力度持续加强,这些都促使

未来很长一段时间内,技术研发人才成为重点争夺对象,高端人才尤其是战略科学家的需求日益突出。当前,我国在很多关键技术领域存在短板,这些领域中具有战略作用的科学家将成为提高我国科技竞争力、追赶国外先进水平的重要资源。因此在关键核心技术领域,国家对战略科学家的重视程度不断提高,需求也在持续释放。

人才政策将从强调引进转变为注重"产教融合"的自我培养。伴随各国对核心高端人才的重视程度不断加强,过去一味强调的人才引进政策,已经无法满足各地区对高端人才的需求。因此,产教融合人才培养模式显得重要且迫切。国家高度重视产教融合工作并积极做好顶层设计。2017 年 12 月,国务院办公厅发布了《关于深化产教融合的若干意见》;2019 年 9 月,国家发展和改革委发布《关于印发国家产教融合建设试点实施方案的通知》,重点强调推动产业需求更好地融入人才培养过程,构建服务支撑产业重大需求的技术技能人才和创新创业人才培养体系,形成教育和产业统筹融合良性互动的发展格局。

对于中端人才资源的需求将持续提升。伴随中国数字经济转型的不断深化,未来千行百业都会走向产业科技化,将会带来各行各业对科技人才的需求显著提升。人才需求会逐步由基础研究驱动转变为应用落地驱动,这些现象将导致各行各业对中高端人才的需求更为旺盛,也将导致中端人才供不应求。因此,未来国家在制定人才发展战略时,不能只把目光聚焦到高端人才领域,更应该强化对关键紧缺的中端人才的引进与培养力度,以满足未来产业发展的需求。

生产性科技服务人才将成为未来需求的重要方向。随着我国经济的快速发展,科学技术研发投入持续扩大,其对经济增长的拉动效应日益突出。未来,将通过科技创新进一步提升生产效率,推动经济增长。但科技的研发和市场转化,投入成本高,风险大,需要专业技术人才帮助科学家从实验室走上产业化道路。随着硬科技创业者的增多,相关专业科技服务人才将会扮演重要的角色,其对高端技术的产业化落地将发挥重要的作用。

由此可见，随着新质生产力不断发展，人才需求也随之发生根本性变革，实现了从人力资源到人力资本的理念转变，意味着人才将成为科技创新和产业创新的核心要素资源和重要竞争优势，这种转变不仅仅是劳动力的简单运用，也是推动高质量发展所需人才的必然趋势。这一转变反映了人才在发展新质生产力中的重要地位和作用，强调了劳动者的价值创造和知识创新的效率型要素的重要贡献。

（二）优化高等学校学科设置和人才培育机制

学科专业是国家教育体系的核心支柱，是人才培养的基础平台，学科专业结构和质量直接影响高等教育服务经济社会高质量发展的能力。为进一步调整优化学科专业结构，推进高等教育高质量发展，服务支撑中国式现代化建设，需优化高等学校学科设置，以服务经济社会高质量发展为导向，想国家之所想、急国家之所急、应国家之所需，建好建强国家战略和新质生产力发展急需的学科专业。

为深化新时代高等学校学科专业体系改革，加快调整优化学科专业结构，促进新质生产力发展，2023 年教育部等五部门印发《普通高等教育学科专业设置调整优化改革方案》，重点是面向世界科技前沿、面向经济主战场、面向国家重大发展需求、面向人民生命健康，推动高校积极深化学科专业供给侧结构性改革，全面提高人才自主培养质量，主动适应经济社会发展需求。

走好高校基础学科人才自主培养之路，是我国建设世界重要人才中心和创新高地的重要组成部分，更是高校教育改革的时代责任和历史使命。新质生产力的人才培养需要高校打破常规，服务国家重大战略需求，聚焦世界科学前沿、关键技术领域等学科，打破学科专业壁垒，创新学科组织模式，改革人才培养模式，培育优秀青年人才团队，深化国际交流合作，完善多渠道资源筹集机制，建设科教、产教融合创新平台等。特别需要深化新工科建设，主动适应产业发展趋势，主动服务制造强国战略，围绕"新的工科专业，工科专业的新要求,交叉融合再出新",深化新工科建设,加快学科专业结构调整。对现有工科专业全要素进行改造升级,将相关学科专业发展的前沿成果、最新要求融入人才培养方案和教学过程。加大国家重大战略、战略性新兴产业、区域支柱产业等相关基础科学建设力度,打造特色鲜明、相互协同的学科专业集群。推动现有工科交叉复合、工科与其他学科交叉融合、应用理科向工科延伸,形成新兴交叉基础科学专业,培育新的工科领域。

特别需要加强基础学科专业建设。加强数理化生等基础理科学科专业建设,促进多学科交叉融通。适应"强化基础、重视应用、特色培养"要求,分类推进基础和应用人才培养。高水平研究型大学要加大基础研究人才培养力度;地方高校要拓宽基础学科应用面向,构建"基础+应用"复合培养体系,探索设置"基础学科+"辅修学士学位和双学士学位项目。

科技创新的真正源头和生长根基在基础研究,而对于基础学科人才的培养更是重中之重。加强基础学科设置和自主人才培养是"国之大计",准确把握高校学科设置和人才培养方向是"行之要者",全面做好基础学科人才的自主培养是高校的"责之重者"。

(三)畅通教育、科技、人才的良性循环

更好地促进和发展新质生产力,是践行"科教兴国战略、人才强国战略、创新驱动发展战略"重要的方向之一,是实现高质量发展的关键动力。习近平总书记强调,"要按照发展新质生产力要求,畅通教育、科技、人才的良性循环,完善人才培养、引进、使用、合理流动的工作机制"[①]。

打造教育、科技、人才的良性循环,需要完善创新生态,鼓励源头创新与成果转化,打造技术驱动型的良性创新生态体系。深化教育、科研与人才制度改革,鼓励基础研究和源头创新,在高校、研究机构、科创企业之间设立转换机制,鼓励专家教授等科研人员到科创企业自由择业,形成产学研深度融

---

① 《习近平在中共中央政治局第十一次集体学习时强调　加快发展新质生产力扎实推进高质量发展》,《人民日报》2024 年 2 月 2 日,第 1 版。

合的人才制度，提升科创企业持续创新的信心。为取得科创成果的研究人员提供灵活就业创业选择机制，打通科技人才流动的"旋转门"。

重视科技服务平台的发展，赋能科研成果转化，打通人才到技术再到科技公司的转化通道。[①] 发挥企业服务平台或科技服务平台作用，构建现代科技服务平台体系，全面对接梳理产学研用各端产业角色，提高产学研用各生态环节的有效衔接与成果转化效率。数字化转型是实体经济企业面临的重大挑战和机遇，这种转型不仅需要数字技术的创新和应用，也需要有专业的咨询团队和智库机构来引导和支持。政府可以加大财政投入和优化激励机制，以政府购买服务、专项补助等方式，鼓励第三方平台面向中小微企业和灵活就业者提供优惠服务。同时，加强对中小企业、民营科创企业的法律服务和知识产权保护，完善对数字化转型成果的评价和奖励机制，激发人才和机构的创新活力。

加强建设专业人才队伍。紧紧围绕人才需求的变革，大力培育未来产业领军企业家和科学家，优化鼓励原创、宽容失败的创新创业环境。激发科研人员创新活力，建设一批未来技术学院，探索复合型创新人才的培养模式。强化校企联合培养，拓展海外引才渠道，加大前沿领域紧缺的高层次人才的引进力度。注重实践型人才的培养。

完善人才政策体系，加强人才政策系统整合。强化不同人才政策工具的综合集成，促进人才政策资源向前沿科技产业关键环节、薄弱环节、高端环节倾斜，保持政策实施的稳定性、连续性。促进产业政策与人才政策协同配套，支持各地在更加开放、更加市场化条件下探索制定区域性人才引育政策，聚焦于产业发展需求，提高人才工作的靶向性。同时，为校企人才合作培养"牵线搭桥"。充分利用高等院校、高职院校、科研院所等资源，加强企业与高等院校以及科技头部企业合作，促进企业与人才个人或所在院所单

---

① 尹西明、武沛琦、钱雅婷、陈劲：《面向新质生产力培育的科技成果转化：场景范式与实践进路》，《科学与管理》，https://kns.cnki.net/kcms/37.1020.G3.20240201.1328.002.html。

位开展项目合作,建立人才对口交流、输送机制,解决企业人才短缺难题。

加大人才培育力度,形成多元人才培育机制。建立健全以政府培育为引导、用人单位培育为主体、社会和个人投入为补充的多元化人才培育机制。积极调整优化支出结构,加大对人才培养、引进、保障的投入,保障人才发展重大项目的实施。引入市场化力量,成立人才发展集团,推动建立人才引进专项资金,提高人才投资效益,构建多元化人才培养体系。在制定中央层面和各地方政府层面的人才发展战略时,不能只把目光聚焦到高端人才领域,更应该强化对关键紧缺的中低端人才的引进与培养力度,以满足未来当地发展的需求。鼓励人才政策从强调引进转变为注重自我培养,构建一套高端人才以引进为主,中低端人才以自我培养为主的新时代人才建设体系。加大对民营中小型企业内部员工开展数字素养、数字化转型技能培训的支持力度,鼓励社会培训机构开展企业内训业务,提高职业教育对民营企业技术人才的专业和岗位需求满足度。推动高校、职业院校、企业等多元主体协同开展数字化转型相关专业和课程的建设,培养一批具备数字技术与行业经验的跨界人才,为企业数字化转型发展提供人才基础。[1]

加强国际交流合作。全球范围内存在大量优秀的科研人才和创新团队,他们在各自的领域拥有丰富的经验和成果积累,通过引进和吸引这些全球优秀科创人才,可以为我国科技创新提供更多的智力支持和创新动力,推动科技成果的交流和互鉴,助力我国科技创新事业取得更大的成就。

---

[1] 徐晓明:《加快形成新质生产力 增强发展新动能》,《光明日报》2023年9月14日,第2版。

第六章
新探索：新质生产力的实践探索

要围绕发展新质生产力布局产业链,提升产业链供应链韧性和安全水平,保证产业体系自主可控、安全可靠。要围绕推进新型工业化和加快建设制造强国、质量强国、网络强国、数字中国和农业强国等战略任务,科学布局科技创新、产业创新。

——习近平总书记在中共中央政治局第十一次集体学习时的讲话(2024年1月31日)

一、中国新质生产力的实践探索历程

(一)新质生产力的实践发展历程

习近平主持召开中央财经领导小组第七次会议时强调,"党的十八大提出的实施创新驱动发展战略,就是要推动以科技创新为核心的全面创新,坚持需求导向和产业化方向,坚持企业在创新中的主体地位,发挥市场在资源配置中的决定性作用和社会主义制度优势,增强科技进步对经济增长的贡献度,形成新的增长动力源泉,推动经济持续健康发展"①。

新质生产力的形成源于技术的革命性突破、生产要素的创新性配置和产业的深度转型升级。技术的革命性突破是推动新质生产力发展的重要动

---

① 《习近平谈创新》,《人民日报海外版》2016年3月1日,第9版。

力之一。技术的不断进步和创新,如人工智能、大数据、物联网等新兴技术的涌现,为生产方式和生产要素的优化配置提供了新的契机。生产要素的创新性配置是新质生产力发展的重要基础。通过合理配置劳动力、资本、技术和管理等生产要素,产业效能得到提升,从而提高了生产效率,以良性循环的方式,推动产业的转型升级。产业的深度转型升级是新质生产力形成的关键环节。随着科技和市场的不断发展,产业需要不断调整转型,以适应市场需求和科技进步的要求,实现产业结构的优化和升级。

新质生产力的核心在于科技创新。新质生产力的主导作用体现在及时将科技创新成果应用到具体产业和产业链中,培育新质生产力的关键就是确保科技创新成果得到有效的转化和应用,为产业赋能,提高产业发展水平。这意味着要建立起科技创新与产业发展之间的有效衔接机制,将科技成果快速转化为实际生产力。这主要包括加强科技成果的转移转化,促进技术与产业的深度融合,推动新技术在传统产业中的应用和升级改造,发展战略产业,培育壮大新兴产业,布局建设未来产业,完善现代化产业体系。通过这种方式,有效提升产业的高科技含量,增加产业链附加值,推动产业结构的优化和升级,扎实推动高质量发展。

新质生产力本质上是以数字技术为代表的新一轮信息技术革命引致的生产力跃迁。抓住数字技术革命带来的历史性战略机遇和窗口期,加快推动形成和发展新质生产力,有助于加速产业变革,加快建设现代化产业体系,在新一轮经济全球化竞争中抢占发展制高点,构造新一轮竞争新优势。[①]

新质生产力的发展和培育需要遵循从实践中来,到实践中去的基本原则。不仅要注重科技创新研发和生产力理论研究,更需要将科技成果和理论分析与各地实践相结合,不断探索和总结适合中国国情的科技创新引领产业创新发展的路径和模式。不断加强产学研用的紧密结合,推动科技成果向产业转移,鼓励各类主体加大科研投入和创新力度,促进形成科技创新

---

① 戴翔:《以发展新质生产力推动高质量发展》,《天津社会科学》2023 年第 6 期。

与产业发展的良性循环。只有在不断的实践中，才能够检验和完善新质生产力的理论框架和政策措施，推动新质生产力的不断发展和壮大。

在新质生产力的发展和培育中，技术要素和数据要素扮演着关键的角色。① 技术要素的不断更新和应用能够推动产业创新和创优，从而提高生产力效率和发展质量。数据要素的应用和分析可以帮助企业更好地把握市场需求、优化生产流程、提升产品质量等，从而提高整体生产效率和竞争力。此外，能源与信息作为技术要素和数据要素的两大关键技术路径，对促进新质生产力的发展起着重要作用。能源技术的创新和应用可以降低能源消耗，提高生产过程的能效，从而减少生产成本，提高生产效率。信息技术的发展可以实现生产过程的智能化和自动化，提高生产的精确度和效率，进一步促进新质生产力的发展。

党的十八大以来，我国推动区域协调发展战略、区域重大战略、主体功能区战略等深度融合，京津冀协同发展、长江经济带发展、粤港澳大湾区建设、长三角一体化等国家重大区域战略快速推进，为构建新发展格局、推动高质量发展提供了重要支撑。《中华人民共和国国民经济和社会发展第十四个五年规划和 2035 年远景目标纲要》提出以京津冀、长三角、粤港澳大湾区为重点，加强同其他区域发展战略和区域重大战略的对接，在更大范围内联动构建创新链、产业链、供应链，不断提升创新策源能力和全球资源配置能力，加快打造引领高质量发展的第一梯队，更好发挥对重大区域乃至全国发展的辐射带动力。

结合国家重大区域发展战略，新质生产力的产业集群培育要率先重视发挥重大区域特色优势，积极打造区域特色产业集群。习近平总书记在党的二十大报告中强调，"深入实施区域协调发展战略、区域重大战略、主体功能区战略、新型城镇化战略，优化重大生产力布局，构建优势互补、高质量发

---

① 石建勋、徐玲：《加快形成新质生产力的重大战略意义及实现路径研究》，《财经问题研究》2024 年第 1 期。

展的区域经济布局和国土空间体系"①。通过深挖本地技术、人才和自然等资源,各区域可以促进特色产业的优先快速发展,形成产业链集聚效应和区域协同效应,进而构建起区域产业集群之间的协同发展体系,促进国内大循环。以新质生产力的特征内涵优先布局重大区域,有助于提升区域产业竞争力,推动产业升级和转型,实现区域经济的共同繁荣发展。

在我国的京津冀、长三角、大湾区等重大区域布局特色产业集群,已经成为国家经济发展的重要引擎。从面到点,基于能效与数智生产力的结合,推动构建新质生产力的各地方现代化产业体系不断完善。同时,技术和数据要素的应用也得到持续优化,加强了能源与信息技术的创新和应用,从而实现各区域生产过程的智能化、优质化和高效化,推动区域产业的转型升级,促进区域性新质生产力的持续发展。

各区域应当充分发挥本地的优势和潜力,加强协同合作,错位发展,避免同质化竞争,共同将独具战略优势的现代化产业集群做大做强。通过加强区域间的经济联系和合作机制建设,进一步优化资源要素配置,促进产业协同发展,推动全国各地特色产业集群不断壮大,为中国经济的高质量发展贡献更大的力量。

(二)发展新质生产力的基本原则

2024年3月5日,全国两会期间,习近平总书记在参加江苏代表团审议时指出:"各地要坚持从实际出发,先立后破、因地制宜、分类指导,根据本地的资源禀赋、产业基础、科研条件等,有选择地推动新产业、新模式、新动能发展,用新技术改造提升传统产业,积极促进产业高端化、智能化、绿色化。"②

---

① 习近平:《高举中国特色社会主义伟大旗帜 为全面建设社会主义现代化国家而团结奋斗——在中国共产党第二十次全国代表大会上的报告》,人民出版社,2022,第31—32页。

② 《发展新质生产力,从实际出发(直通两会)》,《人民日报》2024年3月10日,第2版。

"先立后破、因地制宜、分类指导"，这十二个字正是习近平总书记为各地发展新质生产力给出的重要方法论。在发展新质生产力的过程中，应在"立"和"破"上把握好先后顺序，坚持从实际出发，兼顾当前与长远，"先立后破"要求"立中寻破"，避免"未立先破"或"只破不立"。

当前，"先立后破"已成为解决当前艰巨且繁重的改革发展和安全问题的重要方法论。此前，"先立后破"的提法出现在 2023 年 12 月的中央经济工作会议的决策部署中。这一理念强调从实际出发，根据不同地区的资源禀赋、产业基础、科研条件等具体情况进行分析和研究。通过深入了解当地的经济现状和发展潜力，更加客观、科学地制定发展战略和政策，避免盲目跟风、"一刀切"或者一哄而上的做法。

"先立后破、因地制宜、分类指导"是一种灵活、务实、动态调整的经济发展指导理念，对于指导区域经济发展、培育形成新质生产力具有重要的战略意义和实践指导意义。"先立后破"是鼓励在已有基础上进行创新和突破。发展新质生产力，并不是一味地否定或摒弃传统产业或发展模式，而是在保持传统优势的基础上，积极探索新机遇、新模式和新动能的发展路径和业态，更好地适应经济形势的变化和市场需求的动态调整。通过发展地方特色产业集群，可以激发地方企业和科研机构的创新活力，推动技术进步和产业升级。这有助于培育具有竞争力的产业集群，提升各地产业的整体水平和市场竞争力。

"因地制宜"的原则要求根据不同地区的资源禀赋和优势特征，采取有针对性的发展措施。在深入了解每个地区的产业结构、文化传统、经济发展等总体情况的基础上，梳理和挖掘地方产业特色，从而确定该地区适合发展的产业类型和方向，鼓励培育符合当地优势和需求的特色产业集群，促进产业结构优化升级，迈向高质量转型发展。"因地制宜"的原则还可以更好地保护和传承本地区的传统产业和文化资源，并在此基础上为产业发展夯实文化支撑。通过发展具有特色的各地产业集群，可以更好地展示发展中的文化底蕴和创新活力。

"分类指导"意味着针对不同的发展阶段、不同的市场需求和不同的产业,采取相应的政策支持和指导措施。这种分级施策可以更加精准地促进新产业、新模式、新动能的培育和发展,避免"一刀切",更好地发挥政策的针对性和灵活性。"分类指导"有助于促进各地区产业的互补和协同发展,推动区域经济一体化发展,形成区域协同发展的新模式。

"先立后破、因地制宜、分类指导"是发展新质生产力科学的方法论和实践论。"先立后破"强调对重要新质生产力的培育,"因地制宜"强调要结合各地的资源禀赋和优势适当推进,"分类指导"强调在实践中区分不同发展现状进行具体指导。通过具体分析重大发展区域的产业集群的成功实践可以发现,在建立完整的新质生产力产业集群的过程中,须遵循"先立后破、因地制宜、分类指导"的方法论,根据区域及市场发展特点和产业优势布局,构建适合中国国情的现代化产业生态体系。

在"先立后破、因地制宜、分类指导"的方法论指导下,做好顶层规划设计,包括科技创新、产业布局、人才培养等方面的全面考量和整体规划。首先,要特别重视科技创新,加大对科研机构和企业的支持力度,促进科技成果的转化和应用。其次,还要对产业布局进行科学规划,确定各个产业在集群中的位置和作用,实现优势互补和协同发展。最后,要注重人才培养,培养适应新质生产力发展需求的高素质人才队伍,加强专业人才的培养培训。总之,建立完整的新质生产力产业生态体系,需要多方面的综合支持和协同推进,从而逐步实现产业的优化升级和经济效益的整体提升。

在发展培育新质生产力的现代化产业集群过程中,我们还要认识到,仅依赖全球外循环体系的引入模式,将难以满足中国市场内循环的需求。在某种程度上,中国的市场环境和产业生态与其他国家存在较大差异,因此,我们需要在内循环体系中探索适合中国国情的新质生产力布局新范式。①不论是企业还是科研机构，都应该跳出原有的旧体系，勇于在内循环体系中逐步找到定位，建立、验证、探索一条符合高质量发展要求的、具有中国特色的新质生产力发展之路。这要求更加重视以国内市场为导向的创新研发和应用，以技术的不断突破和创新引领产业的转型发展。

深入了解国内产业链，探索新型商业模式，塑造新型生产关系。企业和科研机构应以目标为导向，深入了解国内产业链的构成和发展趋势，更加关注国内市场的需求和特点，并以此为基础进行技术研发和产业布局。在这个过程中，充分利用中国特色的制度优势、市场机制和政策支持，积极探索适合国内市场需求的新业态、新模式，塑造符合新质生产力要求的新型生产关系。这样的探索和实践，将不断促进和发展新质生产力，为中国经济的高质量发展注入强劲动力。

在国内市场取得一定探索和实践成果后，可以将中国的先进技术和产业模式推广到国际市场，以此参与国际标准和国际规则的制定，推动全球产业的升级和转型。这不仅有利于中国企业走向世界，还有助于构建一个基于中国特色的全新外循环体系。通过在国际市场的实践和验证，可以进一步完善和优化具有中国特色的新质生产力的发展范式，为中国经济可持续发展的良好态势提供更广阔的空间和可能性。

通过在内循环体系中探索和建立新质生产力的产业发展范式，并逐步推广到国际市场，实现内外市场的互联互通，构建一个适应新质生产力发展的内外双循环体系。这不仅有助于推动中国经济高质量发展，还能够为全球经济的复苏和发展作出积极贡献。因此，应充分认识到中国市场内循环的特征和需求，坚持目标导向和改革开放，勇于跳出传统固有模式，积极探索符合中国国情的新质生产力发展路径。

---

① 刘志彪、凌永辉、孙瑞东：《新质生产力下产业发展方向与战略——以江苏为例》，《南京社会科学》2023 年第 11 期。

二、新质生产力发展的区域实践

(一)京津冀区域创新布局产业集群的实践

1. 京津冀区域产业集群的创新布局

京津冀地区是我国重要的经济核心区域之一,也是国家战略定位的重要区域之一。在产业集群发展方面,京津冀地区展现出独特的优势和强大的潜力。

京津冀地区拥有丰富的资源和优越的地理位置。作为中国政治、经济和文化中心,北京市是京津冀地区最为核心的城市,拥有众多高等教育机构和科研机构,为产业集群发展提供了强大的人才支撑。天津市作为中国港口城市和北方经济中心,具有发达的物流和交通网络,为产业集群发展提供了便利的交通条件。河北省则是中国工业大省,拥有丰富的自然资源和广阔的市场空间,为产业集群的发展提供了重要的基础。

京津冀地区产业结构多样,涵盖了多个重要产业领域。除了传统制造业和重工业之外,还涵盖了信息技术、生物医药、新能源、环保等高新技术产业,具有较完整的产业链条和较高的产业配套能力,为产业集群的发展提供了丰富的资源和广阔的空间。

京津冀地区政府重视产业集群的发展,并出台了一系列政策和措施来支持和促进产业集群的发展。例如,通过优化营商环境、加大政府投资、推动产业升级等方式,激发了企业的创新活力,促进了产业集群的蓬勃发展。

以《关于加强京津冀产业转移承接重点平台建设的意见》(以下称《意见》)为例,《意见》明确了"2+4+N"产业合作格局。"2"即北京城市副中心、河北雄安新区。围绕北京城市副中心、河北雄安新区功能定位,积极吸纳和集聚创新资源要素,打造创新产业集群,促进产城融合、职住平衡。"4"即曹妃甸协同发展示范区、新机场临空经济区、张承生态功能区、天津滨海新区四大战略合作功能区。"N"即一批高水平协同创新平台和专业化产业合作平台。京津合作示范区、武清京津产业新城和沧州、正定、保定等特色园区加快建设，集聚效应和示范作用逐步显现。"2+4+N"产业合作格局初步形成。①

京津冀地区聚焦集成电路、网络安全、生物医药、电力装备、安全应急装备等重点领域，着力打造世界级先进制造业集群。深化产业链区域协作，协同培育新能源汽车和智能网联汽车、生物医药、氢能、工业互联网、高端工业母机、机器人等六条重点产业链。北京城市副中心和雄安新区"两翼"产业不断集聚，重点建设的曹妃甸协同发展示范区、大兴国际机场临空经济区、张(家口)承(德)生态功能区、滨海新区等"4+N"平台产业承载能力不断增强。京津冀地区累计创建了45家国家新型工业化产业示范基地，成为产业集聚发展和产业合作的重要载体。

《京津冀产业协同发展实施方案》明确"到2025年，京津冀产业分工定位更加清晰，产业链创新链深度融合，综合实力迈上新台阶，协同创新实现新突破，转型升级取得新成效，现代化产业体系不断完善，培育形成一批竞争力强的先进制造业集群和优势产业链，协同机制更加健全，产业协同发展水平显著提升，对京津冀高质量发展的支撑作用更加凸显"②。在优化区域产业分工和生产力布局方面，着力支持京津冀深入实施先进制造业集群发展专项行动。

京津冀地区已经构建并形成了多个具有代表性的产业集群。其中，北京中关村科技园区作为中国乃至全球著名的科技园区之一，集聚了大量高科技企业和创新机构，涵盖了信息技术、生物医药、新材料等多个领域。天津滨海新区作为国家级经济技术开发区，已经形成了以先进装备制造、生物

---

① 《加强京津冀产业转移承接重点平台建设》，2017年12月21日，https://fgw.beijing.gov.cn/fgwzwgk/zcjd/201912/t20191226_1505447.htm。

② 《〈京津冀产业协同发展实施方案〉印发 力争到2025年产业协同发展水平显著提升》，2023年5月24日，https//:www.gov.cn/lianbo/bumen/202305/content_6875854.htm。

医药、新能源、新材料等为主导的产业集群。河北廊坊经济技术开发区以及雄安新区也在不断发展壮大，分别以新能源、新材料、生物医药等为主导产业，成为国内领先的产业集群之一。

在新质生产力产业集群方面，通过产业协同创新平台建设，京津冀地区促进了科技资源的共享和产业创新的加速，推动了一批高端产业的集聚和发展。同时，依托于北京、天津等城市的高水平科研机构和创新平台，该地区在人工智能、生物医药、新能源等领域取得了一批重要科技成果，为产业的转型升级提供了技术支撑。此外，京津冀地区不断优化创新创业生态环境，吸引了大量优秀的创业企业和创新团队落户，并取得了良好的发展势头。

2. 京津冀区域产业集群的实践探索总结

持续强化创新和产业补链强链，推动京津冀协同发展迈上新台阶。 构建京津冀协同创新共同体，协同推动京津冀国家技术创新中心建设。鼓励引导创新主体在京津冀建立成果孵化与中试基地，支持共建重大科研基础设施、产业技术创新平台。鼓励科研机构和企业共同组建产学研创新联合体、联合实验室，打造一批有自主知识产权和国际竞争力的创新型领军企业。建立并完善京津冀科技成果转化"供需对接清单"机制，支持科技成果转化服务机构开展跨境、跨区域的科技成果转化服务。深入实施国家先进制造业集群发展专项行动，围绕"北京智造"优势产业，与津冀共同梳理完善产业链图谱。"一链一策"制定产业链延伸布局和协同配套政策，筹备召开产业链联合招商大会。建设京津冀燃料电池汽车示范城市群，共建京津冀工业互联网协同发展示范区、京津冀生命健康产业集群。优化京津冀协同发展产业投资基金等政府性基金引导作用，鼓励市场基金在京津冀设立发展。

推动京津冀科创金融协同发展。 支持银行机构为京津冀科技创新型企业合作提供并购贷款、银团贷款、供应链融资等特色金融支持服务，为加强京津冀地区技术市场融通做好资金市场融通。优先在京津冀地区搭建科创新产品、新技术的应用场景，加速科技成果转化。鼓励融资担保公司支持京津冀地区战略性新兴产业发展。鼓励"京津冀征信链"在商业化应用、跨区域产品调用等方面持续探索。开展京津冀守信联合激励试点，推动相关信用信息在金融领域应用。

加强高精尖产业领域特色园布局。 聚焦新一代信息技术、医药健康、智能装备、绿色智慧能源等产业领域，加快布局建设一批细分优势产业领域特色园，引导各类产业资源要素向特色园聚集，不断提升特色园的产业集群发展水平，持续做大做强中关村示范区高精尖产业规模，着力构建现代化经济体系。

做好前沿技术与未来产业领域特色园布局。 面向量子信息、智能网联汽车、6G、元宇宙、光电子、超材料、二维材料、基因编辑、脑机接口、低碳技术、空天开发等重大前沿技术领域，在高校院所等智力资源密集的区域前瞻布局建设一批特色园，集聚全球高端创新要素，引进海内外顶尖技术人才，营造一流创新生态环境，建设高能级产业创新平台，抓住新一轮科技革命和产业变革的机遇，抢占全球科技产业竞争制高点。

促进未来产业创新发展。 积极争取国家部委支持，推动京津冀高校院所、科研机构协同合作，在通用人工智能、量子信息、脑机接口等前沿领域，实施重大项目"揭榜挂帅"，引导多元创新、主体创新。支持民营企业聚焦未来产业，不断提升发展质量，促进民营经济做大做优做强。以制度创新赋能科技创新，进一步放权赋能、强化创新容错、松绑除障，确保科研人员在未来前沿大胆探索。

(二)长三角区域创新布局产业集群的实践

1. 长三角区域产业集群的创新布局

2018 年 11 月 5 日，习近平总书记在首届中国国际进口博览会开幕式上郑重宣布："支持长江三角洲区域一体化发展并上升为国家战略。"2023 年

11 月 30 日,习近平总书记在上海主持召开深入推进长三角一体化发展座谈会并发表重要讲话,要求长三角"进一步提升创新能力、产业竞争力、发展能级,率先形成更高层次改革开放新格局"①。

　　长江三角洲(以下简称长三角)是我国经济发展最活跃、开放程度最高、创新能力最强的区域之一,在国家现代化建设大局和全方位开放格局中具有举足轻重的战略地位。推动长三角一体化发展,增强长三角地区创新能力和竞争能力,提高经济集聚度、区域连接性和政策协同效率,对引领全国高质量发展、建设现代化经济体系意义重大。

　　自长三角一体化发展上升为国家战略以来,长三角地区产业体系建设成效显著,区域发展潜力稳步提升,特别是先进制造业集群加快发展,装备制造、新一代信息技术等战略性新兴产业呈现集群集聚发展态势。2022 年底,工业和信息化部正式公布的 45 个国家先进制造业集群的名单中,长三角三省一市共有 18 个先进制造业集群上榜,占全国总数的 40%,涵盖了新一代信息技术、高端装备、新能源及智能网联汽车等领域,为实体经济提质增效和区域经济发展注入了强劲动力。

　　长三角集成电路产业集群。随着《中国制造 2025》《国家集成电路产业发展推进纲要》等国家重大战略的深入推进,中国以芯片为核心的集成电路产业快速发展。长三角地区三省一市是国内最主要的芯片开发和生产基地,也是我国集成电路产业基础最扎实、产业链最完整、技术最先进的区域之一。长三角各地区集成电路产业发展各具特色,上海全产业链完备,江苏封测业发达,浙江以集成电路设计为主,安徽具备制造优势。产业协调是长三角集成电路产业一体化高质量发展的核心。从区域分布来看,上海的芯片设计、晶圆制造、特色工艺、装备材料等均处于国内主导地位;江苏在封测领域具有全球竞争力;浙江在装备与材料领域渐具优势,并在模拟芯片、国内靶材、长晶炉等领域优势明显;安徽在存储芯片、智能硬件领域具备优势。

长三角人工智能产业集群。长三角地区三省一市凭借人工智能产业发展必需的技术积累和产业载体,在人工智能产业发展中均具有突出的优势和竞争力。上海人工智能产业发展综合优势显著。2018—2023 年,世界人工智能大会已连续六年在上海成功举办,这有助于促进全球领先的专家、科研机构和企业的交流合作,进而共同推动人工智能领域的发展。

长三角生物医药产业集群。长三角已成为国内生物医药产业核心集群。2023 长三角生物医药产业发展指数显示,2023 年长三角指数为 101.9,产业实力、创新能力、资源要素、国际影响各项指标排名居中国第一方阵,贡献了近 29% 的医药工业营收总额、46% 的国内已上市创新药和海外上市产品,近五年融资总额占全国比重 50%,全球许可交易总额占全国比重超过70%,充分体现出长三角生物医药产业集群的全国竞争优势。[①]

长三角新能源汽车产业集群。中国汽车工业协会的数据显示,2023 年前三季度,我国新能源汽车产量达 631.3 万辆。其中,长三角地区新能源汽车产量超过 260 万辆,在全国同期产量中的占比超四成。这意味着,平均不到10 秒,就有一辆新能源汽车在长三角地区走下生产线。长三角不仅拥有全国最大的汽车出口口岸,通过产业集群协同发展,长三角地区目前已经覆盖了动力电池、车载芯片、自动驾驶系统等智能汽车零部件的全生态链。上海提供的汽车芯片、软件组成了汽车的"大脑",而从上海分别向西和向南约 200 公里的江苏常州和浙江宁波,则为新能源汽车提供了"心脏"和"车身"。一家汽车整车厂可以在长三角 4 小时的车程内就能解决所有配套零部件供应。随着长三角一体化的积极推进,长三角造车新势力蓬勃发展,正向更高阶的电动化和智能化汽车全速前进。[②]

---

① 《2023 长三角生物医药产业发展指数"出炉"》,2023 年 12 月 15 日,https://www.chinanews.com.cn/cj/2023/12-15/10129427. shtml。

② 《12.57 万亿、22 万亿……"硬核"数据激荡出中国经济"最强音浪"》,2023 年 12月 5 日,https://news.cctv.com/2023/12/05/ARTIqz1APtegPfCgTLmi3XvT231205. shtml。

长三角高端装备产业集群。从沪深主板、新三板、创业板等 16 000 余家上市企业中,可筛选出长三角地区 630 家高端装备制造业上市企业样本,这些企业的主营业务范围主要集中在工程机械、增材制造、数字机床、机器人、海洋装备、医疗装备、环保装备等高端装备制造领域。从产业集群看,长三角地区在城市层面初步形成了两大高端装备制造业集群:首先是上海-苏州-无锡组团,其次是杭州-宁波-绍兴组团。此外,南京独自形成了高端装备制造业企业集聚高地,显现出一定的虹吸效应,同时可以发现合肥-芜湖组团有崛起的趋势。[①]

在新质生产力产业集群方面,长三角地区取得了显著成果。通过加强科技创新和产业协同,最近五年来,长三角的经济结构不断优化,集成电路、生物医药、人工智能的产业规模分别占全国的 3/5、1/3 和 1/3。长三角科创共同体建设办公室的数据显示,包括上海光源等在内,长三角建成和在建的重大科技基础设施共计 28 个。每万人拥有研发人员 76.20 人,是全国平均水平的近 2 倍。长三角一体化发展国家战略实施五年多以来,区域发展显示"攥指成拳"的合力,强劲活跃的增长极功能不断巩固提升。[②]

2. 长三角区域产业集群实践探索总结

随着长三角区域一体化进程的推进,浙江、江苏、安徽三省在上海设立的人才、科技创新飞地呈现出蓬勃发展之势,也取得了很多成功实践经验。

产业定位清晰明确。长三角创新飞地产业定位主要集中于智能制造、集成电路、高端装备制造、生物医药、新能源、新材料等战略性新兴产业。通过对24 家创新飞地主导产业词频分析发现,"高端""智能""新能源""装备制造""电子信息""生物医药""新材料"等均出现 10 次及以上,战略性新兴产业领域是其他城市对接上海产业创新发展的重点领域。这与上海拥有战略性新兴产

---

① 《长三角高端装备制造产业集群区域共建的推进路径》,2021 年 5 月 20 日,https://cyrdebr.sass.org.cn/_s20/2021/0520/c6129a105414/page.psp。

② 《站上 30 万亿元! 长三角引领示范再突破》,2024 年 4 月 1 日,http://www.news.cn/fortune/20240401/36f94c0acd1941d893f6d4d9784ac9c4/c.html。

业发展的优厚条件密切相关,如一流的科研机构、高校以及发达的市场和高层次的人才。如嘉善国际创新中心(上海)产业定位为高端装备、新一代信息技术、健康医疗、节能环保,乐清市·南翔镇科创合作基地产业定位为智能制造、电子信息、生命健康、新材料、新能源等新兴产业。

政府主导效果明显。 根据开发管理模式的不同,"创新飞地"可以分为飞出地主导模式、飞入地主导模式、双方共管模式及多尺度参与模式。飞出地主导模式主要由飞出地进行投资,开发建设和日常运作也多依托飞出地的开发区、政府或投资公司;飞入地主导模式的管理和开发机构主要由飞入地主导,规划、建设和招商等工作也主要依托所在地政府或投资公司,而飞出地则主要负责协助招商等工作;双方共管模式多由两地共同出资,并共同负责园区的规划、开发、管理等事务;多尺度参与模式不仅涉及飞出地和飞入地政府,同时其他尺度主体(园区、市级和省级政府)也在协调、投资、开发等事务中发挥关键作用。根据建设主体的不同,"创新飞地"可以分为"政府-政府""政府-园区""政府-企业""园区-企业"四种类型。而长三角现有"创新飞地"大多属于"政府-政府""政府-企业"共建类型,区县级政府成为其主体。

集约优势特色突出。 以往"飞地"多具有占地面积大、产业多样化以及粗放式发展等特征,而当前"创新飞地"则占地面积小,多通过孵化器、创新平台等方式运行,且聚焦某一高新技术产业进行集约式发展,呈现出明显的特色专业化、高密度和高浓度化特征。例如,作为浙江实施"创新飞地"政策、促进地市之间互利共赢的重要载体,浙江人才大厦远景规划占地面积约70亩,规划总建筑面积17.5万平方米,主要用于省内各市引进建设企业研发总部、创新中心等,可以集聚多个"创新飞地"。

(三)大湾区创新布局产业集群的实践

1. 大湾区产业集群的创新布局

大湾区拥有丰富的科技创新资源和人才储备。深圳、广州等城市拥有许多世界一流的高等教育机构和科研院所,培养了大量的科技人才和创新团队。

同时，大湾区也是中国科技创新的重要策源地之一，拥有众多的高新技术企业和创新型企业，为产业集群的发展提供了强大的科技支撑。

粤港澳大湾区作为中国改革开放的前沿地区，已经构建并形成了多个具有代表性的产业集群。首先，深圳作为大湾区的核心城市之一，以信息技术、人工智能、生物科技为主导，形成了全球知名的科技创新中心。其次，珠海和横琴新区以高端装备制造、新能源汽车等为主导，崛起为国际化的先进制造业基地。另外，广州南沙自由贸易港以及广东省内其他城市的先进制造业集群也在不断发展壮大，成为大湾区产业发展的重要支撑。

在新质生产力产业集群方面，粤港澳大湾区取得了显著成果。通过加强科技创新和产业协同，大湾区在人工智能、生物科技、新能源等领域取得了一系列重要突破，推动了产业的转型升级和高质量发展。特别是深圳在科技创新和企业创新方面成效显著，孵化了一批具有国际竞争力的高科技企业和创新型企业，为区域经济的持续增长注入了强劲动力。

2024 年 3 月，深圳市率先出台了《关于加快发展新质生产力进一步推进战略性新兴产业集群和未来产业高质量发展的实施方案》，重点以科技创新引领现代化产业体系建设，更大力度推进战略性新兴产业集群和未来产业发展，推动深圳市科技创新"硬核力"、产业体系"竞争力"不断提升，全球市场"含深度"、城市发展"集约度"显著增加，加快建设全球领先的重要的先进制造业中心和具有全球重要影响力的产业科技创新中心，为打造更具全球影响力的经济中心城市和现代化国际大都市提供有力支撑。

粤港澳大湾区电子信息制造业集群。粤港澳大湾区电子信息制造业以广东为主体，基本形成广深港澳研发、珠三角其他地市产业化的布局。广东电子信息产业综合实力显著提升，整体竞争力处于全国领先水平，并加快打造世界级电子信息产业集群。在区域布局上，依托珠江口东岸高端电子信息产业带，以广州、深圳、惠州、东莞、河源为核心建设高端化智能终端产业集聚区，以深圳、汕头、梅州、肇庆、潮州为核心建设新型电子元器件产业集聚区，以广州、深圳为核心发展网络安全产业集聚区；粤东地区重点发展电子信息上下游配套产业;粤西地区重点打造原材料、基础件和设备制造集聚区;粤北地区重点打造珠三角电子信息产业装备配套产业基地、信息技术应用创新基地。

粤港澳大湾区人工智能产业集群。 粤港澳大湾区人工智能产业发展具有良好的基础,深圳湾科技生态园、广州南沙国际人工智能价值创新园、惠州仲恺人工智能产业园、珠海智慧产业园等一批领先全国的特色人工智能产业园区为大湾区人工智能产业的发展提供了优良的平台载体。大湾区在人工智能基础层技术的创新研发方面领先全国,深圳市人工智能与机器人研究院依托香港中文大学(深圳),联合多家世界级研究机构,是深圳市十大基础研究机构之一。

粤港澳大湾区智能家电产业集群。 本产业集群包含国民经济行业分类中的电气机械和器材制造业、计算机、通信和其他电子设备制造业、通用设备制造业等 3 个大类 9 个中类中的 28 个小类。已形成深圳、佛山、东莞、珠海、中山、惠州、湛江为聚集地的家电产业集群,具有全球规模最大、品类最齐全的产业链,是全球最大的家电制造业中心之一。

粤港澳大湾区绿色石化产业集群。 绿色石化产业,是广东十大战略性支柱产业集群之一,近年来保持大项目崛起、大产业集群的良好发展势头。惠州大亚湾、湛江、茂名、广州、揭阳大南海等五大石化基地,成为广东新时代高质量发展的重要引擎。沿着产业地图看发展,广东正逐步形成炼化、基础化工、精细化工等上中下游产业链一体化发展的格局。

粤港澳大湾区机器人产业集群。 深圳打造服务机器人集群,东莞主攻机器人核心零部件,佛山加速布局产业链中下游,广州引领机器人研发制造,产业集群正逐渐成形。从供给端看,广深佛莞拥有完整的机器人及智能制造产业链,涵盖上游数控机床及关键基础零部件、中游工业机器人与智能专用设备、下游细分领域系统集成及检验检测与公共服务,协同发展效应明显;从需求端看,粤港澳大湾区有国内领先的汽车、3C 家电、消费电子、家居等应用市场,巨大的市场需求又为产业创新与发展提供有力支撑。

2. 大湾区产业集群实践探索总结

广东近年探索发展飞地经济,形成梯度发展、分工合理、优势互补的产业协作体系。2011 年,深圳(汕尾)产业转移工业园升格为深汕特别合作区,被称为广东省探索区域协调发展的"试验田";2019 年,广州、清远两市积极借鉴深汕特别合作区的成功经验,广清经济特别合作区应运而生。

双向"飞地经济"模式。2023 年,广东省印发《关于推动产业有序转移促进区域协调发展的若干措施》(下称《若干措施》)提出,探索多种形式的双向"飞地经济"模式。支持珠三角各市在粤东粤西粤北地区探索布局建设"飞地经济"。支持粤东粤西粤北各市通过租赁办公楼宇、设置园中园、建设孵化器、打造招商展示平台等方式,在珠三角地区设立"反向飞地"。鼓励"反向飞地"所在地采取长期租赁、先租后让、弹性年期等方式供应产业用地,将减免优惠政策作为正向激励因素纳入相关考核评价。从成效看,广东探索的"飞地经济"成效明显。2022 年,深汕特别合作区生产总值预计约 90 亿元,同比增长20%以上,固定资产投资完成约 225 亿元,同比增长 35%以上,增速均居深圳第一。[①]

产业协同发展模式。在产业分工与产业链全面融合方面,粤港澳大湾区不同产业发展的现状和基础不同,产业协同发展选择的模式也不尽相同:在制造业合作方面,以产业链分工和协作配套为重点,建设世界级先进制造业基地;在现代服务业合作方面,以产业间和产业链合作为重点,助力大湾区产业转型升级;在产业全面融合方面,以协同研发和市场的共同开拓为重点,全面提升产业竞争力。广深佛莞联动打造智能装备产业集群"两小时生态圈"。广深佛莞智能装备产业集群入选工信部首批先进制造业产业集群,它是首个跨区域的国家级产业集群。在市场驱动之下,集群内的四座城市在产业布局上也各有侧重。差异化、特色化让四地装备产业整合形成合力,实现产业链向上

---

① 《剑指区域发展不平衡难题　广东探索布局双向"飞地经济"模式》,《上海证券报》2023 年 3 月 28 日,第 4 版。

下游延伸,推动整个装备产业链向高端跃升,加快形成新质生产力。

加大推进和保障力度。粤港澳大湾区聚焦发展核心要素,进一步优化完善工作支撑体系,通过绘制产业图谱、强化投融资询、加大资金支持、加强调度评估等,多措并举推进战略性新兴产业集群和未来产业高质量发展。例如,在深圳制造强市建设领导小组框架下,建立市、区两级统筹协调推进机制,全面开展战略性新兴产业集群和未来产业培育发展工作。市级统筹协调推进机制由市长为主召集人,常务副市长为副召集人,分管副市长和市直有关单位、各区政府主要负责同志、分管负责同志等共同参与,主要负责统筹协调、产业研判、"双招双引"、企业服务、调度评估等工作。

提升国家新型工业化产业示范基地发展水平。以珠海、佛山为龙头建设珠江西岸先进装备制造产业带,以深圳、东莞为核心在珠江东岸打造具有全球影响力和竞争力的电子信息等世界级先进制造业产业集群。发挥香港、澳门、广州、深圳创新研发能力强、运营总部密集以及珠海、佛山、惠州、东莞、中山、江门、肇庆等地产业链齐全的优势,加强大湾区产业对接,提高协作发展水平。支持东莞等市推动传统产业转型升级,支持佛山深入开展制造业转型升级综合改革试点,支持香港在优势领域探索"再工业化"。

三、科技产业化创新实践

(一)数字生产力企业创新实践

新一代人工智能技术助力实体产业数实融合发展。例如,国内部分企业聚焦 AI 原生产品,涵盖"底层基础设施—大模型开发与应用—AI 原生应用开发"的升级重构。大模型平台是面向企业开发者的一站式大模型开发及服务运行平台,不仅提供了底层模型和第三方开源大模型,还提供了各种 AI 开发工具和整套开发环境,方便客户轻松使用和开发大模型应用。大模型平台基于智能云服务,采用深度学习框架作为底层支撑,并内置大模型技术。用户通过调整少量数据,就可轻松获得高精度和高性能的大模型。提供一站式服务,涵盖数据集管理、模型训练、服务发布与监管。通过可视化界面实现模型全生命周期管理，简化从数据到服务的大模型实施过程，易于上手与理解。大模型平台具备完整技术栈、长期稳定的模型开发引擎以及卓越性能。平台技术门槛低，适合各行各业接入，能够助力完成行业大模型的开发建设。

独创智能绿色节能技术，沿六大碳中和路径持续推进减碳行动。我国部分人工智能代表企业公布了 2030 年实现集团运营层面的"碳中和"目标，明确了数据中心、办公楼宇、碳抵消、智能交通、智能云、供应链六大碳中和路径。企业将持续朝着 2030"碳中和"目标做积极的努力，沿六大碳中和路径持续推进绿色减碳行动。有的企业目前已在全国多个地区布局数据中心。为了使数据中心更加绿色低碳，大规模应用多项独创绿色节能技术，实现多方位节能减排。比如，联合合作伙伴发布直流锂电系统，通过定制控制系统、接轨 AI 技术、供电方式优化等途径，使系统具备安全、可靠、智能、高效、灵活、经济等产品特点与负载调峰功能，有效推动数据中心的低碳高效转型。比如，相变冷却系统首次将无油概念引入空调系统层面，加以 AI 智能控制，满足数据中心的制冷需求，能效提升 40% 以上。

通过新质生产力孕育新型生产工具，紧抓数字化、智能化变革机遇，重塑产业新型生产关系。人工智能科技公司以物流智能科技打造一体化供应链。当前，我国社会化物流成本仍处于较高水平，约为 GDP 的 14%，远高于美国、日本的 5%~8%。物流领域的效率提升，能为企业和消费者提供巨大的价值。目前，有的物流科技公司已经构建了中国最大的仓储网络之一，并通过软件、硬件及系统集成三位一体的物流科技，通过行业仓、智能化等方式，提升单仓服务能力与履约效率，实现降本增效。目前人工智能大模型已大规模应用于搜索、信息流、智能音箱等互联网产品，并通过飞桨开源深度学习开放平台和智能云平台赋能工业、能源、金融、通信、媒体、教育等各行各业。

打造工业数智供应链，以新质生产力助力新型工业化。供应链数智化能够带来供应链成本的降低和效率的提升，已经成为大量工业企业的共识。在国内，有的物流科技集团旗下工业供应链技术与服务解决方案提供商已正式发布了为提升产业协同能力打造的全新供应链数智化解决方案,围绕相关应用场景形成了专业的产品矩阵。

(二)科技生产力企业创新实践

以科技为驱动,做空间智能时代的引领者。2023 年 10 月,我国民营航空企业推出了全新一体化行业应用激光负载雷达,它是新一代平民化航测专业应用工具。这类工具配合智图软件,可以广泛应用于测绘、电力、林业、工程基建等多种行业,为需要获取高精度三维数据的用户提供精准、高效、可靠的一体化解决方案。机载激光雷达技术通过飞行器飞行和激光脉冲扫描完成探测工作,能够短时间内获取大范围三维地表空间信息。软硬件超融合,实现全方位性能提升,作业更高效流畅。

开启无人值守规模化新篇章。无人值守作业平台配备专有系列无人机,支持高精度测绘及安防、巡检作业;云平台可实现云端建模、指点飞行等多种智能功能,为行业用户带来更加智能化、自动化、规模化的无人值守解决方案。有些产品及解决方案可支持多种云端智能作业,实现真正的无人值守。用户可远程操控机场及无人机设备,快速开展航线规划,下达飞行计划及指令,采集多维信息。无人机在空中自动执行航线任务时,不仅支持全向避障,还可自动绕行障碍物。完成航线任务后,根据采集的航线数据生成高精度三维模型,真实还原作业环境。

科技环保两手抓,持续发展绿色生产。例如,已有航空企业在环境保护方面采取诸多举措,进行了雾滴粒径测试、飘移田间试验、仿真模型探索等多项环保试验,为后续继续研发生态友好、绿色可持续的农业科技产品奠定试验基础。有的企业始终保持技术的迭代升级,为农业生产推出全新的技术和产品,以更智能、更高效、更安全的方式革新农业生产方式。

(三)科技产业化实践探索总结

1. 紧紧抓住技术革命新趋势、新方向开展技术升级与产业布局

人工智能的兴起使得脑力效率得到了显著提升,为推动生产力进步提供

了新的动力。然而,在过去发展中,人工智能在提升生产力效率方面的作用并不明显。这主要受通用大模型技术发展不足的限制,很多细分领域难以实现商业化落地。但随着通用大模型技术的不断发展,人工智能的性能水平开始呈现指数级的提升,这意味着人工智能技术正逐渐发挥其推动生产力进化的潜力。新一代互联网和通用人工智能技术的发展带来了新一轮技术革命,为科技企业提供了巨大的发展机遇。

2. 抓住碳中和战略机遇期,积极培育绿色生产力,鼓励数智化与能源变革的碰撞与融合发展

中国已经提出了明确的碳中和战略,并分三步实现碳达峰、碳中和。积极培育绿色生产力是实现碳中和战略的关键举措之一,也是抓住碳中和战略机遇期的重要科技产业化方向。

绿色能源是培育绿色生产力的重要方向之一。发展清洁能源,如太阳能、风能、水能等,替代传统的化石能源,是降低碳排放,推动经济可持续发展的有效途径。绿色交通是另一个重要的方向。发展电动汽车、智能交通系统等绿色交通技术,减少汽车尾气排放和交通拥堵,对于改善空气质量、减少碳排放具有重要意义。此外,绿色建筑、绿色生态农业、循环经济等领域也是培育绿色生产力的重要方向。通过推动建筑节能减排、发展有机农业、推广资源循环利用等措施,可以有效降低碳排放,提高资源利用效率,推动绿色产业链的形成和发展。

碳中和所带来的能源变革和绿色生产力将与数智化转型产生碰撞和融合发展。随着碳中和战略的实施,能源变革与数字化技术发展的融合让"智慧零碳"成为实现碳中和目标的路径选择之一,以碳中和为核心搭建云基础设施作为中枢,利用大数据、云计算、AIoT(人工智能物联网)、区块链等技术,围绕碳资产管理、碳交易、碳抵消、碳金融等碳管理业务,为政府、园区、个人提供全流程数字化的碳管理服务,助力实现碳中和战略目标。

3. 加强布局实体经济中关键核心技术攻关

近年来,国际环境面临百年未有之大变局,中国需尽量避免在科技领域出

现"卡脖子"的问题。中国的技术水平在一些领域落后于全球水平,其中基础软件等中国信创领域技术水平差距尤为明显。在这些领域中,操作系统作为基础软件的核心平台,技术差距尤为突出。

在当前背景下,中国需要重点落实强链补链战略布局,以突破"卡脖子"环节。区域规划发展工作也需要对当下的"卡脖子"重点领域进行布局。实践表明,在 AI 芯片、操作系统、中间件软件、工业软件等领域,中国落后全球水平较多,是需要重点突破的方向。因此,科技产业化的重点发展领域可以优先选择这些"卡脖子"方向进行布局。这样不仅能促进区域经济的发展,也能支持我国整体战略的实施,同时还能推动我国在科技领域的技术升级与创新。

4. 加快技术创新和产业化成果转化

着力提升关键核心领域的技术创新能力。这意味着需要通过加强科研投入、优化创新环境、搭建创新平台等方式,培育和壮大创新生态系统。技术创新与成果转化的相辅相成是推动新质生产力形成的关键。一旦技术创新取得成果,就需要加快促进成果转化,让新技术尽快应用到具体产业中,为产业发展赋能,提高技术产业化成果转化效率。在这方面,政府可以采取鼓励政策和支持措施,加速技术成果的产业化进程。

面向未来产业重点方向实施国家科技重大项目和重大科技攻关工程,加快突破关键核心技术。发挥国家实验室、全国重点实验室等创新载体作用,加强基础共性技术供给。鼓励龙头企业牵头组建创新联合体,集聚产学研用资源,以体系化推进重点领域技术攻关。推动跨领域技术交叉融合创新,加快颠覆性技术突破,打造原创技术策源地。举办未来产业创新创业大赛,激发各界创新动能。

5. 做好数字基础设施的供给能力和支撑能力建设

智算中心的建设为人工智能技术的研究和应用提供了强大的算力支持,对于数字化水平的提高起到了至关重要的作用。然而,除了算力之外,数字化建设还需要重视存储和网络两大环节。存储和网络基础设施的建设对于数字化应用的数据存储和传输至关重要,直接影响着数字化建设的效率和可靠性。因此,新一代数字基础设施的发展需要计算、存储、网络的并重发展,而不是仅仅关注算力。

计算、存储、网络的发展最终要体现在能源消耗上。在能源体系尚未发生根本性变革之前,相关基础设施的能效比将成为衡量数字生产力的重要基础要素。特别是在我国已经明确提出实现"双碳"目标的情况下,数字基础设施的能源消耗和效率问题更加凸显。因此,必须在数字基础设施的发展过程中,重视能源消耗和效率问题,通过技术创新和管理优化等手段,实现数字基础设施的高效能源利用,以支撑可持续的数字化发展。

6. 鼓励产业数字化转型升级,提高产业协同能力

在当前数字化时代,鼓励产业数字化转型升级是提高产业协同能力、推动经济发展的关键举措之一。[1] 政府可以出台政策鼓励和补贴大型企业搭建供产业链转型升级所需要的数字化平台,带动产业链上下游的中小型企业实现数字化转型。政府可以制定相关政策,提供补贴和实施奖励措施,鼓励大型企业投入资金和技术资源,并通过示范效应带动中小型企业的参与。同时,政府可以开展相关典型成果案例征集与评选活动,对取得优秀成果的企业给予名誉、资金、税收等方面的优惠奖励,以激励更多企业积极参与数字化转型。

鼓励工业互联网平台、行业云、行业大模型等技术产品的推广与应用,以提高产业协同作用,打破产业链数字化壁垒,促进中小型企业整体数字化水平的提升。[2] 政府可以支持工业互联网平台等技术产品的研发,推动其在各行业的广泛应用,以加强产业间的协同作用。同时,政府可以鼓励企业采用这些技术产品,提高数字化水平,增强产业链的整体竞争力。

---

[1]　任保平、王子月:《数字新质生产力推动经济高质量发展的逻辑与路径》,《湘潭大学学报(哲学社会科学版)》2023 年第 6 期。

[2]　徐晓明:《加快推动民营中小企业数字化转型》,《中国党政干部论坛》2024 年第 1 期。

7. 加强前瞻谋划部署，重点布局未来产业发展

每一轮技术革命都是推动经济社会发展的重要引擎，而新的生产范式则是技术革命引擎的核心。随着科技的不断进步和创新，每个时代都会诞生出新的生产范式，这些范式以其独有的特征和模式催生了一系列新兴产业，为经济的蓬勃发展提供了新的动力和机遇。因此，我们需要加强前瞻性的谋划部署，做好未来产业发展布局，以顺应全球科技创新和产业发展的趋势。随着科技的不断进步和全球经济的快速发展，未来产业发展呈现出多样化和多变性。重点推进未来制造、未来信息、未来材料、未来能源、未来空间和未来健康六大方向产业发展是当前的重要任务。

四、产业科技化创新实践

（一）绿色生产力企业创新布局实践

坚持科技自立自强，坚持技术独立研发和创新攻关。在汽车领域，国内部分能源企业凭借技术研发和创新实力，已经掌握电池、电机、电控等新能源车核心技术。目前，有的企业新能源车已经形成乘用车和商用车两大产品系列，涵盖七大常规领域和四大特殊领域，实现全领域覆盖。在电池领域，有的企业具备100%自主研发、设计和生产能力，产品已经覆盖消费类3C电池、动力电池、太阳能电池以及储能电池等领域，形成了完整的电池产业链。除新能源车和轨道交通外，有的企业的电池产品还广泛用于太阳能电站、储能电站中。企业不断探索新能源汽车领域，以自研产品展现自身实力。

新一代智能汽车控制系统发布，用新技术重新定义车身控制。新能源汽车头部企业在智能车身控制系统实现了100%自主研发，推出"全新技术架构+自研智驾芯片"，制定智慧化解决方案。这类智能驾驶解决方案的战略逻辑是根据激光雷达、芯片等硬件配置和智能驾驶功能划分成不同等级，分别应用于多个品牌的产品上。除了系统性的智能驾驶软硬件配置，有的企业还将发布自研智驾芯片。

推动 ESG（环境、社会和公司治理）建设，助力全球绿色发展。不断拓宽海外市场，加速企业全球化进程，构建不同细分市场的产品格局。2022 年，中国首个汽车品牌零碳园区的探索成为国内零碳园区的典范。据介绍，园区内新能源车使用率达到 100%，园区内生产全部使用自主研发制造的纯电动叉车、堆垛车、托盘车、重卡、清洁车，全面实现绿色物流。2023 年 7 月，新能源汽车领军企业宣布将在巴西投资建设三座新工厂，加速汽车生产的海外推进；同年 9 月，与乌兹别克斯坦国有控股汽车集团联手成立合资企业；同年 12 月，宣布将在匈牙利赛格德市建设一个新能源汽车整车生产基地。通过本地化生产与市场拓展，该企业全球化进程已进入了全新阶段。未来将会有更多新能源车型走向海外，持续巩固其全球领先地位，推动中国新能源汽车"出海"。

（二）传统产业领域创新布局实践

坚持全链创新，推动成果转化，增强产业核心竞争力。目前，我国食品行业中某一奶业集团陆续在欧洲、大洋洲、东南亚等地打造了 15 个创新中心，依托全球领先的创新体系，围绕产业链布局创新链，形成"从一棵草到一杯奶"的创新链路，解决全产业链技术瓶颈，加速推动技术成果转化和应用，增强中国奶业的核心竞争力。在产品研发领域，该集团科研团队解决了乳糖不耐受人群无法饮用牛奶的全球性难题，让更多消费者能品味健康产品；同时，该集团还推出全国首款控糖牛奶，可抑制糖分分解，平稳餐后血糖。通过 16 载的研究积累，攻坚实现全球首创的乳铁蛋白定向提取保护技术，将常温纯牛奶乳铁蛋白保留率由 10% 提高到超 90%；另外，该集团还利用自己的平台设计合适的生产设备，解决了工业化生产的难题。

坚持数字化升级，创造全产业链协同价值。该集团通过打造智能工厂，实现全程无人化、过程透明化、生产高效化、信息可塑化，通过数智化赋能，提高生产效率，提升生产效益。在该集团的全球智造标杆基地，实现了码垛机械手臂灵活旋转、AGV 无人驾驶小车智能躲避障碍物流畅穿行，全球一流仓储系统智能管理。目前，基地日处理原奶可达到 6500 吨，有着全球速度最快、每小时灌装40 000包的生产线,每天生产的牛奶可充足保障千万级人口城市的日饮奶需求。"数智化"技术的应用正在大力提升运营效率、降低生产成本。推动全产业链数智化转型以来,该集团实现端到端的产品创新周期缩短20%,间接采购效率提升40%,采购成本对比市场下降10%,整体采购成本对比行业市场一直保持5%到7%的优势。

在产业上游,该奶业集团初步突破了降低奶牛碳排放量的育种基因编辑技术,这项技术为未来培育低碳核心牛群奠定了基础;还通过提高奶牛饲料转化率,降低奶牛打嗝产生的甲烷排放,实现源头减碳。同时,推行以养带种、以种促养的"种养一体化"生态农业模式,让饲料种植和奶牛养殖紧密衔接,有针对性地提升草场碳汇功能。另外,该集团还推进多家牧场的光伏项目建设,实现"棚顶光伏、棚内养牛",建成后将解决牧场40%的用电量,打造低碳牧场。以新质生产力赋能,该集团发布"双碳"目标及路线图,是行业内首个具有自主碳盘查能力的企业,它升级纸箱配材及工艺、优化包装结构,始终以致力于打造中国食品行业首个"零碳工厂"为发展目标。

(三)生活服务型企业创新布局实践

建立一站式居住服务平台,以技术及数据驱动,提供品质服务。例如,楼盘字典的技术创新,通过深度整合行业资源,运用先进技术和数据驱动,实现了服务品质和效率的显著提升,提升了居住服务体验。这种新质生产力的体现,不仅推动了房地产行业的创新和发展,也为用户带来了更加优质、便捷的居住服务体验。

某房地产企业的楼盘字典通过433个字段刻画出一套真实房屋,记录在库房源量超过1亿,覆盖全国,截止到2023年底,135座城市约15万个小区,惠及50%以上中国城市人口。基于此,该企业还利用大数据及人工智能技术,研发出房屋智能推荐系统、VR看房技术、房屋交易线上化系统及家装BIM系统等。以上技术创新不仅是新质生产力的具体体现,更是对传统居住服务模式的迭代和优化。

楼盘字典技术重构传统交易信息服务模式。楼盘字典不再局限于传统的信息录入和查询功能,而是通过引入大数据、人工智能等先进技术手段,实现了对房地产信息,即"人—房—交易"信息的深度挖掘和智能分析。这种技术创新的背后,是对传统交易信息服务模式的深刻反思和重构。基于楼盘字典的技术手段革新,可实现对房地产信息的实时更新、精准匹配和个性化推荐,提升了信息服务的效率和质量。

(四)产业科技化布局实践探索总结

1. 积极拥抱数字化,做好数据治理,充分发挥数据要素生产力

当下,处于新一轮技术革命的交叉路口,数字化转型是每个企业都要面临的改革。产业科技化首先要做到数字化升级转型。千行百业都在积极拥抱数字化,做好数据治理,充分发挥数据要素生产力,为企业进一步降本增效提供新路径。因此,在区域布局和发展时,需要重点关注如何将本地企业、政府,以及智慧城市建设与数字化转型步伐相结合,充分发挥数字化转型的潜力,尤其是关注在实体经济各领域中的应用。

从满足产业科技化的需求角度来看,需着重推广先进、易用的技术产品,降低中小企业启用数字化的门槛。鼓励中小企业加强 AIGC、低代码/无代码等技术在日常业务中的实际使用,让数字化"一键可得"。加快推进东数西算工程,以降低中小企业上云和使用智能化产品的成本,为中小企业上云和使用 AIGC 产品重塑业务生态模式提供基础能力,并降低进入门槛和成本投入。

2. 积极探索人工智能对产业和行业的赋能场景,推动智能化改造升级

从"管好"新一代人工智能角度来说,国家层面需要从宏观角度为新一代人工智能产业的发展作出顶层设计,出台宏观指导性政策和纲领,并对具体鼓励发展的方向出台相关指导意见,尤其要注重对新一代人工智能技术的鼓励与引导,并对重点应用场景和实体经济赋能领域出台细化指导措施。加强对训练数据语料、合成数据等方面的监管。采用监管和鼓励中文数据语料开发并行的方式,加强对大模型底层数据的管理。

从"用好"新一代人工智能角度来说，要鼓励各行各业积极拥抱智能化，积极探索各自所处行业和业务场景的智能化工具，积极探索人工智能技术的产业化应用和范式变革。ChatGPT 作为自然语言大模型，除训练通用大模型外，针对知识密集型的行业，需要基于其专业性需求研发训练行业大模型，以满足其对专业知识的要求。因此，当下要鼓励对教育、医疗、法律、内容生产、工业、金融等知识密集领域进行积极探索，应用新一代人工智能技术，鼓励发展新一代人工智能技术对新型工业化、工业元宇宙、AI 医疗、机器人、营销等场景赋能。

3. 产业集群化发展是未来趋势

构建中国技术范式的产业集群，实现产业集群优势互补，是当前产业发展的迫切需求。过去，我国的产业集群主要注重构建产业链的完整生态，企业在各个产业链环节聚集于产业园区，形成了看似完整的产业集群。然而，实际上这些园区内的企业缺乏协同配合，未形成真正意义上的产业集群结构。因此，要构建一个完整的业务闭环，每个产业链环节的企业都应在产业园区内建立合作关系，实现订单的相互加成。上下游企业应联合起来，共同提供解决方案，以产业集群的方式开展业务。这样的模式更适应未来产业集群化的方向，是我们重点关注的历史机遇。[1]

新质生产力的产业集群有完整的生态体系，覆盖科技产业化、产业科技化、科技服务共同体三大环节，能有效促进科技创新与产业创新融合发展。只有建立科技产业的内循环集群，才能形成新质生产力产业集群的中国特色模式，实现产业自主与共赢。因此，构建产业集群的共同体需要加强各个环节之间的协同合作，打破产业链条的壁垒，促进产业内部的良性循环和共同发展。

4. 加快推进新型工业化，推动制造业向服务化、数智化、数实融合化方向发展

新型工业化必须着力推动制造业向"微笑曲线"的两头升级，即走向高

---

[1] 李娅、侯建翔：《现代化产业体系：从政策概念到理论建构》，《云南社会科学》2023年第5期。

技术化和高服务化。高技术化意味着引进和应用先进的生产技术和智能制造技术,提升企业的生产水平和核心竞争力。高服务化则强调制造业要从单一的产品提供商转变成为客户提供全方位、差异化服务的提供商,注重用户体验和增值服务。

为实现制造业的转型升级,要逐步构建新型工业化的发展路径,促进制造业向高技术化、高服务化的方向发展。[①] 这不仅需要政府加大对科技创新的支持和投入,还需要企业加强自身的技术研发和创新能力,同时也需要加强产学研合作,培养更多适应新时代要求的高素质人才。只有通过全社会的共同努力,才能实现制造业的转型升级,推动经济持续健康发展。

5. 优化组织结构,构建适应新质生产力的新型生产关系

工业经济时代,企业有直线型、职能型、流程型、网状型等多种组织形态,基本是呈金字塔式的科层组织结构——组织边界清晰明确,领导权力相对集中,命令由纵向层层传递,强调基于专业分工的部门岗位设置。这导致了部门墙、数据孤岛现象的出现,决策执行效率低,市场反应速度慢,难以适应动态复杂的环境变化。数字经济时代,瞬息万变的外部环境带来多品种、小批量、个性化、多样化的消费需求,组织效率更加强调内部协同,组织边界越发模糊,组织结构走向跨界融合和开放式发展。

生产力的飞跃发展,客观上决定了生产关系的调整,凭借信息的共享、智能协同以及人机结合,传统雇佣的边界将被彻底打破,自主、自动地进行协作和进化,达成自组织、自管理、自驱动的目标,实现更智敏的降本、提质与增效。因此,新时代组织架构需要不断进行优化和调整,以适应新质生产力的要求。这就要求传统企业需要进行组织架构的重塑,构建与之相适应的新型生产关系,才能满足新质生产力的形成条件。因此,生产关系必须与生产力的发展要求相适应。

---

① 余东华、马路萌:《新质生产力与新型工业化:理论阐释和互动路径》,《天津社会科学》2023 年第 6 期。

6. 注重人才培养与数字素养提升,为推动产业科技化进程建设专业人才队伍

产业科技化进程的推动,根本动力还是来自人才。在数字化、智能化、绿色化的产业科技化进程中,离不开对复合型人才的需求和培养,需要吸引高水平人才,搭建更合理的人才培养机制,不断提高人才的综合素质和数字素养能力,为推动产业科技化发展提供源源不断的人才支撑。

大力培育复合型人才、未来产业领军企业家和科学家,优化鼓励原创、宽容失败的创新创业环境。激发科研人员创新活力,探索复合型创新人才的培养模式。强化校企联合培养,拓展海外引才渠道,加大前沿领域紧缺高层次人才的引进力度,为产业科技化进程建设专业人才队伍。

五、科技服务共同体创新实践

(一)新型基础设施企业创新实践

以自主可控的智算中心,为中国 AI 发展提供算力支撑。当前人工智能技术快速发展,对产业影响逐步加深。为了抓住这一历史性战略机遇,一些头部科技集团提出全面智能化战略,致力于打造中国坚实的算力底座,持续提升"软硬芯边端云"的融合能力,做厚"黑土地",满足各行各业多样性的 AI 算力需求。

人工智能计算中心以基于人工智能芯片构建的人工智能计算机集群为基础,涵盖了基建基础设施、硬件基础设施和软件基础设施的完整系统,提供从底层芯片算力释放到顶层应用使能的人工智能全栈能力。智算中心集群是由基于昇腾系列处理器和基础软件构建的全栈 AI 计算基础设施、行业应用及服务所组成,包括昇腾系列处理器、系列硬件、CANN(异构计算架构)、AI 计算框架、应用使能、开发工具链、管理运维工具、行业应用及服务等全产业链要素。

在能耗方面,这类智算中心已经实现全液冷设计。近年来,传统 IDC 单机柜功率达到 8 千瓦,一些高端计算甚至达到 20~30 千瓦,但液冷技术加持的服务器单机柜功率密度已经超过 100 千瓦/机柜。单机柜功率密度越大,占地面积越小,设备管理成本就越低。在系统可用性方面,智算中心不仅在硬件上不断优化,也相应地对软件进行调优升级,从而保证机器的高可用性。

构建新一代人工智能的全产业链生态体系。智能计算中心将重点打造"一中心四平台",以人工智能计算中心为主体,提供公共算力服务平台、应用创新孵化平台、产业聚合发展平台和科研创新人才培养平台,以此实现"政产学研用"五位一体,形成区域乃至全国的人工智能产业的汇聚。

公共算力服务平台将算力资源有序、高效、普惠地开放给当地的企业、科研机构和高校,解决当地 AI 技术发展和产业智能升级的算力和服务需求。应用创新孵化平台针对本地特色的人工智能应用场景进行科技创新成果商用转化,形成重大产品创新和示范应用。产业聚合发展平台吸引招募 AI 产业链上的各类公司(算法公司、数据处理公司、行业集成公司等),形成完整产业闭环,推动 AI 产业集约集聚发展。科研创新和人才培养平台能够促进高校科研院所联合行业龙头企业,围绕产业技术创新需求,开展人工智能技术研发、科技成果转化等重点工作,培养关键人才。

目前,落地的人工智能计算中心是基于"一中心四平台"模式,构建完成人工智能大模型的全产业链生态体系。这类人工智能计算中心目前已与 50 多家单位开展商务合作,对接了 300 多家北京市人工智能相关机构,完整覆盖基础算力层、框架层、模型层的全产业链生态体系。

(二)科技服务企业创新实践

在经历 30 多年近 10% 的年均经济增长后,我国经济正在向"新常态"转变,增长速度放缓,但更加平衡和可持续。传统的增长动力正在减弱,影响也在变小,经济增长需要新的动能。新动能需要新的产业结构体系、创新体系、人力资本体系、金融体系、区域协同体系、管理转型体系等支撑,而新体系需要新的科技产业评估坐标。

科技产业智库长期深耕于科技产业一线阵地，预判、跟踪、输出科技产业融合议题，赋能新一代科技企业家，陪跑未来中国科技 500 强，见证并参与中国科技产业的发展进程。科技产业智库依托自身研究体系，持续进化认知坐标与服务能力，以研究与数据驱动生产力持续迭代，不断持续更新中国科技产业评估体系，每年都会基于科技产业发展趋势对自研评估模型进行升级迭代。

过去六年，正是中国科技产业波澜壮阔的发展时期。2018 年，一维坐标"T2B2C"价值驱动引擎；2019—2020 年，二维坐标"科技产业棋盘"，分别是行业和技术；2021 年，三维"生态坐标"，从技术、行业、场景三个维度评估，系统从简单变得复杂；2022 年，进一步升级为价值导向三维坐标体系，包括价值导向、实体经济场景、生产工具水平三大维度，强调科技产业的价值导向和赋能实体经济的能力；2023 年，伴随新一代人工智能的浪潮，信能比与科技发展三定律概念的出现，并由此形成了星空坐标系。

搭建基于 AI 大模型的新一代智库工具，探索 AI 重塑智库作业体系。AI 大模型对各行各业的生产范式都产生了巨大影响，其中内容产业的生产范式颠覆最为明显，AIGC 在文本摘要、文本扩写、文本润色等方面的能力已经能够高效替代部分人工作业，带来显著的生产效率。科技产业智库机构一直探索 AIGC 大模型产品在智库业务场景下的赋能方式，并尝试探索验证出一个适合智库专用的生产工具。为此，科技产业智库机构基于研究报告的生产不断开展 AI 的重塑验证工作。从研究项目执行的全流程角度来看，AI 大模型产品显著提高了生产流程各个环节的效率，并颠覆了其生产方式。科技产业智库机构正在基于自身所累积的科技产业数据库，尝试将已经累积的智库相关数据进行二次数据治理与标注，完成数据的向量化，并尝试将向量数据库外挂在一家通用大模型产品上，构建与用户交互的页面，通过使用大模型推理调取相关向量数据库的资源，输出符合科技智库风格的内容，从而实现科技产业智库 AI 工具产品。

弥合科技与产业之间的认知鸿沟，重塑科技产业生产关系。今天，中国科技产业正在快速崛起,人工智能、新能源、大数据、云计算、芯片、区块链、5G、合成生物等新一代技术基础设施正和元宇宙、大健康、工业互联网、智能制造、智慧交通、数字地产、数字零售、农业科技等实体经济场景深度融合。科技产业智库致力于弥合科技与产业之间的认知鸿沟,重塑科技产业生产关系。然而,随着中国科技产业复杂程度与日俱增,市场存在大量认知不对称、资源不对称、能力不对称的现象,让决策难度与试错成本居高不下,向科技企业家、传统企业家、投资者、政策制定者、互联网巨头、科研院所等产业的核心决策者提出了全新考验。由此,科技产业智库机构须定位其发展目标,做好科技与产业间的"连接和纽带",推动科技与产业的融合进化,让技术认知更轻松,让产业链接更精准,让双方合作更可信。

科技产业硬实力的崛起亟须现代服务软实力的构建。其中,发展一批具备专业性、影响力、前瞻性的科技产业智库是必由之路。市场亟须拥有前沿性、专业度和公信力的第三方新型科技智库来协调和弥补科技与产业供需之间的认知鸿沟。市场亟须第三方机构建立专业评价体系与服务体系,使认知更轻松,让链接更精准,令合作更融合,共同致力于新质生产力的发展和提高。

(三)科技服务共同体创新实践探索总结

1.打造算力一盘棋,推动国家算力一体化

在算力供应方面,未来大模型的产业化发展将是一套复杂的系统工程,而构建高效稳定的算力平台是核心要义。在整个资源组合中,智算中心作为集成体,是为产业提供 AI 算力的核心载体,须加快推动"东数西算"工程,降低社会和企业的能源获取成本与算力获取成本。在人工智能时代,社会成本主要由 AI 的获取成本和能源的获取成本构成。"东数西算"工程既解决了数据资源与算力资源分布不均衡问题,又实现了降低能源获取成本和算力获取成本的目的。因此,须进一步加快建设进度和力度,以满足人工智能时代的算力与能源需求。

2. 以共性技术服务为抓手，探索"产学研用"融合服务模式

当前正值新型国家科研攻关体系建设改革时期，大量新型国家重点实验室建立起来以聚焦基础研究、共性技术研究。各区域应该以共性技术服务为抓手，构建产学研用科技成果转化平台，强化产学研融合服务模式，为区域的科技企业发展提供共性技术服务支持，加速科研成果转化。这是推动产业发展与科技创新深度融合的关键举措。① 共性技术服务是以企业需求为核心，通过提供基础研究、应用基础研究、产业贡献关键技术研发、科技成果转化、研发服务等多方面服务，为产业发展提供共性技术支持和服务的产业研发基地与技术服务平台。在这一平台中，产业界、学术界和科研机构共同参与，以共性技术服务为核心，致力于将科研成果转化为实际生产力。通过这一平台，各方可以共享资源和技术，实现产业需求与科研成果的高效对接，推动技术的应用与创新。

3. 以区域特色的全产业链平台服务提升整体科技服务能力

当前，科技服务业的发展面临着一些挑战，其中之一是市场上科技服务内容和服务机构分散，缺乏一站式服务平台。这导致企业需要与多个不同的服务机构对接，才能满足全部需求，增加了企业的时间和成本。面对这一问题，科技服务业需要转变思路，借鉴成功实践经验并把握未来趋势，建立平台型的科技服务综合体，以提高服务效率和企业竞争力。成功实践表明，时代需要平台型的科技服务综合体，为科技企业提供覆盖全链条的业务服务能力。这种平台型科技服务体可以将十大科技服务业态整合在一个平台上，实现一站式科技服务保障，为科技企业提供更便捷、更高效的服务。

4. 构建全生命周期科创孵化模式，开拓中小企业梯度培育新路径

过去，地方政府在经济发展中往往主要依赖投资牵引的方式推动产业

---

① 《习近平主持召开中央全面深化改革委员会第二十七次会议强调　健全关键核心技术攻关新型举国体制　全面加强资源节约工作》，2022 年 9 月 6 日，http://www.news.cn/2022-09/06/c_1128981539.htm。

发展,较少考虑产业牵引的逻辑。虽然这种做法在一定程度上能够带动地方经济的增长,但也存在一些问题,比如投资过度集中在某些领域、产业结构单一、缺乏长期发展的可持续性等。因此,要倡导地方政府将产业牵引置于主导地位,将投资牵引作为辅助,以建立完整的投资促进和孵化闭环,构建全生命周期的投促孵化平台。针对处于孕育期的中小企业,提供天使投资和科技成果转化服务,加快技术成果转化和企业的落地。企业发展取得初步成果时,可以提供新一轮的风险投资,为企业发展提供资金支持,加速孵化。而企业发展进入成长期时,可以再为企业提供股权投资服务、银行信贷服务、供应链金融服务等,进一步为企业快速发展赋能,从而帮助企业实现从创新型中小企业到"小巨人"企业的转变。同时,对于大型企业,如行业龙头和生态主厂商等,由于其投入成本较高,往往需要更多的资金支持和配套措施。在这方面,地方政府可以通过招商引资的方式吸引这些企业落地,同时提供融资、IPO 等辅助措施,以助推其发展。这些企业通常具有更强的实力和资源,在其发展过程中能够带动更多的产业链上下游企业,形成更为完整和健康的产业生态系统。

5. 发展生产性服务业,助力制造业升级转型

生产性服务业是指一类服务性产业,其主要目的是为其他企业提供服务或支持,以提升其生产力、效率和竞争力。生产性服务业与传统的生产型产业相辅相成,通过为企业提供专业化、高效的服务,帮助企业降低成本、提高效率、优化资源配置,从而增强其竞争力。在现代经济中,随着服务业的不断发展和经济结构的转型升级,生产性服务业的地位和作用日益凸显,成为支撑经济增长和产业升级的重要力量。

我国想实现制造业转型升级,就必须加大生产性服务业的发展力度,让生产性服务业赋能制造业转型升级。首先,生产性服务业的发展要注重生产相关的信息服务能力培育,尤其注重数字化技术、智能化技术对生产环节的赋能、效率升级和范式革命。随着科技的不断发展,数字化和智能化已成

为制造业升级的关键驱动力。其次,生产性服务业要注重物流服务能力的发展,包括航空航天、仓储和邮政快递、海运、跨境电商等服务能力。最后,要继续鼓励数字化、科技化相关新型科技智库、咨询服务机构和咨询人才的发展,鼓励各类以科技赛道、数字经济、数字化转型、技术咨询等为特色的新型智库、咨询服务机构的发展,鼓励数字化转型相关咨询人才的职业发展,帮助中小企业快速构建适合的数字化转型之路,弥补企业需求和数字化市场供给之间的认知鸿沟。

后　记

随着《新质生产力:理论与实践》书稿的完成,我对新质生产力这一新命题及其战略意义有了更深入的认识和理解。2023 年 9 月,习近平总书记在地方考察时首次提出"新质生产力";2024 年 1 月,在中共中央政治局集体学习时习近平总书记对新质生产力作出系统阐述;今年全国两会期间,习近平总书记又进一步强调要因地制宜发展新质生产力。"新质生产力"逐渐成为一个热词,并在学术界和理论界掀起了研究的热潮。

新质生产力不是一个普通的经济学术语,它代表着一种全新的生产方式和经济质态,是科技进步与时代发展的产物,揭示了生产力理论发展与生产力实践探索的新趋势,也预示了未来经济社会高质量发展的新方向。这本书不仅是对新质生产力理论的梳理和阐述,更是对新型生产要素和生产关系变革以及高质量发展新动能的思考与展望。

回首本书的撰写过程,每一个章节都仿佛是我与新质生产力之间的一次深入对话。从去年 10 月底的最初构思到最后完成,书稿经历了数次的修改和补充,每一次的完善都进一步深化了我对新质生产力研究的思考和提炼。在写作过程中,我力求将新质生产力的理论与实践相结合,为读者呈现一个清晰而系统的分析框架,努力揭示新质生产力的内涵、特点、发展趋势,以及其对社会经济发展的深远影响。期待通过本书,展现我对新质生产力是什么,为什么要发展新质生产力,以及怎么发展新质生产力等一系列问题的思考。同时,也希望本书能够为读者提供一个全面、深入的视角,去关注和了解新质生产力研究领域的新课题与新实践。

新科技革命及其新兴战略产业和未来产业的浪潮，推动了新质生产力的快速发展，为我的研究提供了丰富的实践经验和理论素材。在写作过程中，我也深感要真正将新质生产力理念贯彻到各个行业、各个领域中，并不是一件容易的事情。因此，在理论研究的基础上，我还致力于研究新质生产力在地方应用中的实践探索。我通过案例分析、实地调研等方式，深入挖掘各个行业中新质生产力的应用实践，总结其在新质生产力方面的创新模式和实践路径，为相关地区发展新质生产力提供借鉴和参考。

《新质生产力：理论与实践》的完成，离不开许多人的支持和帮助。首先，我要感谢我的家人和朋友，他们在我写作过程中给予了无尽的鼓励和支持。其次，我还要感谢那些为新质生产力理论和实践作出贡献的学者们，他们的研究成果和观点，为我提供了宝贵的参考和启示。最后，特别感谢出版社的编辑和校对人员，他们的专业与细心使得本书能够以更好的面貌呈现在读者面前。

学术研究无止境。本书只是迈向新质生产力研究的一个起点，希望未来与更多的专家学者一起努力，共同推动新质生产力理论与实践的研究不断发展。

作　者
2024 年 4 月